上海财经大学数学系列教材

经济数学
微积分

◎ 上海财经大学数学学院 编

人民邮电出版社

北　京

图书在版编目（CIP）数据

经济数学. 微积分 / 上海财经大学数学学院编. --
北京 ：人民邮电出版社，2023.1（2023.9重印）
上海财经大学数学系列教材
ISBN 978-7-115-59405-1

Ⅰ．①经… Ⅱ．①上… Ⅲ．①经济数学－高等学校－
教材②微积分－高等学校－教材 Ⅳ．①F224.0②O172

中国版本图书馆CIP数据核字(2022)第097809号

内 容 提 要

本书是按照教育部高等学校大学数学课程教学指导委员会颁布的经济和管理类本科数学基础课程教学基本要求，充分吸取当前优秀微积分教材的精华，并结合编者多年教学改革与教学实践经验，针对当前经济和管理类院校各专业对数学知识的实际需求及学生的知识结构和习惯特点编写而成的.

本书共 6 章，主要内容包括：函数、极限与连续，导数与微分，微分中值定理与导数的应用，不定积分，定积分及其应用，二元函数微积分初步. 每节均附有一定数量的习题，核心知识点配备微课，每章后面附有总复习题和小结微课.

本书注重知识点的引入方法，使之符合认知规律，更易于读者接受，同时本书科学、系统地介绍微积分的基本内容，并融合经济管理中的应用案例，具有鲜明的财经特色，且注重几何的直观解释，以培养和增强学生对经济问题的理解和分析能力. 本书结构严谨，逻辑清晰，注重应用，例题丰富，可读性强.

本书可作为高等院校各专业的数学基础课教材，也可供准备报考硕士研究生的人员复习微积分使用.

◆ 编　　　　上海财经大学数学学院
　　责任编辑　王　迎
　　责任印制　李　东　胡　南
◆ 人民邮电出版社出版发行　　北京市丰台区成寿寺路 11 号
　　邮编　100164　电子邮件　315@ptpress.com.cn
　　网址　https://www.ptpress.com.cn
　　固安县铭成印刷有限公司印刷
◆ 开本：787×1092　1/16
　　印张：12.75　　　　　　　　　2023 年 1 月第 1 版
　　字数：304 千字　　　　　　　 2023 年 9 月河北第 2 次印刷

定价：49.80 元

读者服务热线：(010)81055256　印装质量热线：(010)81055316
反盗版热线：(010)81055315
广告经营许可证：京东市监广登字 20170147 号

丛书序

古希腊数学家毕达哥拉斯说过一句名言"数学统治着宇宙"。数学是现实的核心，是自然科学的皇冠，是研究其他学科的主要工具。新时代数学的深度应用、交叉融合已经成为科技、经济、社会发展的重要源动力。

作为一名数学科学工作者，我认为，数学在未来社会发展中有着愈发重要的位置，一个民族的数学水平，直接关系到整个国家的创新能力。在"新文科"建设体系下，创新"新文科"专业的数学课程体系、改革教学模式、建设优质教学资源、编写优秀教材变得尤为重要。我们欣喜地看到上海财经大学数学学院联合人民邮电出版社，针对"新文科"专业的大学数学课程教学，策划出版了一套大学数学系列教材。教材配有丰富、优质的网络资源，让学生在深刻理解数学的同时，还能体会到数学的文化价值和在科学、经济领域中的巨大作用。

这套系列教材不仅是应对"新文科"专业建设和教学改革的要求，更是对大学数学教材开发的创新尝试，具有以下三个特点。

1. 注重课程思政，旨在突出数学教育"立德树人"的特殊功能。在落实国家课程思政的要求上，这套系列教材进行了创新尝试，增加思政元素，强化教材对学生的思想引领，突出"育人"目的。

2. 梳理数学历史，科学诠释高等数学的思想与方法。法国数学家庞加莱说过："如果想要预知数学的未来，最合适的途径就是研究数学这门科学的历史和现状。"本套系列教材精心梳理了数学历史点，引导学生以史为鉴，培养学生的学习兴趣。

3. 设计教学案例，从全新视角展示数学规律，培养学生的数学素养。数学的美在于从纷繁复杂的世界中抽离出简单和谐的规律，本套系列教材精心设计教学案例，引导学生探索、研究数学规律，培养学生的创新能力。

教材建设是人才培养、课程改革永恒的主题，希望社会各界都积极参与到"新文科"专业大学数学课程教材建设和人才培养中来，多出成果，为实现中华民族伟大复兴做出教育者应有的贡献。

徐宗本

中国科学院院士

西安交通大学教授

西安数学与数学技术研究院院长

2021 年 6 月

前　　言

本套书是上海财经大学数学学院多年教学改革与教学实践经验的总结，是根据教育部高等学校大学数学课程教学指导委员会颁布的经济和管理类本科数学基础课程教学基本要求，坚持一流课程建设标准和数据时代下经济管理及交叉学科创新人才培养目标，遵循教材科学性与应用性融合原则精心编写而成的. 本套书从内容上主要有如下特点.

1. 知识点全面，内容介绍由浅入深，科学诠释微积分的思想与方法

本套书紧扣教学大纲，全面、细致地介绍教学大纲涵盖的知识点，适用于非数学专业学生. 同时为了兼顾学生的进阶需求，本套书中的例题难度由浅入深，在讲授基本题型的基础上，编入一些综合题和考研真题.

2. 注重课程思政，深入挖掘思政元素

本套书将数学思想与思政元素紧密结合，设置数学通识栏目以及建立课程思政案例资源库.

3. 融入财经特色，紧扣经济管理应用背景

每章内容均从经济学实例出发，引入微积分的基本概念、理论和方法，然后基于教材科学性原则，将微积分理论和经济管理学中的相关内容进行有机结合，凸显财经特色. 教材的编写内容适应数据时代下经济管理及交叉学科创新人才培养的新要求和新目标.

此外，为了满足教师和学生信息化教与学的需求，对标一流课程建设，针对本套书我们建立了集纸质、电子和网络等多种资源于一体的立体化教学资源库.

1. 建立电子平台习题库、在线考试平台等网络平台. 平台拥有丰富的课程资源，为学生在线随堂测试、在线学习提供丰富的资源. 在课程体系方面，增设实训课程、在线开放课程等，以学生为中心，最大限度地满足学生对课程资源的需求.

2. 电子化题库覆盖知识点广泛，题型丰富，难度由浅到深，既注重基本概念、基本理论和方法，又注意加强实际应用，覆盖国家针对非数学类专业考试的基本要求.

3. 本套书配备功能强大的手机端学习系统，微课视频内容包含知识点讲解与章节重点、难点剖析，包含概念的现实背景、含义与方法讲解，内容丰富，特色鲜明. 本书编者将先进的教学设计融入微课视频，帮助读者深入掌握和理解教材内容.

本项目是基于"教育部新文科研究与改革实践""上海市一流本科专业""拔尖人才培养""数学教学创新团队"等项目建设的教学改革成果，由数学学院微积分课程组集体完成教材编写、习题库建设和电子资源建立. 教材编写主要由王燕军、江渝、王琪、张晔宇、李枫柏、刘超、刘可佽、张冉、王利利完成，由王燕军统稿，杨爱珍老师审稿. 在此，要特别感谢程晋院长和徐定华教授对课程组教师的关心与支持，以及在教材编写过程中给出的建议与悉心指导. 本书是近年来数学学院微积分课程组集体智慧的结晶，编写本书的过程中编者得到了学校、学院教学指导委员会的指导与帮助，也得到了人民邮电出版社的大力支持，谨在此对所有人表示衷心的感谢.

上海财经大学数学学院　王燕军

目　　录

第一章 函数、极限与连续

　　函数可以用来表述事物之间普遍存在的联系，或者量化事物之间的联系. **函数**(function)这一数学名词由莱布尼茨在 1694 年开始使用，中文"函数"一词由清朝数学家李善兰译出. 函数概念由模糊到严密不断发展，使得数学家能对一些"奇怪"的数学对象进行研究，进而对实际的物理现象、经济活动等进行建模分析. 微积分学的主要研究对象就是函数. 在研究函数变量变化的时候极限出现了，并被不断完善，成为微积分学中研究问题的基本工具. 微积分学中几乎每一个基本知识点都要用到极限. 通过极限可以定义函数的连续性这一非常重要的性质. 本章中我们就将简要对函数概念、极限的定义和性质、函数的连续性等进行学习和讨论，为后续的微分和积分的学习奠定基础.

第一节 函数

一、预备知识：实数、区间与邻域

1. 实数

　　人类在公元前 3000 年以前，就开始使用自然数 $1,2,3,\cdots$ 来计量事物的件数或表示事物次序. 随着人类文明的发展，数的范围不断扩大. 为了使自然数对于减法运算封闭，引进了负数和 0，将数的范围扩展到了**整数**(integer). 为了进一步对整数进行均匀分割，产生了**有理数**(rational number)，即任意一个有理数均可表示成两个整数 p,q 之商 $\dfrac{p}{q}$ $(q\neq0)$. 注意到，任意两个有理数之间都包含无穷多个有理数，即有理数具有**稠密性**(density). 但是，有理数集并没有充满整个数轴. 如边长为 1 的正方形，由勾股定理可得其对角线长 $x=\sqrt{2}$. 从数轴上看，这个数落在有理数 1.4 和 1.5 之间，而且并不是有理数，从而可以确定两个有理数之间的空隙处还包含其他类型的数，即有理数不具有连续性. 这些空隙处的点称为**无理点**，无理点对应的数称为**无理数**(irrational number). 无理数是无限不循环的小数，如 $\sqrt{2},\pi,e$ 等.

　　有理数与无理数的全体称为**实数**(real number). 实数集不仅对于四则运算是封闭的，而且对于开方运算也是封闭的. 可以证明，实数点能铺满整个数轴，且不留任何空隙，即实数具有**连续性**(continuity). 任何一个实数和数轴上唯一的点一一对应，全体实数的集合等价于整个数轴上的点集.

　　对于以上各类数的集合，有如下记号：自然数集记为 **N**，整数集记为 **Z**，有理数集记为 **Q**，实数集记为 **R**. 这些数集间的关系有：$\mathbf{N}\subseteq\mathbf{Z}\subseteq\mathbf{Q}\subseteq\mathbf{R}$.

2. 区间

　　区间是常用的实数集合，常用 I 表示. 区间分为**有限区间**和**无限区间**. 当 $a,b\in\mathbf{R}(a<b)$ 时，

定义各类区间如下.

有限区间：$(a,b) = \{x \mid a<x<b, x \in \mathbf{R}\}$,

$[a,b] = \{x \mid a \leq x \leq b, x \in \mathbf{R}\}$,

$[a,b) = \{x \mid a \leq x<b, x \in \mathbf{R}\}$,

$(a,b] = \{x \mid a<x \leq b, x \in \mathbf{R}\}$.

无限区间：$(-\infty,+\infty) = \{x \mid -\infty<x<+\infty, x \in \mathbf{R}\}$,

$(-\infty,a] = \{x \mid -\infty<x \leq a, x \in \mathbf{R}\}$,

$(-\infty,a) = \{x \mid -\infty<x<a, x \in \mathbf{R}\}$,

$[a,+\infty) = \{x \mid a \leq x<+\infty, x \in \mathbf{R}\}$,

$(a,+\infty) = \{x \mid a<x<+\infty, x \in \mathbf{R}\}$.

3. 邻域

定义 1.1　实数集合 $\{x \mid \mid x-x_0 \mid <\delta, \delta>0\}$ 称为点 x_0 的 δ 邻域（neighborhood），记为 $U(x_0,\delta) = (x_0-\delta, x_0+\delta)$.

如图 1.1 所示，x_0 称为邻域的**中心**（center），δ 称为邻域的**半径**（radius）. 集合 $\{x \mid 0< \mid x-x_0 \mid <\delta, \delta>0\}$ 表示把邻域的中心 x_0 去掉，称为 x_0 的 δ **去心邻域**（deleted neighborhood），记为 $\mathring{U}(x_0,\delta)$.

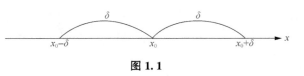

图 1.1

二、函数的概念

1. 函数的概念

在某一自然现象或社会现象中，往往同时存在一个或多个不断变化的量，即**变量**（variable）. 如某地的气温，某种产品的产量、成本和利润，世界人口的总数等.

这些变量并不是孤立变化的，而是相互联系并遵循一定规律. 如圆的面积 S 与圆的半径 r 的关系为 $S=\pi r^2$. 函数就是描述这种关系的一个法则. 下面给出一元函数（只含一个自变量的函数）的定义.

定义 1.2　设有两个变量 x 和 y，如果当变量 x 在某非空实数集合 D 内任取一个数值时，按照一定的对应法则（规律）f，都有唯一确定的值 y 与之对应，则称 f 是定义在 D 上的一个**函数**，记作 $y=f(x)$. 其中变量 x 称为**自变量**（independent variable），它的取值范围 D 称为函数的**定义域**（domain）；变量 y 称为**因变量**（dependent variable），它的取值范围称为函数的**值域**（range），记为 R，即 $R=\{y \mid y=f(x), x \in D\}$.

函数的定义域与对应法则称为函数的两个要素. 两个函数相等的充分必要条件是它们的定义域和对应法则均相同.

例 1　求函数 $y=\dfrac{\sqrt{6-x-x^2}}{x+2}$ 的定义域.

解　由 $\begin{cases} 6-x-x^2 \geq 0, \\ x+2 \neq 0, \end{cases}$ 得 $\begin{cases} (3+x)(2-x) \geq 0, \\ x+2 \neq 0, \end{cases}$ 故定义域 $D=[-3,-2) \cup (-2,2]$.

例2 设 $f\left(\dfrac{x+1}{x-1}\right)=x$，求 $f(x)$.

解 用换元法，令 $t=\dfrac{x+1}{x-1}$，则 $x=\dfrac{t+1}{t-1}$，有 $f(t)=\dfrac{t+1}{t-1}$，将 t 换成 x，得 $f(x)=\dfrac{x+1}{x-1}$.

2. 函数的表示法

函数的表示法一般有如下 3 种.

（1）**表格法**：将自变量的值与对应的函数值列成表格的方法.

如某地一周气温记录，如表 1.1 所示.

（2）**图形法**：在坐标系中用图形来表示函数关系的方法.

如用 Excel 或者 MATLAB 表示表 1.1 所示的气温记录，如图 1.2 所示.

表 1.1

日期	气温（℃）
周日	29
周一	33
周二	34
周三	33
周四	31
周五	29
周六	27

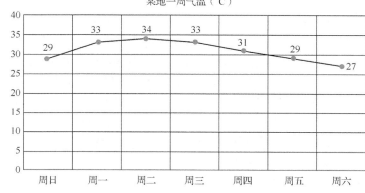

图 1.2

（3）**公式法（解析法）**：将自变量和因变量之间的关系用数学表达式（又称为解析表达式）来表示的方法. 解析表达式通常有显函数、隐函数两种.

显函数：函数的解析表达式用 $y=f(x)$ 直接表示. 如 $y=x^2$.

隐函数：自变量 x 与因变量 y 的对应关系由方程 $F(x,y)=0$ 来确定，如 $\ln y=\sin(x+y)$，$x-y^2=0(y>0)$.

注意 有的隐函数可以表示为显函数的形式，如 $x-y^2=0(y<0)$ 的显函数可以表示为 $y=-\sqrt{x}$；有些函数在其定义域的不同范围内具有不同的解析表达式，这类函数称为**分段函数**，如绝对值函数（见图 1.3）$y=|x|=\begin{cases} x, & x\geqslant0, \\ -x, & x<0. \end{cases}$

它的定义域 $D=(-\infty,+\infty)$.

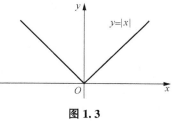

图 1.3

三、函数特性

函数的特性主要包括有界性、奇偶性、单调性、周期性.

1. 函数的有界性

设函数 $f(x)$ 的定义域为 D.

定义 1.3 若存在正数 M 使得对于任意 $x\in D$ 有 $|f(x)|\leqslant M$ 成立，则称函数 $f(x)$ 在 D 上

为**有界函数**(bounded function),否则,就称函数 $f(x)$ 在 D 上为**无界函数**(unbounded function).

显然,在 D 上有界的函数 $f(x)$ 的图形一定在 D 上介于两条平行直线 $y=M$ 和 $y=-M$ 之间.

定义 1.4 若存在正数 M 使得对于任意 $x \in D$ 有 $f(x) \leqslant M$(或 $f(x) \geqslant M$),则称函数 $f(x)$ 在 D 上有**上界**(upper bound)(或**下界**(lower bound)).

显然,$f(x)$ 在 D 上有界的充分必要条件是它在 D 上有上界且有下界.

特别注意函数的有界性与所选的区间有关. 函数 $y=\dfrac{1}{x}$ 在区间 $(0,+\infty)$ 上有下界 0,但无上界,是无界函数,但 $y=\dfrac{1}{x}$ 在 $(1,2)$ 内有界.

2. 函数的奇偶性

设函数 $f(x)$ 的定义域 D 关于原点对称.

定义 1.5 若对每一个 $x \in D$ 都有:

(1)$f(-x)=-f(x)$ 成立,则称 $f(x)$ 为**奇函数**(odd function);

(2)$f(-x)=f(x)$ 成立,则称 $f(x)$ 为**偶函数**(even function).

显然,奇函数的图形关于原点对称,而偶函数的图形关于 y 轴(即直线 $x=0$)对称.

3. 函数的单调性

设函数 $f(x)$ 的定义域为 D.

定义 1.6 若对区间 $I \subseteq D$ 内任意两点 $x_1<x_2$,有:

(1)$f(x_1) \leqslant f(x_2)$($f(x_1)<f(x_2)$),则称 $f(x)$ 在区间 I 上**单调增加**(monotone increasing)(严格单调增加);

(2)$f(x_1) \geqslant f(x_2)$($f(x_1)>f(x_2)$),则称 $f(x)$ 在区间 I 上**单调减少**(monotone decreasing)(严格单调减少).

单调增加函数和单调减少函数统称为单调函数. 若函数在某区间内是单调的,则称该区间为这个函数的单调区间. 例如,$y=x^2$ 在 $(-\infty,0)$ 内是单调减少函数,在 $(0,+\infty)$ 内是单调增加函数,故 $(-\infty,0)$ 为函数 $y=x^2$ 的单调减少区间,$(0,+\infty)$ 为该函数的单调增加区间.

4. 函数的周期性

设函数 $f(x)$ 的定义域为 D.

定义 1.7 如果存在常数 $T \neq 0$,对于任意 $x \in D$,有 $x \pm T \in D$,且有 $f(x \pm T)=f(x)$ 成立,则称 $f(x)$ 为**周期函数**(periodic function). T 为函数 $f(x)$ 的**周期**(period).

如果 T 是函数 $f(x)$ 的周期,则 $2T$,$3T$ 等也是 $f(x)$ 的周期. 一般周期指的是最小正周期. 例如,$y=\sin x$ 与 $y=\cos x$ 都是周期为 2π 的周期函数,而 $y=\tan x$ 与 $y=\cot x$ 都是周期为 π 的周期函数.

四、反函数

设函数 $f(x)$ 的定义域为 D,值域为 R.

定义 1.8 若对任何 $y \in R$,都有唯一确定的 $x \in D$ 与之对应,则 $f^{-1}(x)$ 是以 R 为定义域、以 y 为自变量的函数,称其为 $y=f(x)$ 的**反函数**(inverse function),记为 $x=f^{-1}(y)$,$y \in R$.

可见，$x=f^{-1}[f(x)]$，$x\in D$ 和 $y=f[f^{-1}(y)]$，$y\in R$ 成立．习惯上，自变量用 x 表示，因变量用 y 表示，因此将 $x\in D$ 与 $y\in R$ 对调，记为 $y=f^{-1}(x)$，$x\in R$．在同一直角坐标系下，函数 $y=f(x)$ 与 $y=f^{-1}(x)$ 的图形关于直线 $y=x$ 对称（见图 1.4）．

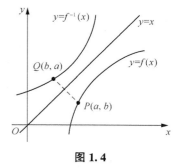

图 1.4

并非所有的函数都存在反函数，只有自变量和因变量一一对应的函数才存在反函数，且反函数的自变量和因变量也是一一对应的．如函数 $y=x^4$ 在定义域 $(-\infty,+\infty)$ 内就没有反函数．

求反函数的步骤是：（1）从 $y=f(x)$ 中解出 $x=f^{-1}(y)$；（2）x 与 y 互换，即得到反函数 $y=f^{-1}(x)$．

五、函数的运算与初等函数

1. 函数的四则运算

设函数 $f(x)$、$g(x)$ 的定义域分别是 D_f 和 D_g，$D=D_f\cap D_g\neq\varnothing$，则有如下定义．

定义 1.9　两个函数的四则运算法则如下．

（1）和（差）：$(f\pm g)(x)=f(x)\pm g(x)$，$x\in D$．

（2）数乘：$(kf)(x)=kf(x)$，$x\in D$，$k\in\mathbf{R}$．

（3）乘：$(fg)(x)=f(x)g(x)$，$x\in D$．

（4）商：$\left(\dfrac{f}{g}\right)(x)=\dfrac{f(x)}{g(x)}$，$g(x)\neq0$，$x\in D$．

2. 复合函数

定义 1.10　设 $y=f(u)$，$u\in D_f$，又有函数 $u=g(x)$，$x\in D$，$R_g\subseteq D_f$，则称 $y=f[g(x)]$，$x\in D$ 为 x 的**复合函数**（composite function），其中 x 为自变量，y 为因变量，u 为中间变量．

例如，$y=\mathrm{e}^u$ 与 $u=\cos x$ 构成复合函数 $y=\mathrm{e}^{\cos x}$．

注意　并非任何两个函数都可构成一个复合函数．例如，$y=\lg u$ 与 $u=-x^2$ 就不能构成复合函数，这是因为 $y=\lg u$ 的定义域 $(0,+\infty)$ 与 $u=-x^2$ 的值域 $(-\infty,0]$ 的交集是空集．

3. 基本初等函数

常数函数、幂函数、指数函数、对数函数、三角函数、反三角函数统称为**基本初等函数**（basic elementary function），如表 1.2 所示．

表 1.2

函数名称	函数表达式	函数图形	函数性质
常数函数 （constant function）	$y=C$ （C 为任意实数）	 	定义域为 $(-\infty,$ $+\infty)$

续表

函数名称		函数表达式	函数图形	函数性质
幂函数 (power function)		$y=x^a\,(a\in \mathbf{R})$		定义域随 a 的不同而不同. 不论 a 取何值, $y=x^a$ 总在 $(0,+\infty)$ 内有定义, 并且图形均经过点 $(1,1)$
指数函数 (exponential function)		$y=a^x$ $(a>0$ 且 $a\neq 1)$		定义域为 $(-\infty, +\infty)$, 无界. $0<a<1$ 时, 单调减少; $a>1$ 时, 单调增加. 常用到的是 $y=e^x$, $e=2.71828\cdots$
对数函数 (logarithmic function)		$y=\log_a x$ $(a>0$ 且 $a\neq 1)$		定义域为 $(0,+\infty)$, 无界. 常用到的是对数函数 $y=\lg x\,(a=10)$ 和自然对数函数 $y=\ln x\,(a=e)$
三角函数 (trigonometric function)	正弦函数	$y=\sin x$		定义域为 $(-\infty, +\infty)$, 有界. 最小正周期为 2π
	余弦函数	$y=\cos x$		

函数名称		函数表达式	函数图形	函数性质
三角函数（trigonometric function）	正切函数	$y=\tan x$		定义域为 $\{x\mid x\neq k\pi+\frac{\pi}{2},k\in\mathbf{Z}\}$，无界. 最小正周期为 π
	余切函数	$y=\cot x$		定义域为 $\{x\mid x\neq k\pi,k\in\mathbf{Z}\}$，无界. 最小正周期为 π
	正割函数	$y=\sec x$		定义域为 $\{x\mid x\neq k\pi+\frac{\pi}{2},k\in\mathbf{Z}\}$，无界. 最小正周期为 2π
	余割函数	$y=\csc x$		定义域为 $\{x\mid x\neq k\pi,k\in\mathbf{Z}\}$，无界. 最小正周期为 2π
反三角函数（inverse trigonometric function）	反正弦函数	$y=\arcsin x$		定义域为 $[-1,1]$，值域为 $\left[-\frac{\pi}{2},\frac{\pi}{2}\right]$，单调增加，有界
	反余弦函数	$y=\arccos x$		定义域为 $[-1,1]$，值域为 $[0,\pi]$，单调减少，有界
	反正切函数	$y=\arctan x$		定义域为 $(-\infty,+\infty)$，值域为 $\left(-\frac{\pi}{2},\frac{\pi}{2}\right)$，单调增加，有界

续表

函数名称		函数表达式	函数图形	函数性质
反三角函数 （inverse trigonom- etric function）	反余切函数	$y = \text{arccot} x$		定义域为$(-\infty, +\infty)$，值域为$(0, \pi)$，单调减少，有界

4. 初等函数

定义 1.11 由基本初等函数经过有限次四则运算及有限次复合运算所构成的可用一个式子表示的函数称为**初等函数**（elementary function）.

通常分段函数不是初等函数，但有些分段函数仍是初等函数.

$$f(x) = |x| = \begin{cases} -x, & x < 0, \\ x, & x \geqslant 0, \end{cases}$$

它是分段函数，但又可表示为 $f(x) = \sqrt{x^2}$，故也可看作初等函数.

六、常见的经济函数

在经济活动中，通常把成本、收益和利润称为经济变量. 这些经济变量一般与产品的产量、销售量、价格等有关.

1. 需求函数

排除其他因素，需求量 Q 是商品价格 P 的函数，即 $Q = f(P)$，称之为**需求函数**，一般是关于价格 P 的单调递减函数.

反过来，价格 P 也可以表示成需求量 Q 的函数，即 $P = f(Q)$，称之为**价格函数**.

2. 供给函数

排除其他因素，供给量 S 是商品价格 P 的函数，即 $S = f(P)$，称之为**供给函数**，一般是关于价格 P 的单调递增函数. 价格 P 也可以表示成供给量 S 的函数，即 $P = f(S)$.

3. 成本函数

成本函数 $C(Q)$ 即生产 Q 单位产品的总成本，包括固定成本 C_0 和可变成本 $C_1(Q)$，即 $C(Q) = C_0 + C_1(Q)$. $\overline{C}(Q) = \dfrac{C(Q)}{Q}$ 称为平均成本函数，即单位产品的成本.

4. 收益函数

收益函数 $R(Q)$ 即销售 Q 单位产品的总收益，假设销售量等于需求量 Q，则收益 $R(Q) = PQ$，如果 P 是需求量 Q 的函数 $P(Q)$，则 $R(Q) = P(Q)Q$. $\overline{R}(Q) = \dfrac{R(Q)}{Q}$ 称为平均收益，即单位产品的收益.

5. 利润函数

利润函数 $L(Q)$ 即生产并销售 Q 单位产品的总利润，若产销平衡，即产量等于销售量 Q，有利润 $L(Q) = R(Q) - C(Q)$. $\bar{L}(Q) = \dfrac{L(Q)}{Q}$ 称为平均利润，即单位产品的利润.

例3 生产某种产品，固定成本为 5 万元，且每多生产 1 百台，成本增加 3 万元. 已知需求函数 $Q = 20 - 2P$（其中 P 表示价格，单位为万元；Q 表示需求量，单位为百台），假设产销平衡，试写出利润函数 $L(Q)$ 的表达式.

解 收益函数 $R(Q) = PQ = \dfrac{20 - Q}{2} Q = -\dfrac{1}{2} Q^2 + 10Q$,

成本函数 $C(Q) = 5 + 3Q$,

利润函数 $L(Q) = R(Q) - C(Q) = -\dfrac{1}{2} Q^2 + 7Q - 5 \ (0 \leqslant Q \leqslant 20)$.

习题 1-1

1. 求下列函数的定义域：

(1) $y = \dfrac{2x + 3}{\sqrt{x^2 - 6x + 8}}$;　　　　　(2) $y = \dfrac{\lg(x-1)}{x-2}$;

(3) $y = 4\sqrt{3x+1} + \arcsin \dfrac{x-1}{2}$;　　　　(4) $y = \dfrac{1}{[x+1]}$.

2. 设函数 $f(x) = \begin{cases} \sqrt{4 - x^2}, & |x| \leqslant 2, \\ x^2 + 2, & |x| > 2. \end{cases}$

(1) 写出 $f(x)$ 的定义域，并画出函数 $y = f(x)$ 的图形；

(2) 判断函数 $f(x)$ 的奇偶性；

(3) 求 $f\left(\dfrac{1}{3}\right)$, $f(4)$ 的值.

3. 求下列函数的反函数：

(1) $y = \sqrt[3]{x^3 + 1}$;　　　　　　　(2) $y = 1 + \ln(3x - 1)$;

(3) $y = \dfrac{2^x}{2^x + 1}$;　　　　　　　(4) $y = 1 + e^{2+x}$.

4. 设 $f(x)$ 是定义在 $(-\infty, +\infty)$ 上的函数，$g(x) = f(x) + f(-x)$，$h(x) = f(x) - f(-x)$. 判别函数 $g(x)$ 和 $h(x)$ 的奇偶性.

5. 设 $f(x) = \arccos x$，$g(x) = \sqrt{2x - 1}$，求复合函数 $f[g(x)]$ 的表达式和定义域.

6. 设 $f\left(\dfrac{1}{t}\right) = \dfrac{5}{t} + 2t^2$，求 $f(t)$, $f(t^2 + 1)$.

7. 设某种商品的需求量 Q 是价格 P 的线性函数 $Q = a + bP$，已知该商品的最大需求量为 40000 件（价格为 0 元时的需求量），最高价格为 40 元（需求量为 0 件时的价格），求该商品的需求函数与收益函数.

第二节　数列的极限

魏晋时期的数学家刘徽于公元 263 年在其撰写的《九章算术注》中记载了他的"割圆术"：割之弥细，所失弥少，割之又割，以至于不可割，则与圆合体，而无所失矣. 即假设单位圆(半径为 1)内接正 n 边形的面积为 S_n，当 n 无限增大时，$S_3,\cdots,S_n,\cdots$ 无限逼近单位圆面积 S. 这隐含了深刻的极限思想.

一、数列极限的概念

这里给出数列极限的相关概念.

1. 数列

定义 1.12　按照一定顺序排列的数 $a_1,a_2,\cdots,a_n,\cdots$ 称为数列，简记为 $\{a_n\}$. 其中 a_n 称为数列的**通项**. 数列 $\{a_n\}$ 可看作定义在自然数集上的函数：

$$a_n = f(n), n = 1, 2, \cdots.$$

观察下面的数列.

(1) $\left\{\dfrac{1}{2^n}\right\}$：$\dfrac{1}{2}$，$\dfrac{1}{4}$，$\dfrac{1}{8}$，$\cdots$，$\dfrac{1}{2^n}$，$\cdots$.

(2) $\{(-1)^n\}$：$-1, 1, -1, \cdots, (-1)^n, \cdots$.

(3) $\{2^n\}$：$2, 4, 8, \cdots$.

可见，当自变量 n 无限增大时，通项 $\{a_n\}$ 的变化趋势有：(1)通项 a_n 无限趋向于某个确定的数；(2)通项 a_n 不趋向于某个确定的数；(3)通项 a_n 越来越大.

2. 数列极限的定义

定义 1.13(描述性定义)　对于数列 $\{a_n\}$，当 n 无限增大($n \to \infty$)时，若 a_n 无限趋近于一个确定的常数 A，则称 A 为**数列 $\{a_n\}$ 的极限**，记作

$$\lim_{n \to \infty} a_n = A,$$

否则称数列 $\{a_n\}$ 发散，或 $\{a_n\}$ 的极限不存在.

如 $\left\{\dfrac{1}{2^n}\right\}$ 的极限是 0，$\{(-1)^n\}$ 和 $\{2^n\}$ 是发散的.

进一步，当数列 $\{a_n\}$ 的极限为 A 时，有更精确的定义.

定义 1.14(ε-N 分析定义)　若对于任意给定的小正数 ε，总存在一个正整数 N，使对于满足 $n > N$ 的一切 a_n，总有 $|a_n - A| < \varepsilon$ 成立，则称 A 是**数列 $\{a_n\}$ 的极限**，记作

$$\lim_{n \to \infty} a_n = A.$$

定义记号"$\forall$"表示任意的，"$\exists$"表示存在，上述定义可表示为：

$$\forall \varepsilon > 0, \exists N, \text{当 } n > N \text{ 时，有 } |a_n - A| < \varepsilon, \text{则} \lim_{n \to \infty} a_n = A.$$

数列极限的几何意义是对于任意给定正数 ε，当 $n > N$ 时，所有的点 a_n 都落在点 A 的 ε

邻域之内，而在邻域之外至多只有 N 个点.

注意 研究一个数列的极限，重点是研究数列后面的无限项的变化趋势. 改变数列前面的任何有限多项，都不能改变这个数列的极限.

1.1 数列极限的
几何意义

例 1 用定义验证 $\lim\limits_{n\to\infty}\dfrac{1}{3^n}=0$.

证明 $\forall\varepsilon>0$，要使 $\left|\dfrac{1}{3^n}-0\right|=\dfrac{1}{3^n}<\varepsilon$ 成立，即 $3^n>\dfrac{1}{\varepsilon}$，取 $N=-\dfrac{\ln\varepsilon}{\ln3}$，当 $n>N$ 时，有 $\left|\dfrac{1}{3^n}-0\right|<\varepsilon$ 成立.

二、数列极限的主要性质

收敛的数列的主要性质有唯一性、有界性和保序性.

定理 1.1(唯一性) 收敛数列的极限是唯一的.

定理 1.2(有界性) 收敛的数列必有界.

注意 （1）无界的数列一定发散.

（2）数列有界只是数列收敛的必要条件. 如 $\{\sin n\}$ 是有界的，但它不收敛.

定理 1.3(保序性) 若 $\lim\limits_{n\to\infty}a_n=A$，$\lim\limits_{n\to\infty}b_n=B$，且 $A>B$，则存在正整数 N，当 $n>N$ 时，有 $a_n>b_n$.

推论 1.1 若 $\lim\limits_{n\to\infty}a_n=A$，存在正整数 N，当 $n>N$ 时有 $a_n\geq0$（或 $a_n\leq0$），则 $A\geq0$（或 $A\leq0$）.

定理 1.4(收敛数列与其子数列的关系) 若数列 $\{a_n\}$ 收敛于 A，则它的任一子数列也收敛于 A.

注意 （1）若数列 $\{a_n\}$ 有两个子数列分别收敛于两个不同的极限，则该数列发散.

（2）若数列 $\{a_n\}$ 有一个发散的子数列，则该数列发散.

习题 1-2

1. 判断下列数列 $\{x_n\}$ 的极限是否存在，若存在，通过观察求出数列的极限值.

（1）$x_n=(-1)^n n$；

（2）$x_n=\dfrac{n}{2^n}$；

（3）$x_n=2^{(-1)^n}$；

（4）$x_n=\dfrac{\sin n}{n+1}$.

2. 用数列极限的分析定义验证：

（1）$\lim\limits_{n\to\infty}\dfrac{(-1)^n}{n+1}=0$；

（2）$\lim\limits_{n\to\infty}\left(1-\dfrac{1}{2^n}\right)=1$；

（3）$\lim\limits_{n\to\infty}\dfrac{n+1}{4n+1}=\dfrac{1}{4}$；

（4）$\lim\limits_{n\to\infty}(\sqrt{n+1}-\sqrt{n})=0$.

第三节　函数的极限

一、函数极限的概念

数列可看作自变量为正整数 n 的函数 $a_n = f(n)$，$\{a_n\}$ 的极限为 A，即当 n 无限增大 $(n \to \infty)$ 时，$a_n = f(n)$ 无限接近于 A. 将自变量 n 和函数值 $f(n)$ 拓展到一般的函数 $f(x)$，可以得到函数极限的一般概念：当 x 趋向于某个变化过程时，函数值 $f(x)$ 无限接近于某个确定的常数 A.

1. 当自变量趋于无穷大时函数的极限

观察函数 $y = \dfrac{1}{x}$，可以看到当 $|x|$ 无限增大时，y 无限接近于 0.

定义 1.15（描述性定义）　假设函数 $f(x)$ 在 $|x| > M > 0$ 时有定义，当 $|x|$ 无限增大 $(x \to \infty)$ 时，函数值 $f(x)$ 无限接近于某个确定的常数 A，则称 A 为 $x \to \infty$ 时函数 $f(x)$ 的极限，记为 $\lim\limits_{x \to \infty} f(x) = A$.

精确的定义如下.

定义 1.16（$\varepsilon - M$ 分析定义）　$\forall \varepsilon > 0$，$\exists M > 0$，当 $|x| > M$ 时，恒有 $|f(x) - A| < \varepsilon$ 成立，则 $\lim\limits_{x \to \infty} f(x) = A$.

将定义中的 $|x| > M$ 改为 $x > M$，能得到 $x \to +\infty$ 时，函数 $f(x)$ 的极限定义，记作 $\lim\limits_{x \to +\infty} f(x) = A$；同样将定义中的 $|x| > M$ 改为 $x < -M$，能得到 $x \to -\infty$ 时，函数 $f(x)$ 的极限定义，记作 $\lim\limits_{x \to -\infty} f(x) = A$.

定理 1.5　$\lim\limits_{x \to \infty} f(x) = A$ 的充分必要条件是 $\lim\limits_{x \to -\infty} f(x) = \lim\limits_{x \to +\infty} f(x) = A$.

$\lim\limits_{x \to \infty} f(x) = A$ 的几何意义是，对于任意 $\varepsilon > 0$，作两条直线 $y = A - \varepsilon$ 与 $y = A + \varepsilon$，总能找到正数 M，当 $|x| > M$ 时，函数 $f(x)$ 的图形落在这两条直线之间（见图 1.5）.

1.2　自变量趋于无穷时函数极限的几何意义

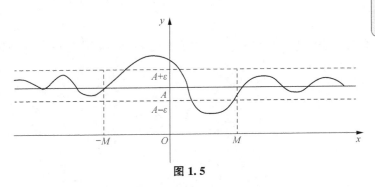

图 1.5

2. 当自变量 $x \to x_0$ 时，函数 $f(x)$ 的极限

观察函数 $y = \sin x$，可以看到当 x 无限接近于 0 时，y 无限接近于 0.

定义 1.17(描述性定义) 假设函数 $f(x)$ 在点 x_0 的某一个去心邻域内有定义,当 x 无限接近于 $x_0(x \neq x_0,$ 即 $x \to x_0)$ 时,函数 $f(x)$ 无限接近于某个确定的数值 A,则称 A 为当 $x \to x_0$ 时函数 $f(x)$ 的极限,记为 $\lim\limits_{x \to x_0} f(x) = A$.

精确的定义如下.

定义 1.18(ε-δ 分析定义) $\forall \varepsilon > 0$,$\exists \delta > 0$,当 $0 < |x - x_0| < \delta$ 时,恒有 $|f(x) - A| < \varepsilon$ 成立,则 $\lim\limits_{x \to x_0} f(x) = A$.

注意 $f(x)$ 的极限是否存在与其在点 x_0 处是否有定义以及 $f(x_0)$ 取什么值都无关.

1.3 自变量趋于固定值时函数极限的几何意义

$\lim\limits_{x \to x_0} f(x) = A$ 的几何意义是,对于任意 $\varepsilon > 0$,总存在 $\delta > 0$,当 x 落在 x_0 的 δ 邻域(点 x_0 可除外)内时,函数 $y = f(x)$ 的图形落在两直线 $y = A - \varepsilon$ 与 $y = A + \varepsilon$ 之间(见图 1.6).

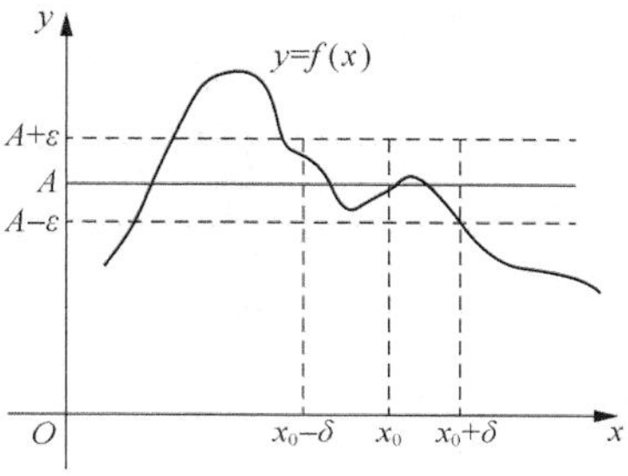

3. 左极限与右极限

如果当 x 从 x_0 的左侧 $(x < x_0)$ 趋向于 x_0 时,$f(x)$ 无限趋近于常数 A,则称 A 为 $x \to x_0$ 时 $f(x)$ 的左极限,记作 $\lim\limits_{x \to x_0^-} f(x) = A$ 或 $f(x_0 - 0) = A$.

图 1.6

如果当 x 从 x_0 的右侧 $(x > x_0)$ 趋向于 x_0 时,$f(x)$ 无限趋近于常数 A,则称 A 为 $x \to x_0$ 时 $f(x)$ 的右极限,记作 $\lim\limits_{x \to x_0^+} f(x) = A$ 或 $f(x_0 + 0) = A$.

根据左极限与右极限的定义,显然有下述定理.

定理 1.6 $\lim\limits_{x \to x_0} f(x) = A$ 的充分必要条件是 $\lim\limits_{x \to x_0^-} f(x) = \lim\limits_{x \to x_0^+} f(x) = A$.

如果左极限与右极限中有一个不存在或者它们都存在但不相等,那么 $\lim\limits_{x \to x_0} f(x)$ 就不存在. 分段函数在分段点 x_0 处讨论 $\lim\limits_{x \to x_0} f(x)$,必须考察左极限与右极限.

例 1 设 $f(x) = \dfrac{\sqrt{x^2}}{x}$,求 $\lim\limits_{x \to 0} f(x)$.

解 由于 $f(x)$ 在 $x = 0$ 左、右两侧的表达式不同,所以考虑左极限与右极限.

$\lim\limits_{x \to 0^-} f(x) = \lim\limits_{x \to 0^-} \dfrac{\sqrt{x^2}}{x} = \lim\limits_{x \to 0^-} \dfrac{-x}{x} = -1$,$\lim\limits_{x \to 0^+} f(x) = \lim\limits_{x \to 0^+} \dfrac{\sqrt{x^2}}{x} = \lim\limits_{x \to 0^+} \dfrac{x}{x} = 1$,故 $\lim\limits_{x \to 0} f(x)$ 不存在.

二、函数极限的主要性质

前面介绍了 6 种形式的函数极限:$\lim\limits_{x \to x_0} f(x)$、$\lim\limits_{x \to x_0^+} f(x)$、$\lim\limits_{x \to x_0^-} f(x)$、$\lim\limits_{x \to \infty} f(x)$、$\lim\limits_{x \to +\infty} f(x)$ 和 $\lim\limits_{x \to -\infty} f(x)$. 下面仅以 "$\lim\limits_{x \to x_0} f(x)$" 这种形式为代表给出关于函数极限性质的一些定理,关于其他形式极限性质的定理只要相应地进行一些修改即可得出.

定理 1.7(唯一性) 若极限 $\lim\limits_{x \to x_0} f(x)$ 存在,则极限值是唯一的.

定理 1.8(局部有界性) 若 $\lim\limits_{x\to x_0}f(x)=A$，则在 x_0 的某去心邻域内，函数 $f(x)$ 有界.

定理 1.9(局部保序性) 若 $\lim\limits_{x\to x_0}f(x)=A$，$\lim\limits_{x\to x_0}g(x)=B$，且 $A>B$，则存在 x_0 的某去心邻域，在此去心邻域内有 $f(x)>g(x)$.

推论 1.2 若 $\lim\limits_{x\to x_0}f(x)=A$，且在 x_0 的某去心邻域内有 $f(x)>0$(或 $f(x)<0$)，则必有 $A\geqslant0$(或 $A\leqslant0$).

三、极限的运算法则

为便于叙述，以 $x\to x_0$ 为例介绍极限的运算法则，其他各类情形，结论类似.

定理 1.10 设 $\lim\limits_{x\to x_0}f(x)=A$，$\lim\limits_{x\to x_0}g(x)=B$，则有如下法则.

(1) $\lim\limits_{x\to x_0}[f(x)\pm g(x)]=\lim\limits_{x\to x_0}f(x)\pm\lim\limits_{x\to x_0}g(x)=A\pm B$.

(2) $\lim\limits_{x\to x_0}[f(x)\cdot g(x)]=\lim\limits_{x\to x_0}f(x)\cdot\lim\limits_{x\to x_0}g(x)=A\cdot B$.

特别地，$\lim\limits_{x\to x_0}[Cf(x)]=C\lim\limits_{x\to x_0}f(x)=CA$($C$ 为常数).

(3) $\lim\limits_{x\to x_0}\left[\dfrac{f(x)}{g(x)}\right]=\dfrac{\lim\limits_{x\to x_0}f(x)}{\lim\limits_{x\to x_0}g(x)}=\dfrac{A}{B}$($B\neq0$).

上述极限的四则运算法则可用极限的分析定义证明(证明从略).

定理 1.10 的(3)不能用来计算当 $x\to x_0$ 时，分子、分母都趋向于 $0\left(称\text{“}\dfrac{0}{0}\text{”}型\right)$ 的极限.这时需要消去零因子 $x-x_0$.

例 2 求 $\lim\limits_{x\to2}\dfrac{x^2-x-2}{x^2-3x+2}$.

解 $\lim\limits_{x\to2}\dfrac{x^2-x-2}{x^2-3x+2}=\lim\limits_{x\to2}\dfrac{(x-2)(x+1)}{(x-2)(x-1)}$(因式分解)

$\qquad\qquad=\lim\limits_{x\to2}\dfrac{x+1}{x-1}$(消去零因子)

$\qquad\qquad=3$.

例 3 求 $\lim\limits_{x\to3}\dfrac{\sqrt{x}-3}{x-9}$.

解 $\lim\limits_{x\to3}\dfrac{\sqrt{x}-3}{x-9}=\lim\limits_{x\to3}\dfrac{(\sqrt{x}-3)(\sqrt{x}+3)}{(x-9)(\sqrt{x}+3)}$(分子有理化)

$\qquad\qquad=\lim\limits_{x\to3}\dfrac{1}{\sqrt{x}+3}$(消去零因子)

$\qquad\qquad=\dfrac{1}{\sqrt{3}+3}$.

当 $x\to\infty$ 时，分子、分母都趋向于无穷大$\left(称\text{“}\dfrac{\infty}{\infty}\text{”}型\right)$ 的极限，也不能使用定理 1.10 的

（3）来计算. 这时我们需要以 x 的最高次幂（或分子和分母中的最大者）分别除分子、分母各项，去掉极限为 0 的项，即有

$$\lim_{x\to\infty}\frac{a_0 x^n+a_1 x^{n-1}+\cdots+a_{n-1}x+a_n}{b_0 x^m+b_1 x^{m-1}+\cdots+b_{m-1}x+b_m}=\lim_{x\to\infty}\frac{a_0 x^n}{b_0 x^m}=\begin{cases}0, & n<m,\\[2mm]\dfrac{a_0}{b_0}, & n=m,\\[2mm]\infty, & n>m.\end{cases}$$

例 4 求 $\lim\limits_{n\to\infty}(\sqrt{n^2+1}-n)$.

解 $\lim\limits_{n\to\infty}(\sqrt{n^2+1}-n)=\lim\limits_{n\to\infty}\dfrac{1}{\sqrt{n^2+1}+n}$（分子有理化）

$$=\lim_{n\to\infty}\frac{\dfrac{1}{n}}{\sqrt{1+\dfrac{1}{n^2}}+1}$$

$$=0.$$

例 5 求 $\lim\limits_{x\to 1}\left(\dfrac{x}{x-1}-\dfrac{1}{x^2-x}\right)$.

解 $\lim\limits_{x\to 1}\left(\dfrac{x}{x-1}-\dfrac{1}{x^2-x}\right)=\lim\limits_{x\to 1}\dfrac{x^2-1}{x(x-1)}$（通分）

$$=\lim_{x\to 1}\frac{x+1}{x}\text{（消去零因子）}$$

$$=2.$$

四、极限存在准则和两个重要极限

这里介绍极限存在的若干准则和两个重要极限及其应用.

1. 极限存在准则

定理 1.11（夹逼准则） 如果数列 $\{a_n\}$、$\{b_n\}$、$\{c_n\}$ 满足 $a_n\leqslant b_n\leqslant c_n(n=1,2,\cdots)$ 且 $\lim\limits_{n\to\infty}a_n=\lim\limits_{n\to\infty}c_n=A$，则 $\lim\limits_{n\to\infty}b_n=A$.

例 6 求 $\lim\limits_{n\to\infty}\left(\dfrac{1}{n^2+n+1}+\dfrac{2}{n^2+n+2}+\cdots+\dfrac{n}{n^2+n+n}\right)$.

解 由于 $\dfrac{1}{n^2+n+1}+\dfrac{2}{n^2+n+2}+\cdots+\dfrac{n}{n^2+n+n}\leqslant\dfrac{1+2+\cdots+n}{n^2+n+1}$,

且 $\lim\limits_{n\to\infty}\dfrac{1+2+\cdots+n}{n^2+n+1}=\dfrac{1}{2}$,

1.4 例6

又由于 $\dfrac{1}{n^2+n+1}+\dfrac{2}{n^2+n+2}+\cdots+\dfrac{n}{n^2+n+n}\geqslant\dfrac{1+2+\cdots+n}{n^2+n+n}$,

且 $\lim\limits_{n\to\infty}\dfrac{1+2+\cdots+n}{n^2+n+n}=\dfrac{1}{2}$，因此，由夹逼准则可知

$$\lim_{n\to\infty}\left(\frac{1}{n^2+n+1}+\frac{2}{n^2+n+2}+\cdots+\frac{n}{n^2+n+n}\right)=\frac{1}{2}.$$

定理 1.11 可以推广到函数的极限.

定理 1.12（夹逼准则） 如果函数 $f(x)$、$g(x)$、$h(x)$ 在点 x_0 的某去心邻域内有 $g(x)\leqslant f(x)\leqslant h(x)$，且 $\lim\limits_{x\to x_0}g(x)=\lim\limits_{x\to x_0}h(x)=A$，则 $\lim\limits_{x\to x_0}f(x)=A$.

讨论数列极限的性质时曾指出，收敛数列必有界，但有界数列未必收敛. 由下面的定理可知什么样的有界数列必有极限.

定理 1.13 单调有界数列必有极限.

2. 重要极限 I：$\lim\limits_{x\to0}\dfrac{\sin x}{x}=1$

证明的主要过程如下.

作单位圆（见图 1.7），AC 与圆相切于 A 点. 易知 $\triangle AOB$ 的面积 < 扇形 OAB 的面积 < $\triangle AOC$ 的面积，即 $\frac{1}{2}\sin x<\frac{1}{2}x<\frac{1}{2}\tan x$，该不等式各部分同除以 $\frac{1}{2}\sin x$，得 $1<\dfrac{x}{\sin x}<\dfrac{1}{\cos x}$，即

$\cos x<\dfrac{\sin x}{x}<1$. 由夹逼准则得 $\lim\limits_{x\to0^+}\dfrac{\sin x}{x}=1$.

因为 $\lim\limits_{x\to0^-}\dfrac{\sin x}{x}\xlongequal{x=-t}\lim\limits_{t\to0^+}\dfrac{\sin(-t)}{-t}=\lim\limits_{t\to0^+}\dfrac{\sin t}{t}=1$，所以

$\lim\limits_{x\to0}\dfrac{\sin x}{x}=1$.

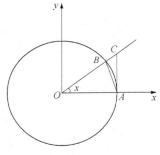

图 1.7

例 7 求下列极限：

（1）$\lim\limits_{x\to0}\dfrac{\sin7x}{x}$；　　　（2）$\lim\limits_{x\to0}\dfrac{1-\cos x}{x^2}$；

（3）$\lim\limits_{x\to\infty}x\sin\dfrac{1}{x}$；　　（4）$\lim\limits_{x\to0}\dfrac{\sin x}{|x|}$.

解 （1）$\lim\limits_{x\to0}\dfrac{\sin7x}{x}=\lim\limits_{x\to0}\dfrac{\sin7x}{7x}\cdot7=7$；

（2）$\lim\limits_{x\to0}\dfrac{1-\cos x}{x^2}=\lim\limits_{x\to0}\dfrac{2\sin^2\dfrac{x}{2}}{x^2}=\dfrac{1}{2}\lim\limits_{x\to0}\left(\dfrac{\sin\dfrac{x}{2}}{\dfrac{x}{2}}\right)^2=\dfrac{1}{2}$；

（3）$\lim\limits_{x\to\infty}x\sin\dfrac{1}{x}=\lim\limits_{x\to\infty}\dfrac{\sin\dfrac{1}{x}}{\dfrac{1}{x}}=1$；

（4）因为 $\lim\limits_{x\to0^+}\dfrac{\sin x}{|x|}=\lim\limits_{x\to0^+}\dfrac{\sin x}{x}=1$，$\lim\limits_{x\to0^-}\dfrac{\sin x}{|x|}=\lim\limits_{x\to0^-}\dfrac{\sin x}{-x}=-1$，所以 $\lim\limits_{x\to0}\dfrac{\sin x}{|x|}$ 不存在.

3. 重要极限 II：$\lim\limits_{x\to\infty}\left(1+\dfrac{1}{x}\right)^x=\mathrm{e}$

证明的主要过程如下.

由二项式定理，有

$$a_n = \left(1+\frac{1}{n}\right)^n = 1+\frac{n}{1!}\cdot\frac{1}{n}+\frac{n(n-1)}{2!}\cdot\frac{1}{n^2}+\frac{n(n-1)(n-2)}{3!}\cdot\frac{1}{n^3}+\cdots+$$

$$\frac{n(n-1)\cdots(n-k+1)}{k!}\cdot\frac{1}{n^k}+\cdots+\frac{n(n-1)\cdots2\cdot1}{n!}\cdot\frac{1}{n^n}$$

$$= 1+1+\frac{1}{2!}\left(1-\frac{1}{n}\right)+\frac{1}{3!}\left(1-\frac{1}{n}\right)\left(1-\frac{2}{n}\right)+\cdots+$$

$$\frac{1}{k!}\left(1-\frac{1}{n}\right)\left(1-\frac{2}{n}\right)\cdots\left(1-\frac{k-1}{n}\right)+\cdots+\frac{1}{n!}\left(1-\frac{1}{n}\right)\left(1-\frac{2}{n}\right)\cdots\left(1-\frac{n-1}{n}\right),$$

同理

$$a_{n+1} = \left(1+\frac{1}{n+1}\right)^{n+1} = 1+1+\frac{1}{2!}\left(1-\frac{1}{n+1}\right)+\frac{1}{3!}\left(1-\frac{1}{n+1}\right)\left(1-\frac{2}{n+1}\right)+\cdots+$$

$$\frac{1}{k!}\left(1-\frac{1}{n+1}\right)\left(1-\frac{2}{n+1}\right)\cdots\left(1-\frac{k-1}{n+1}\right)+\cdots+\frac{1}{n!}\left(1-\frac{1}{n+1}\right)\left(1-\frac{2}{n+1}\right)\cdots\left(1-\frac{n-1}{n+1}\right)+$$

$$\frac{1}{(n+1)!}\left(1-\frac{1}{n+1}\right)\left(1-\frac{2}{n+1}\right)\cdots\left(1-\frac{n}{n+1}\right),$$

比较上面两个展开式，容易看出 $a_n < a_{n+1}$，即说明了数列 $\{a_n\}$ 是单调增加的.

又因为

$$a_n < 1+1+\frac{1}{2!}+\frac{1}{3!}+\cdots+\frac{1}{n!} < 1+1+\frac{1}{2}+\frac{1}{2^2}+\cdots+\frac{1}{2^{n-1}} = 1+\frac{1-\frac{1}{2^n}}{1-\frac{1}{2}} < 3,$$

即 $\{a_n\}$ 有上界，根据单调有界数列必有极限，可知极限 $\lim\limits_{n\to\infty}\left(1+\frac{1}{n}\right)^n$ 存在，通常用字母 e 来表示它，即 $\lim\limits_{n\to\infty}\left(1+\frac{1}{n}\right)^n = e$. 数 e 是一个无理数，值是 $2.718281828459045\cdots$.

当 $x\to+\infty$ 时，由于 $n\leqslant x<n+1$，即得 $\frac{1}{n+1}<\frac{1}{x}\leqslant\frac{1}{n}$，因此

$$1+\frac{1}{n+1}<1+\frac{1}{x}\leqslant1+\frac{1}{n},$$

从而有 $\left(1+\frac{1}{n+1}\right)^n<\left(1+\frac{1}{x}\right)^x\leqslant\left(1+\frac{1}{n}\right)^{n+1}$，由于

$$\lim_{n\to\infty}\left(1+\frac{1}{n}\right)^{n+1}=\lim_{n\to\infty}\left[\left(1+\frac{1}{n}\right)^n\cdot\left(1+\frac{1}{n}\right)\right]=e,$$

$$\lim_{n\to\infty}\left(1+\frac{1}{n+1}\right)^n=\lim_{n\to\infty}\left[\left(1+\frac{1}{n+1}\right)^{n+1}\cdot\left(1+\frac{1}{n+1}\right)^{-1}\right]=e,$$

因此 $\lim\limits_{x\to+\infty}\left(1+\frac{1}{x}\right)^x=e$.

当 $x\to-\infty$ 时，令 $x=-t$，得 $\lim\limits_{x\to-\infty}\left(1+\frac{1}{x}\right)^x=e$.

经济数学——微积分

例 8 求下列极限：

（1）$\lim\limits_{x\to 0}(1+x)^{\frac{1}{x}}$；

（2）$\lim\limits_{x\to\infty}\left(1+\dfrac{C}{x}\right)^{x}$；

（3）$\lim\limits_{x\to\infty}\left(\dfrac{x+a}{x+b}\right)^{x}$.

解

（1）$\lim\limits_{x\to 0}(1+x)^{\frac{1}{x}}\xlongequal{x=\frac{1}{t}}\lim\limits_{t\to\infty}\left(1+\dfrac{1}{t}\right)^{t}=\mathrm{e}$；

（2）$\lim\limits_{x\to\infty}\left(1+\dfrac{C}{x}\right)^{x}=\lim\limits_{x\to\infty}\left[\left(1+\dfrac{1}{\frac{x}{C}}\right)^{\frac{x}{C}}\right]^{C}=\mathrm{e}^{C}$；

（3）$\lim\limits_{x\to\infty}\left(\dfrac{x+a}{x+b}\right)^{x}=\lim\limits_{x\to\infty}\dfrac{\left(1+\dfrac{a}{x}\right)^{x}}{\left(1+\dfrac{b}{x}\right)^{x}}=\mathrm{e}^{a-b}$.

五、无穷小量和无穷大量

1. 无穷小量

我们经常遇到函数极限为 0 的情况，如数列 $\left\{\dfrac{1}{2^{n}}\right\}\to 0(n\to\infty)$，这就给出了无穷小量的概念.

（1）无穷小量的定义

定义 1.19 如果 $\lim\limits_{x\to x_0}\alpha(x)=0$，则称 $\alpha(x)$ 是当 $x\to x_0$ 时的无穷小量，简称无穷小.

这里以 $x\to x_0$ 为例，其他各类情形可以有类似定义.

例如，当 $n\to\infty$ 时，$\dfrac{1}{n}$ 是无穷小量.

注意 ①无穷小量是针对自变量的某种变化趋势而言的，它的极限是 0，自身可能不等于 0，如 $\left\{\dfrac{1}{2^{n}}\right\}\to 0(n\to\infty)$；

②0 是无穷小量.

（2）无穷小量的性质

对于自变量的同一趋向过程（$x\to x_0$，或 $x\to\infty$，或 $x\to-\infty$，或 $x\to+\infty$）中的无穷小量，有如下性质：

①有限个无穷小量的和、差、乘积为无穷小量；

②有界函数与无穷小量的乘积仍为无穷小量.

例 9　求 $\lim\limits_{x\to 0} x\sin\dfrac{1}{x}$.

解　因为当 $x\to 0$ 时，x 是无穷小量，又因为 $\left|\sin\dfrac{1}{x}\right|\le 1$，即 $\sin\dfrac{1}{x}$ 是有界函数，所以 $\lim\limits_{x\to 0} x\sin\dfrac{1}{x}=0$.

注意　无穷多个无穷小量的和不一定是无穷小量.

例如，$\lim\limits_{n\to\infty}\left(\dfrac{1}{n^2+n+1}+\dfrac{2}{n^2+n+2}+\cdots+\dfrac{n}{n^2+n+n}\right)=\dfrac{1}{2}\ne 0.$

（3）无穷小量的比较

两个无穷小量的和、差、乘积仍是无穷小量，那么两个无穷小量之比又会出现什么情况呢？

比如，当 $x\to 0$ 时，x，$\sin x$，x^2，$x\sin\dfrac{1}{x}$ 都是无穷小量，但是 $\lim\limits_{x\to 0}\dfrac{x^2}{x}=0$，$\lim\limits_{x\to 0}\dfrac{\sin x}{x}=1$，

$\lim\limits_{x\to 0}\dfrac{x}{x^2}=\infty$，$\lim\limits_{x\to 0}\dfrac{x\sin\dfrac{1}{x}}{x}=\lim\limits_{x\to 0}\sin\dfrac{1}{x}$ 不存在.

两个无穷小量之商的极限的各种不同情况，反映了两个不同的无穷小量趋于 0 的"快慢程度"（速度）不同. 当 $x\to 0$ 时，x^2 趋于 0 的速度比 x"快"，x 趋于 0 的速度比 x^2"慢"，而 $\sin x$ 与 x 趋于 0 的速度"相仿".

无穷小量趋于 0 的"快慢程度"可用无穷小量之比的极限来衡量，即有如下定义.

定义 1.20　设当 $x\to x_0$ 时，$\alpha(x)$ 与 $\beta(x)$ 都是无穷小量.

①如果 $\lim\limits_{x\to x_0}\dfrac{\alpha(x)}{\beta(x)}=0$，则称 $\alpha(x)$ 是比 $\beta(x)$ 高阶的无穷小量，记作 $\alpha(x)=o(\beta(x))$.

②如果 $\lim\limits_{x\to x_0}\dfrac{\alpha(x)}{\beta(x)}=\infty$，则称 $\alpha(x)$ 是比 $\beta(x)$ 低阶的无穷小量.

③如果 $\lim\limits_{x\to x_0}\dfrac{\alpha(x)}{\beta(x)}=C$（常数 $C\ne 0$），则称 $\alpha(x)$ 与 $\beta(x)$ 是同阶无穷小量，记作 $\alpha(x)=o(\beta(x))$.

特别地，如果 $\lim\limits_{x\to x_0}\dfrac{\alpha(x)}{\beta(x)}=1$，则称 $\alpha(x)$ 与 $\beta(x)$ 是等价无穷小量，记作 $\alpha(x)\sim\beta(x)$.

这里以 $x\to x_0$ 为例，其他各类情形可以有类似定义.

例 10　当 $x\to 0$ 时，试比较 $1-\cos x$ 与 x^2.

解　由于 $\lim\limits_{x\to 0}\dfrac{1-\cos x}{x^2}=\lim\limits_{x\to 0}\dfrac{2\sin^2\dfrac{x}{2}}{x^2}=\dfrac{1}{2}$，

因此，当 $x\to 0$ 时，$1-\cos x=o(x^2)$，或者 $1-\cos x\sim\dfrac{x^2}{2}$，或者 $1-\cos x=o(x)$.

（4）等价无穷小量替换

定理 1.14　若 $\alpha(x)$，$\beta(x)$ 是自变量同一变化过程中的无穷小量，且 $\alpha(x)\sim\alpha_1(x)$，$\beta(x)\sim\beta_1(x)$，$\lim\limits_{x\to x_0}\dfrac{\alpha_1(x)}{\beta_1(x)}$ 存在，则 $\lim\limits_{x\to x_0}\dfrac{\alpha(x)}{\beta(x)}=\lim\limits_{x\to x_0}\dfrac{\alpha_1(x)}{\beta_1(x)}$.

求极限的过程中，可以把积或商中的无穷小量用与之等价的无穷小量替换，以简化极限的计算. 但须注意，加减运算中一般不能使用等价无穷小量替换.

在极限计算中，常用下列几组等价无穷小量替换.

当 $x\to0$ 时，$\sin x\sim x$，$\tan x\sim x$，$1-\cos x\sim\dfrac{x^2}{2}$，$\arcsin x\sim x$，$\arctan x\sim x$，$\ln(1+x)\sim x$，$\mathrm{e}^x-1\sim x$，$\sqrt[n]{1+x}-1\sim\dfrac{1}{n}x$.

当 $\alpha(x)\to0$ 时，$\sin\alpha(x)\sim\alpha(x)$，$\tan\alpha(x)\sim\alpha(x)$，$1-\cos\alpha(x)\sim\dfrac{\alpha^2(x)}{2}$，$\arcsin\alpha(x)\sim\alpha(x)$，$\arctan\alpha(x)\sim\alpha(x)$，$\ln[1+\alpha(x)]\sim\alpha(x)$，$\mathrm{e}^{\alpha(x)}-1\sim\alpha(x)$，$\sqrt[n]{1+\alpha(x)}-1\sim\dfrac{1}{n}\alpha(x)$.

例 11　求 $\lim\limits_{x\to0}\dfrac{\tan x-\sin x}{x^3}$.

解　$\lim\limits_{x\to0}\dfrac{\tan x-\sin x}{x^3}=\lim\limits_{x\to0}\dfrac{1-\cos x}{x^3}\cdot\tan x=\lim\limits_{x\to0}\dfrac{1-\cos x}{x^2}\cdot\dfrac{\tan x}{x}=\dfrac{1}{2}$.

定理 1.15（具有极限的函数与无穷小量的关系）　函数 $f(x)$ 在点 x_0 处的极限存在（即 $\lim\limits_{x\to x_0}f(x)=A$）的充分必要条件是 $f(x)=A+\alpha(x)$，其中 $\alpha(x)$ 是当 $x\to x_0$ 时的无穷小量.

2. 无穷大量

我们经常遇到当 $x\to x_0(x\to\infty)$ 时，函数 $f(x)$ 的绝对值 $|f(x)|$ 无限增大而极限不存在的情形，如数列 $\{2^n\}\to\infty\,(n\to\infty)$，这就给出了无穷大量的概念.

定义 1.21　当 $x\to x_0$ 时，函数 $f(x)$ 的绝对值 $|f(x)|$ 无限增大，则称当 $x\to x_0$ 时，$f(x)$ 是无穷大量，记作 $\lim\limits_{x\to x_0}f(x)=\infty$.

无穷大量与无穷小量有如下关系.

定理 1.16　当 $x\to x_0$ 时，若 $f(x)$ 是无穷大量，则 $\dfrac{1}{f(x)}$ 是无穷小量；若 $f(x)$ 是无穷小量，且 $f(x)\neq0$，则 $\dfrac{1}{f(x)}$ 是无穷大量.

这里以 $x\to x_0$ 为例，其他各类情形可以有类似定义.

注意　（1）无穷大量是变量，不是很大的数；

（2）无穷大量是没有极限的变量，但没有极限的变量不一定是无穷大量，如 $\lim\limits_{x\to0}\sin\dfrac{1}{x}$；

（3）无穷大量一定无界，但无界函数不一定是无穷大量，如 $\lim\limits_{x\to+\infty}x\sin x$.

习题 1-3

1. 用函数极限的分析定义验证:

(1) $\lim\limits_{x\to 2}(3x+2)=8$;

(2) $\lim\limits_{x\to+\infty}\dfrac{\sin x}{\sqrt{x}}=0$;

(3) $\lim\limits_{x\to-2}\dfrac{x^2-4}{x+2}=-4$;

(4) $\lim\limits_{x\to\infty}\dfrac{2x^2+1}{x^2-1}=2$.

2. 求下列函数在 $x=0$ 处的左极限与右极限,并说明函数在 $x=0$ 处的极限是否存在.

(1) $f(x)=\begin{cases} e^x, & x\leq 0, \\ (x+1)^2, & x>0; \end{cases}$

(2) $f(x)=\dfrac{|x|}{x}$.

3. 在某极限过程中若 $f(x)$ 有极限,$g(x)$ 无极限,试判断 $f(x)g(x)$ 是否必无极限. 若是,请说明理由;若不是,请举反例说明之.

4. 计算下列极限:

(1) $\lim\limits_{x\to 0}\dfrac{x^2-3x+1}{3x+2}$;

(2) $\lim\limits_{x\to 0}\dfrac{3x^3-2x^2+x}{2x^2+x}$;

(3) $\lim\limits_{x\to 1}\dfrac{x^2-3x+2}{x^2-1}$;

(4) $\lim\limits_{x\to 0}\dfrac{x}{\sqrt{1+x}-1}$;

(5) $\lim\limits_{x\to\infty}\dfrac{x^2-1}{2x^2-x-1}$;

(6) $\lim\limits_{x\to\infty}\dfrac{x^2+x}{x^3-3x^2+5}$;

(7) $\lim\limits_{x\to\infty}\dfrac{x^3+x}{3x^2+5}$;

(8) $\lim\limits_{x\to\infty}\dfrac{(2x-1)^{10}(3x-2)^{20}}{(2x+1)^{50}}$;

(9) $\lim\limits_{x\to 1}\left(\dfrac{1}{1-x}-\dfrac{3}{1-x^3}\right)$;

(10) $\lim\limits_{x\to+\infty}(\sqrt{x^2+x+1}-\sqrt{x^2-x+1})$.

5. 计算下列极限:

(1) $\lim\limits_{n\to\infty}\left(1+\dfrac{1}{2}+\dfrac{1}{2^2}+\cdots+\dfrac{1}{2^n}\right)$;

(2) $\lim\limits_{n\to\infty}\left[\dfrac{1}{1\cdot 2}+\dfrac{1}{2\cdot 3}+\cdots+\dfrac{1}{n(n+1)}\right]$.

6. 若 $\lim\limits_{x\to 2}\dfrac{x^2+ax+b}{x-2}=4$,求 a,b 的值.

7. 若 $\lim\limits_{x\to\infty}\left(\dfrac{x^2+1}{x-1}-ax-b\right)=3$,求 a,b 的值.

8. 设 $f(x)=\begin{cases} 4x+1, & x\leq 0, \\ x^2, & 0<x\leq 1, \\ \dfrac{1}{x}, & x>1, \end{cases}$ 分别讨论 $x\to 0$ 及 $x\to 1$ 时 $f(x)$ 的极限是否存在.

9. 计算下列极限:

(1) $\lim\limits_{x\to 0}\dfrac{\sin\dfrac{x}{2}}{x}$;

(2) $\lim\limits_{x\to 0}\dfrac{\tan x-\sin x}{\sin^3 x}$;

（3）$\lim\limits_{x\to 0}\dfrac{\sin 2x}{\tan 3x}$；

（4）$\lim\limits_{x\to 0}\dfrac{2x-\sin x}{3x+\sin x}$；

（5）$\lim\limits_{x\to \pi}\dfrac{\sin x}{\pi-x}$；

（6）$\lim\limits_{x\to 1}(1-x)\tan\dfrac{\pi x}{2}$．

10. 计算下列极限：

（1）$\lim\limits_{x\to \infty}\left(1+\dfrac{2}{x}\right)^x$；

（2）$\lim\limits_{x\to 0}(1-2x)^{\frac{1}{x}}$；

（3）$\lim\limits_{x\to 0}(1+2x)^{-\frac{1}{x}}$；

（4）$\lim\limits_{x\to 0}(1+3\tan^2 x)^{\cot^2 x}$；

（5）$\lim\limits_{x\to \infty}\left(1-\dfrac{2}{x}\right)^{\frac{1}{\sin\frac{1}{x}}}$；

（6）$\lim\limits_{x\to \infty}\left(\dfrac{1+x}{x}\right)^{2x}$；

（7）$\lim\limits_{x\to \infty}\left(\dfrac{x^2}{x^2-1}\right)^x$；

（8）$\lim\limits_{x\to \frac{\pi}{2}}(1+\cos x)^{2\sec x}$．

11. 利用数列极限的夹逼准则证明：

（1）$\lim\limits_{n\to \infty}\left(\dfrac{1}{\sqrt{n^2+1}}+\dfrac{1}{\sqrt{n^2+2}}+\cdots+\dfrac{1}{\sqrt{n^2+n}}\right)=1$；（2）$\lim\limits_{n\to 0}(1+2^n)^{\frac{1}{n}}=2$．

12. 下列函数哪些是无穷小量？哪些是无穷大量？

（1）$f(x)=2x^2-x-1$，$x\to 1$；

（2）$f(x)=\dfrac{1}{x^2}$，$x\to \infty$；

（3）$f(x)=\mathrm{e}^{\frac{1}{x}}$，$x\to 0^+$；

（4）$f(x)=\mathrm{e}^{\frac{1}{x}}$，$x\to 0^-$；

（5）$f(x)=\sin\dfrac{1}{x}$，$x\to 0$；

（6）$f(x)=\sin\dfrac{1}{x}$，$x\to \infty$．

13. 计算下列极限：

（1）$\lim\limits_{x\to \infty}\dfrac{x^2+1}{x^3+x}(4+\cos x)$；

（2）$\lim\limits_{x\to 2}(x^2-4)\sin\dfrac{1}{x-2}$；

（3）$\lim\limits_{x\to 0}\dfrac{x^2\cos\dfrac{1}{x}}{\sin x}$；

（4）$\lim\limits_{x\to \infty}\dfrac{2x+\sin x}{x-\sin x}$．

14. 当 $x\to 0$ 时，下列函数中哪些是 x 的高阶无穷小量？哪些是 x 的同阶或等价无穷小量？

（1）$x+2x^2$；

（2）$1-\cos x$；

（3）$x^2+\sin 2x$；

（4）$\ln\left(1+x^{\frac{4}{3}}\right)$．

15. 计算下列极限：

（1）$\lim\limits_{x\to 0}\dfrac{\mathrm{e}^{3x}-1}{\sqrt{1+x}-1}$；

（2）$\lim\limits_{x\to 0}\dfrac{\ln(1+2x)}{\sin 3x}$；

（3）$\lim\limits_{x\to 0}\dfrac{\sqrt{1+3x\tan x}-1}{\sin x^2}$；

（4）$\lim\limits_{x\to 0}\dfrac{(\mathrm{e}^x-1)\sin x}{1-\cos x}$；

（5）$\lim\limits_{x\to \mathrm{e}}\dfrac{\ln x-1}{x-\mathrm{e}}$；

（6）$\lim\limits_{x\to 0}\dfrac{\sqrt[3]{1-x\sin x}-1}{\ln(1-x)\cdot\tan 3x}$．

16. 证明：（1）有限个无穷小量的和与差都是无穷小量；（2）有界函数与无穷小量的乘积是无穷小量．

第四节 函数的连续性

一、函数连续的概念

"连续"（continue）是相对于"间断"而言的，从几何上看，连续函数 $y=f(x)$ 的图形是一条连绵不断的曲线．比如图 1.8(a)所示的函数就是连续的，而图 1.8(b)所示的函数在点 x_0 处是间断的．从图形可以看出，若在点 x_0 处连续，则函数 y 的图形随 x 变化时就不会"中断"，能"达到"并且"通过"点 x_0.

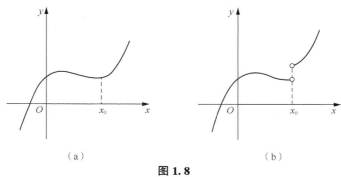

（a） （b）

图 1.8

将"达到"并且"通过"点 x_0 用数学语言来描述，可以得到如下定义．

1. 函数在一点处连续的定义

定义 1.22 设函数 $f(x)$ 在点 x_0 的某邻域内有定义，如果 $\lim\limits_{x\to x_0}f(x)=f(x_0)$，则称函数 $f(x)$ 在点 x_0 处连续.

可见，函数 $f(x)$ 在点 x_0 处连续必须满足下列 3 个条件：

(1) $f(x)$ 在点 x_0 处有定义，即有确定的函数值 $f(x_0)$；

(2) 极限 $\lim\limits_{x\to x_0}f(x)$ 存在，即 $\lim\limits_{x\to x_0}f(x)=\lim\limits_{x\to x_0^+}f(x)=\lim\limits_{x\to x_0^-}f(x)$；

(3) 极限值 $\lim\limits_{x\to x_0}f(x)$ 等于函数值 $f(x_0)$，即 $\lim\limits_{x\to x_0}f(x)=f(x_0)$.

1.5 函数连续性的
几何解释

例 1 设 $f(x)=\begin{cases}x\sin\dfrac{1}{x}, & x\neq 0,\\ 0, & x=0,\end{cases}$ 问：$f(x)$ 在点 $x=0$ 处是否连续？

解 因为 $\lim\limits_{x\to 0}f(x)=\lim\limits_{x\to 0}x\sin\dfrac{1}{x}=0=f(0)$，所以 $f(x)$ 在点 $x=0$ 处连续.

下面给出函数在一点处连续的另一等价定义．

定义自变量的改变量为 $\Delta x=x-x_0$，相应函数值的改变量为 $\Delta y=f(x)-f(x_0)=f(x_0+\Delta x)-f(x_0)$，于是得以下定义．

定义 1.23 设函数 $f(x)$ 在点 x_0 的某邻域内有定义，如果当自变量的改变量 Δx 趋向于 0 时，函数值的相应改变量 Δy 也趋向于 0，即 $\lim\limits_{\Delta x\to 0}\Delta y=0$，则称函数 $f(x)$ 在点 x_0 处连续.

例 2 证明 $y = \sin x$ 在定义域 $(-\infty, +\infty)$ 内任一点 x_0 处都连续.

证明 当自变量 x 从 x_0 改变到 $x_0 + \Delta x$ 时, 函数 y 的值就从 $\sin x_0$ 改变到 $\sin(x_0 + \Delta x)$, 于是函数值的改变量

$$\Delta y = \sin(x_0 + \Delta x) - \sin x_0 = 2\cos\left(x_0 + \frac{\Delta x}{2}\right)\sin\frac{\Delta x}{2},$$

由于 $\left|\cos\left(x_0 + \frac{\Delta x}{2}\right)\right| \leq 1$, $\lim\limits_{\Delta x \to 0}\sin\frac{\Delta x}{2} = 0$, 因此 $\lim\limits_{\Delta x \to 0} 2\cos\left(x_0 + \frac{\Delta x}{2}\right)\sin\frac{\Delta x}{2} = 0$, 即 $\lim\limits_{\Delta x \to 0}\Delta y = 0$, 因此 $y = \sin x$ 在 $(-\infty, +\infty)$ 内任一点 x_0 处连续.

连续函数 $f(x)$ 如果在 x_0 点连续, 那么它在这点的极限就是 $f(x_0)$ ("代入求极限").

对应函数的左、右极限, 可以得到左、右连续的定义.

(1) 函数 $f(x)$ 在点 x_0 处左连续: $\lim\limits_{x \to x_0^-} f(x) = f(x_0)$.

(2) 函数 $f(x)$ 在点 x_0 处右连续: $\lim\limits_{x \to x_0^+} f(x) = f(x_0)$.

2. 函数在区间内连续的定义

基于函数在一点处连续的定义, 下面给出函数在区间内连续的定义.

(1) 若函数 $f(x)$ 在开区间 (a, b) 内每一点处都连续, 则称函数 $f(x)$ 在 (a, b) 内连续.

(2) 若函数 $f(x)$ 在开区间 (a, b) 内每一点处都连续, 且在左端点 $x = a$ 处右连续 (即 $\lim\limits_{x \to a^+} f(x) = f(a)$), 在右端点 $x = b$ 处左连续 (即 $\lim\limits_{x \to b^-} f(x) = f(b)$), 则称函数 $f(x)$ 在闭区间 $[a, b]$ 上连续, 记作 $f(x) \in C[a, b]$.

二、连续函数的运算与性质

关于连续函数的运算与初等函数的连续性有以下结论 (证明从略):

(1) 连续函数的和、差、积、商 (分母不为 0) 仍为连续函数;

(2) 连续函数的复合函数仍是连续函数;

(3) 基本初等函数在其定义域内都是连续的;

(4) 连续且严格单调增加 (减少) 函数的反函数仍是连续且严格单调增加 (减少) 的函数.

综合 (1)、(2)、(3) 可得到以下定理.

定理 1.17 一切初等函数在其定义区间 (即定义域) 内都是连续的.

注意 分段函数一般不是初等函数, 在其分段点处不一定连续. 如:

$$f(x) = \begin{cases} x\sin\dfrac{1}{x}, & x \neq 0, \\ 1, & x = 0 \end{cases}$$ 在 $x = 0$ 处不连续.

三、函数的间断点

1. 间断点的定义

定义 1.24 若函数 $f(x)$ 在点 x_0 处不连续, 则点 x_0 称为 $f(x)$ 的间断点.

显然, 如果有下列 3 种情形中之一发生, 点 x_0 就是函数的间断点.

(1)$f(x)$在x_0处没有定义.

(2)$f(x_0)$有定义，但$\lim\limits_{x \to x_0} f(x)$不存在.

(3)$f(x_0)$有定义，且$\lim\limits_{x \to x_0} f(x)$存在，但$\lim\limits_{x \to x_0} f(x) \neq f(x_0)$.

2. 间断点的分类

定义 1.25 若函数$f(x)$当$x \to x_0$时，左、右极限都存在但不相等，则称点x_0为$f(x)$的跳跃间断点（第一类间断点）.

若函数$f(x)$当$x \to x_0$时，极限存在，但不等于该点的函数值（或函数值无定义），则称点x_0为$f(x)$的可去间断点（第一类间断点）.

若点x_0为$f(x)$的可去间断点，通过重新定义$f(x_0) = \lim\limits_{x \to x_0} f(x)$，函数$f(x)$可在点$x_0$处连续，此即"**可去**"（removable）的由来.

除第一类间断点外，其他间断点都称为第二类间断点. 例如，$x = 0$ 是 $y = \dfrac{1}{x}$的第二类间断点（常称为无穷间断点）；$x = 0$ 是 $y = \sin\dfrac{1}{x}$的第二类间断点（常称为振荡间断点）.

例 3 求函数$f(x) = \dfrac{\tan x}{x^2 - 3x}$的间断点，并指明其类型.

解 $x = 0$ 和 $x = 3$ 不在该函数的定义域内，因此为间断点. 但是，

$$\lim_{x \to 0} f(x) = \lim_{x \to 0} \frac{\tan x}{x(x-3)} = -\frac{1}{3},$$

所以 $x = 0$ 是可去间断点.

又因为

$$\lim_{x \to 3} f(x) = \lim_{x \to 3} \frac{\tan x}{x(x-3)} = \infty,$$

所以 $x = 3$ 是第二类间断点（无穷间断点）.

四、闭区间上连续函数的性质

闭区间上的连续函数有很多重要性质，将以定理的形式把这些性质叙述出来，证明略.

定理 1.18（有界定理） 若函数$f(x)$在闭区间$[a,b]$上连续，则$f(x)$在$[a,b]$上有界.

定理 1.19（最值定理） 若函数$f(x)$在闭区间$[a,b]$上连续，则$f(x)$在$[a,b]$上有最大值M和最小值m.

注意 定理的条件如果不满足，则最大值和最小值就不一定存在，例如，$y = 2x$ 在开区间$(0,1)$内，$y = -\dfrac{1}{x}$在$[-1,1]$上，不存在最大值和最小值.

定理 1.20（介值定理） 若函数$f(x)$在闭区间$[a,b]$上连续，M与m分别为$f(x)$在$[a,b]$上的最大值和最小值，则对介于m与M之间的任意一个实数$c(m < c < M)$来说，至少存在一点$\xi \in [a,b]$，使$f(\xi) = c$，如图 1.9 所示.

定理 1.21（零点定理） 若函数$f(x)$在$[a,b]$上连续，且$f(a)$与$f(b)$异号，则至少存在一点$\xi \in (a,b)$，使$f(\xi) = 0$.

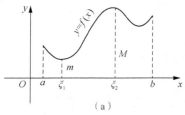 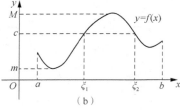

图 1.9

该结论表明方程 $f(x)=0$ 在 (a,b) 内至少有一个实根. 从几何图形上看，曲线 $y=f(x)$ 与 x 轴至少有一个交点.

例 4 假设函数 $f(x)$ 在闭区间 $[0,1]$ 上连续，并且对 $[0,1]$ 上任一点 x 有 $0 \leqslant f(x) \leqslant 1$. 试证明 $[0,1]$ 中必存在一点 c，使得 $f(c)=c$.

证明 设 $F(x)=f(x)-x$，则 $F(0)=f(0) \geqslant 0$，$F(1)=f(1)-1 \leqslant 0$. 若 $F(0)=0$ 或 $F(1)=0$，则 0 或 1 即 c；若 $F(0)F(1)<0$，则由零点定理，必存在 $c \in (0,1)$，使 $F(c)=0$，即 $f(c)=c$.

习题 1-4

1. 判断下列函数在指定点处的连续性：

$(1)f(x)=\begin{cases} x^2\sin\dfrac{1}{x}, & x \neq 0, \\ 0, & x=0, \end{cases}$ 在 $x=0$ 处；

$(2)f(x)=\begin{cases} \mathrm{e}^{x-1}, & x<1, \\ 2-x, & x>1, \end{cases}$ 在 $x=1$ 处.

2. 确定 a 的值，使函数 $f(x)$ 在 $x=0$ 处连续：

$(1)f(x)=\begin{cases} \ln(1-2x)^{\frac{3}{x}}, & x \neq 0, \\ a, & x=0; \end{cases}$

$(2)f(x)=\begin{cases} \dfrac{x}{\sqrt{1+x}-1}, & x \neq 0, \\ a, & x=0. \end{cases}$

3. 指出下列函数的间断点及其所属类型，若是可去间断点，试补充或修改定义，使函数在该点处连续：

$(1)f(x)=\arctan\dfrac{1}{x-1}$；

$(2)f(x)=\begin{cases} \dfrac{\sin x}{x}, & x<0, \\ 0, & x=0, \\ 2^{-x}, & x>0. \end{cases}$

4. 证明：方程 $\sin x+x+1=0$ 在 $\left(-\dfrac{\pi}{2},\dfrac{\pi}{2}\right)$ 内至少存在一个实根.

5. 证明：若 $f(x)$ 在 $(-\infty,+\infty)$ 内连续，且 $\lim\limits_{x \to \infty}f(x)=A$，则 $f(x)$ 在 $(-\infty,+\infty)$ 内有界.

 **本章小结**

1.6 本章小结

函数概念 与性质	了解 函数的概念与特性(有界性、奇偶性、单调性、周期性);
	熟悉 几类常见基本初等函数的性质和图形;
	理解 常见的经济函数(需求函数、供给函数、成本函数、收益函数、利润函数)
极限	了解 数列极限和函数极限的概念与性质;
	了解 函数极限存在性与左、右极限之间的关系;
	掌握 极限的四则运算法则;
	了解 极限的两个存在准则(夹逼准则、单调有界准则);
	熟悉 利用两个重要极限求极限;
	了解 无穷小量的概念,会用等价无穷小量替换求极限
连续	理解 函数连续的概念;
	了解 初等函数的连续性及函数间断点的概念,会判别函数间断点的类型;
	了解 闭区间上连续函数的性质(有界定理、最值定理、介值定理和零点定理)

总复习题一

1. 求 $\lim\limits_{n\to\infty}\left(\dfrac{1}{n+1}+\dfrac{1}{n+\sqrt{2}}+\cdots+\dfrac{1}{n+\sqrt{n}}\right)$.

2. 求 $\lim\limits_{x\to\infty}\left(x\sin\dfrac{1}{x}+\dfrac{1}{x}\sin x\right)$.

3. 求 $\lim\limits_{x\to1}(1-x)\sec\dfrac{\pi x}{2}$.

4. 设当 $x\to0$ 时,$(1+ax^2)^{\frac{1}{3}}-1$ 与 $\cos x-1$ 等价,则 a 为何值?

5. 求 $\lim\limits_{n\to\infty}\sin\pi\sqrt{n^2+1}$.

6. 求 $\lim\limits_{x\to2}\dfrac{\sqrt{3x-2}-2}{\sqrt{2x-1}-\sqrt{3}}$.

7. 讨论函数 $f(x)=\lim\limits_{n\to\infty}\dfrac{1-x^{2n}}{1+x^{2n}}x$ 的连续性,若有间断点,判断其类型.

8. 设 $f(x)$ 是周期为 T 的周期函数,且在 $(-\infty,+\infty)$ 内连续,求证方程 $f(x)-f\left(x-\dfrac{T}{2}\right)=0$ 在任意长度为 $\dfrac{T}{2}$ 的闭区间上至少有一个实根.

数学通识：为什么"function"会被翻译成"函数"？

函数的英文是"function"，最早由德国数学家戈特弗里德·威廉·莱布尼茨（见图 1.10）在 1694 年提出，最初他使用"function"来表示"幂"，后来这个词表示曲线上点的横坐标、纵坐标以及切线长等几何量．在 1859 年，我国清代著名数学家李善兰（见图 1.11）在翻译德·摩尔根（De Morgan，1806—1871 年）《代数学》一书时，把"function"翻译成中文"函数"一词．

图 1.10

图 1.11

"函"通"含"，有"包含"的意思．中国古代数学中用天、地、人、物 4 个字来表示 4 个不同的未知数或变量．据史料记载，李善兰认为：凡式中含天，为天之函数（凡是公式中含有变量 x，则该式子叫作 x 的函数）．即凡此变数中函彼变数者，则此为彼之函数．也就是说，函数指一个量随着另一个量的变化而变化，或者说一个量中包含另一个量．

李善兰（1811—1882 年），浙江海宁人，原名李心兰，字竟芳，号秋纫，别号壬叔．他是中国近代著名的数学家、天文学家、力学家和植物学家，创立了二次平方根的幂级数展开式，研究各种三角函数、反三角函数和对数函数的幂级数展开式（现称"自然数幂求和公式"），这些不仅是李善兰个人最大的成就，更是中国 19 世纪重大的数学成就．李善兰为近代科学在中国的传播和发展做出了开创性的贡献．他在把西方近代物理学知识翻译为中文进行传播的工作中做出了重大贡献，一生翻译西方科技书籍甚多，他的译书为中国近代物理学的发展起到了启蒙作用．李善兰担任京师同文馆天文、算学部长期间，执教 13 年，为造就中国近代第一代科学人才做出了贡献；将近代科学中主要的几门知识（从天文学到植物细胞学的最新成果）传入中国，对促进近代科学的发展做出了卓越贡献．

他在译作中创造了许多数学名词和术语，如微分、函数、方程式、代数、常数、复数、系数、未知数、虚数等，都译得相当贴切，相当多的名词一直沿用至今．

第二章 导数与微分

我们在解决实际问题时，经常需要了解变量之间变化快慢的程度（即**变化率**（rate of change）），如城市人口增长的速度、国民经济发展的速度、劳动生产率的提高等. 导数就是描述变化率的数学工具，函数的**导数**（derivative）和**微分**（differential）是**微积分**（calculus）中两个重要且密切相关的概念.

通过第一章所介绍的极限的知识，我们先介绍引例，将割线斜率、切线斜率、函数的变化率等相关概念通过极限的技巧串联起来，从而帮助我们解释函数在某点处导数的含义.

本章从分析实际问题着手，通过调查各种函数和实际问题的变化率来开启对微积分的研究，并提出导数的概念，介绍基本初等函数的导数公式及导数的运算法则，最后引进微分的概念，介绍导数与微分的关系.

值得一提的是，导数的概念被应用在数学、物理学、经济学、医学等各个学科，可解决众多的实际问题. 其中包含寻求微分方程的通解，计算运动物体的速度与加速度，描绘光线从空气中穿透到水中所经历的路径，寻求企业在最大化利润时的商品产量，研究传染病在特定人群中的传播等.

第一节 导数的概念

一、引例

在本节中，为了说明微积分中的基本概念——导数，我们先通过一个引例，阐述如何寻求平面曲线上任一点的**切线斜率**（tangent line slope）.

设有平面曲线 $y=f(x)$（见图 2.1），点 $P(x_0,f(x_0))$ 是曲线上的一个定点，在曲线上任取一个点 $Q(x_0+h,f(x_0+h))$（$h\neq0$），Q 是曲线上的动点. 作**割线**（secant line）QP，则割线 QP 的斜率为

2.1 导数的几何意义

$$k_{QP}=\frac{\Delta y}{\Delta x}=\frac{f(x_0+h)-f(x_0)}{h}.$$

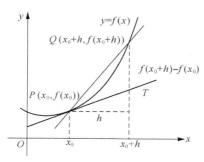

图 2.1

当动点 Q 沿曲线趋于定点 P 时，即当 $h\to 0$ 时，若极限

$$\lim_{h\to 0}\frac{f(x_0+h)-f(x_0)}{h}$$

存在，此时割线 QP 有一个极限位置 PT，称 PT 是曲线在 P 点处的切线，则其斜率为

$$k_{PT}=\lim_{\Delta x\to 0}\frac{\Delta y}{\Delta x}=\lim_{h\to 0}\frac{f(x_0+h)-f(x_0)}{h}.$$

二、导数的定义

顺承上述引例，下面将介绍函数在某一点处的导数．紧接着我们会发现导数提供了一种方法来找到图像中任一点的切线的斜率和函数的**瞬时变化率**（instantaneous rate of change）．最后，通过考虑函数在定义域中每一点的导数，从而介绍其派生函数——**导函数**（derived function）的概念．

定义 2.1 设函数 $y=f(x)$ 在点 x_0 的某邻域内有定义，当自变量在点 x_0 处取得改变量 Δx，即自变量从 x_0 改变到 $x_0+\Delta x$（$\Delta x\neq 0$，点 $x_0+\Delta x$ 仍在该邻域内）时，函数 $f(x)$ 取得的相应改变量为

$$\Delta y=f(x_0+\Delta x)-f(x_0),$$

若当 $\Delta x\to 0$ 时，比值 $\dfrac{\Delta y}{\Delta x}$ 的极限存在，即

$$\lim_{\Delta x\to 0}\frac{\Delta y}{\Delta x}=\lim_{\Delta x\to 0}\frac{f(x_0+\Delta x)-f(x_0)}{\Delta x}$$

存在，则称此极限值为**函数 $f(x)$ 在点 x_0 处的导数**，记为

$$f'(x_0),\ \text{或}\ y'(x_0),\ \text{或}\ \frac{dy}{dx}\Big|_{x=x_0},\ \text{或}\ \frac{df}{dx}\Big|_{x=x_0},$$

即

$$f'(x_0)=\lim_{\Delta x\to 0}\frac{f(x_0+\Delta x)-f(x_0)}{\Delta x},$$

此时，称**函数 $f(x)$ 在点 x_0 处可导**（derivable）．

$\dfrac{\Delta y}{\Delta x}=\dfrac{f(x_0+\Delta x)-f(x_0)}{\Delta x}$ 表示函数 $f(x)$ 在 x_0 与 $x_0+\Delta x$ 两点间的**平均变化率**（average rate of change），而导数 $f'(x_0)=\lim\limits_{\Delta x\to 0}\dfrac{\Delta y}{\Delta x}=\lim\limits_{\Delta x\to 0}\dfrac{f(x_0+\Delta x)-f(x_0)}{\Delta x}$ 表示函数 $f(x)$ 在点 x_0 处的变化率．

若上述极限不存在，则称函数 $f(x)$ 在点 x_0 处不可导或导数不存在．特别地，当上述极限为无穷大量时，为方便起见，可记为 $f'(x_0)=\infty$．

由导数定义可知，第一节介绍的引例可叙述如下：

曲线 $y=f(x)$ 在点 $P(x_0,f(x_0))$ 处切线的斜率 k 是函数 $f(x)$ 在点 x_0 处的导数 $f'(x_0)$，即 $k=f'(x_0)$．

例 1 设 $f'(x_0)$ 存在，求 $\lim\limits_{\Delta x\to 0}\dfrac{f(x_0-3\Delta x)-f(x_0)}{\Delta x}$．

解 运用导数定义，

$$\lim_{\Delta x \to 0} \frac{f(x_0 - 3\Delta x) - f(x_0)}{\Delta x} = -3 \lim_{\Delta x \to 0} \frac{f[x_0 + (-3\Delta x)] - f(x_0)}{-3\Delta x} = -3f'(x_0).$$

例 2 求 $y = x^2$ 在点 $x = 1$ 处的导数.

解 当 x 由 1 改变到 $1 + \Delta x$ 时, 函数改变量为

$$\Delta y = (1 + \Delta x)^2 - 1^2 = 2 \cdot \Delta x + (\Delta x)^2,$$

即

$$\frac{\Delta y}{\Delta x} = 2 + \Delta x,$$

从而

$$\lim_{\Delta x \to 0} \frac{\Delta y}{\Delta x} = \lim_{\Delta x \to 0} (2 + \Delta x) = 2,$$

故

$$y'(1) = 2.$$

在 $f'(x_0) = \lim\limits_{\Delta x \to 0} \dfrac{f(x_0 + \Delta x) - f(x_0)}{\Delta x}$ 中, 若令 $x = x_0 + \Delta x$, 则函数 $f(x)$ 在点 x_0 处的导数 $f'(x_0)$ 也可表示成

$$f'(x_0) = \lim_{x \to x_0} \frac{f(x) - f(x_0)}{x - x_0},$$

这是函数 $f(x)$ 在点 x_0 处的导数的另一种常用的表达形式.

定义 2.2 若函数 $f(x)$ 在区间 (a, b) 内每一点处都可导, 则称函数 $f(x)$ 在区间 (a, b) 内可导. 这时对于任何一个 $x \in (a, b)$, 都对应着函数 $f(x)$ 的一个确定的导数值, 这样就构成了一个新的函数, 称此函数为 $f(x)$ 的**导函数**, 简称**导数**, 记作

$$f'(x), \text{ 或 } y'(x), \text{ 或 } \frac{\mathrm{d}y}{\mathrm{d}x}, \text{ 或 } \frac{\mathrm{d}f}{\mathrm{d}x},$$

即

$$f'(x) = \lim_{\Delta x \to 0} \frac{f(x + \Delta x) - f(x)}{\Delta x}.$$

显然, 若函数 $f(x)$ 在点 x_0 处可导, 则函数 $f(x)$ 在点 x_0 处的导数 $f'(x_0)$ 就是导函数 $f'(x)$ 在点 x_0 处的值, 即

$$f'(x_0) = f'(x) \big|_{x = x_0}.$$

三、左导数与右导数

定义 2.3 如果极限 $\lim\limits_{x \to x_0^-} \dfrac{f(x) - f(x_0)}{x - x_0}$ 存在, 则称此极限值为 $f(x)$ 在点 x_0 处的**左导数** (left derivative), 记作 $f'_-(x_0)$, 即

$$f'_-(x_0) = \lim_{x \to x_0^-} \frac{f(x) - f(x_0)}{x - x_0}.$$

如果极限 $\lim\limits_{x \to x_0^+} \dfrac{f(x) - f(x_0)}{x - x_0}$ 存在, 则称此极限值为 $f(x)$ 在点 x_0 处的**右导数** (right derivative),

记作 $f'_+(x_0)$，即

$$f'_+(x_0) = \lim_{x \to x_0^+} \frac{f(x) - f(x_0)}{x - x_0}.$$

显然，$f(x)$ 在点 x_0 处可导的充分必要条件是 $f(x)$ 在点 x_0 处的左、右导数存在且相等，即

$$f'(x_0) = A \Leftrightarrow f'_-(x_0) = f'_+(x_0) = A.$$

如果函数 $f(x)$ 在开区间 (a,b) 内可导，且 $f'_+(a)$ 与 $f'_-(b)$ 存在，则称 $f(x)$ 在 $[a,b]$ 上可导.

例 3 设 $f(x) = \begin{cases} \ln(1+x), & -1<x<0, \\ \sqrt{1+x} - \sqrt{1-x}, & 0 \le x<1, \end{cases}$ 求 $f'(0)$.

解 由于 $f'_-(0) = \lim_{x \to 0^-} \frac{f(x) - f(0)}{x - 0} = \lim_{x \to 0^-} \frac{\ln(1+x)}{x} = \lim_{x \to 0^-} \frac{x}{x} = 1$，

$$f'_+(0) = \lim_{x \to 0^+} \frac{f(x) - f(0)}{x - 0} = \lim_{x \to 0^+} \frac{\sqrt{1+x} - \sqrt{1-x}}{x} = \lim_{x \to 0^+} \frac{2}{\sqrt{1+x} + \sqrt{1-x}} = 1,$$

因此 $f'(0) = 1$.

例 4 设 $f(x) = \begin{cases} -x, & x<0, \\ x, & x \ge 0, \end{cases}$ 判断 $f(x)$ 在 $x=0$ 处的可导性.

解 因为 $f'_-(0) = \lim_{x \to 0^-} \frac{f(x) - f(0)}{x - 0} = \lim_{x \to 0^-} \frac{-x}{x} = -1$，

$$f'_+(0) = \lim_{x \to 0^+} \frac{f(x) - f(0)}{x - 0} = \lim_{x \to 0^+} \frac{x}{x} = 1,$$

可见 $f'_-(0) \ne f'_+(0)$，所以 $f(x)$ 在 $x=0$ 处不可导.

以上例子说明，如果 $x=x_0$ 是分段函数 $f(x)$ 的分段点，且 $f(x)$ 在点 x_0 左、右两侧的表达式不同，那么应该按导数的定义先求 $f'_-(x_0)$ 与 $f'_+(x_0)$，然后由 $f'_-(x_0)$ 与 $f'_+(x_0)$ 是否相等，判别 $f'(x_0)$ 是否存在.

四、函数可导与连续的关系

定理 2.1 若函数 $y=f(x)$ 在点 x_0 处可导，则函数在点 x_0 处连续.

证明 由于 $y=f(x)$ 在点 x_0 处可导，即有

$$\lim_{\Delta x \to 0} \frac{\Delta y}{\Delta x} = \lim_{\Delta x \to 0} \frac{f(x_0 + \Delta x) - f(x_0)}{\Delta x} = f'(x_0),$$

因此 $\lim_{\Delta x \to 0} \Delta y = \lim_{\Delta x \to 0} \left(\frac{\Delta y}{\Delta x} \cdot \Delta x \right) = \lim_{\Delta x \to 0} \frac{\Delta y}{\Delta x} \cdot \lim_{\Delta x \to 0} \Delta x = f'(x_0) \cdot 0 = 0.$

这就证明了函数 $y=f(x)$ 在点 x_0 处连续.

这个定理的逆命题不成立，即如果函数 $y=f(x)$ 在点 x_0 处连续，它在点 x_0 处不一定可导. 例如，$y=|x|$，它在点 $x=0$ 处连续，但不可导.

可见，"函数在点 x_0 处连续"是"函数在点 x_0 处可导"的必要条件.

例 5　判别函数 $f(x)=\begin{cases}x^3-4x+1, & x<0, \\ 2e^x+\sin x, & x\geqslant0\end{cases}$ 在点 $x=0$ 处是否连续，是否可导.

解　因为 $\lim\limits_{x\to0^-}f(x)=\lim\limits_{x\to0^-}(x^3-4x+1)=1$,

$$\lim\limits_{x\to0^+}f(x)=\lim\limits_{x\to0^+}(2e^x+\sin x)=2,$$

可见 $\lim\limits_{x\to0}f(x)$ 不存在，因此 $f(x)$ 在点 $x=0$ 处不连续，$f(x)$ 在点 $x=0$ 处也不可导.

例 6　已知函数 $f(x)=\begin{cases}x^2, & x\leqslant0, \\ ax+b, & x>0\end{cases}$ 在点 $x=0$ 处可导，求常数 a,b 的值.

解　因为 $f(x)$ 在点 $x=0$ 处可导，所以 $f(x)$ 在点 $x=0$ 处连续，

因为 $$f(0)=0,$$
$$\lim\limits_{x\to0^-}f(x)=\lim\limits_{x\to0^-}x^2=0,$$
$$\lim\limits_{x\to0^+}f(x)=\lim\limits_{x\to0^+}(ax+b)=b,$$

所以 $b=0$.

又因为 $f'_-(0)=\lim\limits_{x\to0^-}\dfrac{f(x)-f(0)}{x-0}=\lim\limits_{x\to0^-}\dfrac{x^2}{x}=\lim\limits_{x\to0^-}x=0$,

$$f'_+(0)=\lim\limits_{x\to0^+}\dfrac{f(x)-f(0)}{x-0}=\lim\limits_{x\to0^+}\dfrac{ax+b}{x}=\lim\limits_{x\to0^+}\dfrac{ax}{x}=a,$$

所以 $a=0$.

习题 2-1

1. 设 $f'(x_0)=a$，求下列极限：

$(1)\lim\limits_{h\to0}\dfrac{f(x_0-h)-f(x_0+h)}{h}$;　　　　　　$(2)\lim\limits_{\Delta x\to0}\dfrac{f(x_0+3\Delta x)-f(x_0-\Delta x)}{\Delta x}$.

2. 根据导数的定义求下列函数的导函数：

$(1)y=x(2x-1)$;　　　　　　　　　　$(2)y=x^3-x+1$.

3. 设 $f(x)=\begin{cases}x^3+x, & x<0, \\ e^x-1, & x\geqslant0,\end{cases}$ 求 $f'(0)$.

4. 判断函数 $f(x)=x^2\,|x|$ 在 $x=0$ 处的可导性.

5. 判断下列函数在给定点处的连续性与可导性：

$(1)f(x)=\begin{cases}\ln(1+x), & -1<x\leqslant0, \\ \sqrt{1+x}-\sqrt{1-x}, & 0<x<1,\end{cases}$ 在 $x=0$ 处；

$(2)f(x)=\begin{cases}x^2, & x\leqslant1, \\ 2x-1, & x>1,\end{cases}$ 在 $x=1$ 处.

6. 设函数 $f(x)=\begin{cases}ax+1, & x\leqslant2, \\ x^2+b, & x>2\end{cases}$ 在 $x=2$ 处可导，试确定常数 a,b 的值.

第二节　基本初等函数导数公式与导数的运算法则

在第一节的学习中，我们认识到导数的重要性，并了解到，函数导数既能表示变量的瞬时变化率，也可以表示函数图形的切线斜率. 通过本节的进一步介绍，我们将发现导数的定义既能阐明导数概念的实质，又能在我们拥有函数具体表达式时，给出求函数 $y = f(x)$ 导数的方法. 在第一节中，我们已经通过导数定义得到了几个基本初等函数的导数公式，但如果对每一个函数，都直接用定义去求它的导数，当遇上一些非常复杂的函数时，通过定义求导将成为一项极为复杂和非常困难的工作. 因此，本节将继续给出一些基本初等函数**导数公式**并寻求**导数的运算法则**，我们可借助它们来解决导数的计算问题，从而规避使用定义直接进行求导计算时所产生的烦琐过程. 本节之后的学习中，我们也会运用这些法则高效、准确地解决与瞬时变化率、切线斜率等概念相关的实际应用问题.

一、基本初等函数导数公式

本节先通过简单的实例介绍一些函数求导法则，使我们能够简单而直接地求出**常数函数**(constant function)、**幂函数**(power function)、**指数函数**(exponential function)、**对数函数**(logarithmic function)、**三角函数**(trigonometric function)、**反三角函数**(inverse trigonometric function)以及它们的某些组合函数的导函数，从而不必每次都进行相应的极限运算.

例1 求常数函数 $y = C$ 的导数.

解 因为 $y' = \lim\limits_{\Delta x \to 0} \dfrac{\Delta y}{\Delta x} = \lim\limits_{\Delta x \to 0} \dfrac{C-C}{\Delta x} = 0$,

所以常数函数的导数 $(C)' = 0$.

例2 如果 $y = Cf(x)$ 是一个关于 x 的可导函数且 C 为常数，求 y 的导数.

解 因为

$$y' = \lim\limits_{\Delta x \to 0} \frac{\Delta y}{\Delta x} = \lim\limits_{\Delta x \to 0} \frac{Cf(x+\Delta x) - Cf(x)}{\Delta x} = Cf'(x).$$

所以 y 的导数为 $Cf'(x)$.

例3 求幂函数 $y = x^n$ (n 是正整数)的导数.

解 因为 $y' = \lim\limits_{\Delta x \to 0} \dfrac{\Delta y}{\Delta x} = \lim\limits_{\Delta x \to 0} \dfrac{(x+\Delta x)^n - x^n}{\Delta x}$,

利用**二项式定理**(binomial theorem)将 $(x+\Delta x)^n$ 展开有

$$(x+\Delta x)^n = x^n + nx^{n-1}\Delta x + \frac{n(n-1)}{2!}x^{n-2}(\Delta x)^2 + \cdots + (\Delta x)^n,$$

于是得

$$y' = \lim\limits_{\Delta x \to 0}\left[nx^{n-1} + \frac{n(n-1)}{2!}x^{n-2}\Delta x + \cdots + (\Delta x)^{n-1} \right] = nx^{n-1},$$

即 $(x^n)' = nx^{n-1}$.

事实上，对任意实数 μ，都有 $(x^{\mu})' = \mu x^{\mu-1}$ 成立.

利用**幂函数的导数公式**得：

当 $\mu = \dfrac{1}{2}$ 时，$(x^{\frac{1}{2}})' = \dfrac{1}{2}x^{\frac{1}{2}-1} = \dfrac{1}{2}x^{-\frac{1}{2}}$，即 $(\sqrt{x})' = \dfrac{1}{2\sqrt{x}}$；

当 $\mu = -1$ 时，$(x^{-1})' = -x^{-1-1} = -x^{-2}$，即 $\left(\dfrac{1}{x}\right)' = -\dfrac{1}{x^2}$.

下面两个例子将介绍微积分中两个很重要的基本初等函数——指数函数和对数函数的求导法则.

例 4　求指数函数 $y = a^x$（$a>0$ 且 $a \neq 1$）的导数.

解　因为 $y' = \lim\limits_{\Delta x \to 0}\dfrac{\Delta y}{\Delta x} = \lim\limits_{\Delta x \to 0}\dfrac{a^{x+\Delta x}-a^x}{\Delta x} = a^x \lim\limits_{\Delta x \to 0}\dfrac{a^{\Delta x}-1}{\Delta x} = a^x \lim\limits_{\Delta x \to 0}\dfrac{e^{\Delta x \ln a}-1}{\Delta x}$

$= a^x \lim\limits_{\Delta x \to 0}\dfrac{\Delta x \ln a}{\Delta x} = a^x \ln a$,

所以指数函数的导数 $(a^x)' = a^x \ln a$. 特别地，当 $a = e$ 时，即得 $(e^x)' = e^x$.

例 5　求对数函数 $y = \log_a x$（$a>0$ 且 $a \neq 1$）的导数.

解　因为 $y' = \lim\limits_{\Delta x \to 0}\dfrac{\Delta y}{\Delta x} = \lim\limits_{\Delta x \to 0}\dfrac{\log_a(x+\Delta x)-\log_a x}{\Delta x} = \lim\limits_{\Delta x \to 0}\dfrac{\log_a\left(1+\dfrac{\Delta x}{x}\right)}{\Delta x}$

$= \lim\limits_{\Delta x \to 0}\dfrac{1}{x}\log_a\left(1+\dfrac{\Delta x}{x}\right)^{\frac{x}{\Delta x}} = \dfrac{1}{x}\log_a e = \dfrac{1}{x \ln a}$,

所以对数函数的导数 $(\log_a x)' = \dfrac{1}{x \ln a}$. 特别地，当 $a = e$ 时，即得 $(\ln x)' = \dfrac{1}{x}$.

自然界中许多现象的变化（比如电磁场、心律、潮汐、天气等）是近似周期性的. 与之相关的正弦函数、余弦函数及其导数在准确描述此类周期性现象方面起着关键作用. 下面我们就介绍几种初等三角函数的导数.

例 6　求三角函数 $y = \sin x$ 的导数.

解　因为 $y' = \lim\limits_{\Delta x \to 0}\dfrac{\Delta y}{\Delta x} = \lim\limits_{\Delta x \to 0}\dfrac{\sin(x+\Delta x)-\sin x}{\Delta x} = \lim\limits_{\Delta x \to 0}\dfrac{2\cos\left(x+\dfrac{\Delta x}{2}\right)\sin\dfrac{\Delta x}{2}}{\Delta x}$

$= \lim\limits_{\Delta x \to 0}\left[\cos\left(x+\dfrac{\Delta x}{2}\right) \cdot \dfrac{\sin\dfrac{\Delta x}{2}}{\dfrac{\Delta x}{2}}\right] = \cos x$,

所以 $(\sin x)' = \cos x$，类似地，有 $(\cos x)' = -\sin x$，如图 2.2 所示. 通过绘制曲线 $y = \cos x$ 在每一点的切线，我们可直观地描绘其导函数图形.

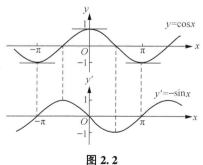

图 2.2

例 7　求正切函数 $y = \tan x$ 的导数.

解　$y' = \lim\limits_{\Delta x \to 0}\dfrac{\Delta y}{\Delta x} = \lim\limits_{\Delta x \to 0}\dfrac{\tan(x+\Delta x)-\tan x}{\Delta x}$

$$= \lim_{\Delta x \to 0} \frac{\dfrac{\sin(x+\Delta x)}{\cos(x+\Delta x)} - \dfrac{\sin x}{\cos x}}{\Delta x} = \lim_{\Delta x \to 0} \frac{\sin(x+\Delta x) \cdot \cos x - \sin x \cdot \cos(x+\Delta x)}{\Delta x \cdot \cos(x+\Delta x) \cdot \cos x}$$

$$= \lim_{\Delta x \to 0} \frac{\sin(x+\Delta x - x)}{\Delta x \cdot \cos(x+\Delta x) \cdot \cos x},$$

由于 $\lim\limits_{\Delta x \to 0} \dfrac{\sin \Delta x}{\Delta x} = 1$,

所以 $y' = \lim\limits_{\Delta x \to 0} \dfrac{1}{\cos(x+\Delta x) \cdot \cos x} = \dfrac{1}{\cos^2 x} = \sec^2 x.$

类似地，有 $(\cot x)' = -\dfrac{1}{\sin^2 x} = -\csc^2 x.$

例 8 求正割函数 $y = \sec x$ 的导数.

解 $y' = \lim\limits_{\Delta x \to 0} \dfrac{\Delta y}{\Delta x} = \lim\limits_{\Delta x \to 0} \dfrac{\sec(x+\Delta x) - \sec x}{\Delta x} = \lim\limits_{\Delta x \to 0} \dfrac{\dfrac{1}{\cos(x+\Delta x)} - \dfrac{1}{\cos x}}{\Delta x}$

$$= \lim_{\Delta x \to 0} \frac{\cos x - \cos(x+\Delta x)}{\Delta x \cdot \cos(x+\Delta x) \cdot \cos x} = \lim_{\Delta x \to 0} \frac{2\sin\left(x+\dfrac{\Delta x}{2}\right) \cdot \sin\left(\dfrac{\Delta x}{2}\right)}{\Delta x \cdot \cos(x+\Delta x) \cdot \cos x}$$

$$= \lim_{\Delta x \to 0} \frac{\sin\left(\dfrac{\Delta x}{2}\right)}{\dfrac{\Delta x}{2}} \cdot \frac{\sin\left(x+\dfrac{\Delta x}{2}\right)}{\cos(x+\Delta x) \cdot \cos x} = \lim_{\Delta x \to 0} \frac{\sin\left(x+\dfrac{\Delta x}{2}\right)}{\cos(x+\Delta x) \cdot \cos x}$$

$$= \frac{\sin x}{\cos^2 x} = \tan x \sec x.$$

类似地，有 $(\csc x)' = -\csc x \cot x.$

学习了三角函数的导数之后，寻求与之对应的反三角函数的导数就成了下一个备受关注的焦点. 下面我们首先给出反函数的求导法则和定理证明，然后结合定理，通过一些例题来认识反三角函数的导数.

定理 2.2 设函数 $x = g(y)$ 在某一区间内严格单调、可导，且 $g'(y) \neq 0$，则它的反函数 $y = f(x)$ 在对应区间内也严格单调、可导，且有

$$f'(x) = \frac{1}{g'(y)}.$$

证明 由于 $x = g(y)$ 在某一区间内严格单调，可知它的反函数 $y = f(x)$ 在其对应区间内也严格单调，于是当 $\Delta x \neq 0$ 时，$\Delta y = f(x+\Delta x) - f(x) \neq 0$，因此 $\dfrac{\Delta y}{\Delta x} = \dfrac{1}{\dfrac{\Delta x}{\Delta y}}.$

又由于 $x = g(y)$ 在某一区间内可导，显然在该区间内连续，因此其反函数 $y = f(x)$ 在对应区间内也连续，即当 $\Delta x \to 0$ 时，有 $\Delta y \to 0$，又 $g'(y) \neq 0$，从而有

$$f'(x) = \lim_{\Delta x \to 0} \frac{\Delta y}{\Delta x} = \lim_{\Delta x \to 0} \frac{1}{\dfrac{\Delta x}{\Delta y}} = \frac{1}{\lim\limits_{\Delta y \to 0} \dfrac{\Delta x}{\Delta y}} = \frac{1}{g'(y)},$$

即

$$f'(x) = \frac{1}{g'(y)}.$$

简单来说就是：反函数的导数等于已知函数导数的倒数.

例 9　求反正弦函数 $y = \arcsin x\,(-1 < x < 1)$ 的导数.

解　设 $x = \sin y$ 为已知函数，则 $y = \arcsin x$ 是它的反函数. 由于 $x = \sin y$ 在 $\left(-\dfrac{\pi}{2}, \dfrac{\pi}{2}\right)$ 内严格单调、可导，且 $(\sin y)' = \cos y \neq 0$，因此 $y = \arcsin x$ 在 $(-1, 1)$ 内也严格单调、可导，且有

$$(\arcsin x)' = \frac{1}{(\sin y)'} = \frac{1}{\cos y} = \frac{1}{\sqrt{1 - \sin^2 y}} = \frac{1}{\sqrt{1 - x^2}},$$

即 $(\arcsin x)' = \dfrac{1}{\sqrt{1 - x^2}}$. 类似地，有 $(\arccos x)' = -\dfrac{1}{\sqrt{1 - x^2}}$.

例 10　求反正切函数 $y = \arctan x$ 的导数.

解　设 $x = \tan y$ 是已知函数，则 $y = \arctan x$ 是它的反函数，由于 $x = \tan y$ 在 $\left(-\dfrac{\pi}{2}, \dfrac{\pi}{2}\right)$ 内严格单调、可导，且 $(\tan y)' = \sec^2 y > 0$，因此 $y = \arctan x$ 在 $(-\infty, +\infty)$ 内也严格单调、可导，且有

$$(\arctan x)' = \frac{1}{(\tan y)'} = \frac{1}{\sec^2 y} = \frac{1}{1 + \tan^2 y} = \frac{1}{1 + x^2},$$

即 $(\arctan x)' = \dfrac{1}{1 + x^2}$. 类似地，有 $(\operatorname{arccot} x)' = -\dfrac{1}{1 + x^2}$.

二、函数和、差、积、商的导数的运算法则

定理 2.3（函数和、差的导数的运算法则）　若函数 $u(x)$ 与 $v(x)$ 在点 x 处可导，则函数 $y = u(x) \pm v(x)$ 在点 x 处也可导，且有

$$[u(x) \pm v(x)]' = u'(x) \pm v'(x).$$

证明　当自变量 x 有改变量 Δx 时，函数 $u(x)$ 与 $v(x)$ 就分别取得改变量 Δu 与 Δv，于是函数 y 的改变量为

$$\Delta y = [(u + \Delta u) \pm (v + \Delta v)] - (u \pm v) = \Delta u \pm \Delta v,$$

已知 $u(x)$ 与 $v(x)$ 在点 x 处可导，则

$$\lim_{\Delta x \to 0} \frac{\Delta u}{\Delta x} = u'(x),$$

$$\lim_{\Delta x \to 0} \frac{\Delta v}{\Delta x} = v'(x),$$

因此

$$y' = \lim_{\Delta x \to 0} \frac{\Delta y}{\Delta x} = \lim_{\Delta x \to 0} \frac{\Delta u \pm \Delta v}{\Delta x} = \lim_{\Delta x \to 0} \frac{\Delta u}{\Delta x} \pm \lim_{\Delta x \to 0} \frac{\Delta v}{\Delta x} = u'(x) \pm v'(x),$$

即

$$[u(x) \pm v(x)]' = u'(x) \pm v'(x).$$

这个结果可推广到任意有限个可导函数，即

$$[u_1(x) \pm u_2(x) \pm \cdots \pm u_k(x)]' = u_1'(x) \pm u_2'(x) \pm \cdots \pm u_k'(x).$$

k 为任意正整数，下同.

例 11 设 $y = \sqrt{x} + x - x^2$，求 y' 和 $y'(1)$.

解 $y' = (\sqrt{x})' + (x)' - (x^2)' = \dfrac{1}{2\sqrt{x}} + 1 - 2x$；

$$y'(1) = \left(\frac{1}{2\sqrt{x}} + 1 - 2x \right) \bigg|_{x=1} = -\frac{1}{2}.$$

定理 2.4（函数积的导数的运算法则） 若函数 $u(x)$ 与 $v(x)$ 在点 x 处可导，则函数 $y = u(x) \cdot v(x)$ 在点 x 处也可导，且有

$$[u(x) \cdot v(x)]' = u'(x) \cdot v(x) + u(x) \cdot v'(x).$$

证明 当自变量 x 有改变量 Δx 时，函数 $u(x)$ 与 $v(x)$ 就分别取得改变量 Δu 与 Δv，于是如图 2.3 所示，函数 $y = u(x) \cdot v(x)$ 的改变量为

$$\Delta y = (u + \Delta u)(v + \Delta v) - u \cdot v = \Delta u \cdot v + u\Delta v + \Delta u \cdot \Delta v,$$

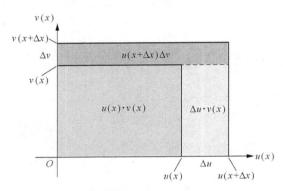

图 2.3

于是

$$y' = \lim_{\Delta x \to 0} \frac{\Delta y}{\Delta x} = \lim_{\Delta x \to 0} \left(\frac{\Delta u}{\Delta x} \cdot v + u \cdot \frac{\Delta v}{\Delta x} + \frac{\Delta u}{\Delta x} \cdot \Delta v \right),$$

已知 $u(x)$ 与 $v(x)$ 在点 x 处可导，则

$$\lim_{\Delta x \to 0} \frac{\Delta u}{\Delta x} = u'(x),$$

$$\lim_{\Delta x \to 0} \frac{\Delta v}{\Delta x} = v'(x),$$

又由于可导必连续，于是当 $\Delta x \to 0$ 时，有 $\Delta v \to 0$，因此

$$y' = u'(x)v(x) + u(x)v'(x),$$

即

$$[u(x) \cdot v(x)]' = u'(x)v(x) + u(x)v'(x).$$

特别地，当 $u(x) = C$（C 为常数）时，有

$$(Cv)' = Cv',$$

这表明了常数因子可移到导数符号的外面.

这个公式可推广到有限个可导函数乘积的导数，即

$$(u_1 \cdot u_2 \cdot \cdots \cdot u_k)' = u_1'u_2\cdots u_k + u_1 u_2'\cdots u_k + \cdots + u_1 u_2\cdots u_k'.$$

例 12　求 $y = x^2\ln x^2$ 的导数.

解　$y' = (x^2)'\ln x^2 + x^2(\ln x^2)' = 2x\ln x^2 + x^2\left(\dfrac{2}{x}\right) = 4x\ln x + 2x.$

例 13　求 $y = (3+2x)(5x^3-x^2)$ 的导数.

解　$y' = (3+2x)'(5x^3-x^2) + (3+2x)(5x^3-x^2)'$

$\quad = [(3)'+(2x)'](5x^3-x^2) + (3+2x)[(5x^3)'-(x^2)']$

$\quad = 2(5x^3-x^2) + (3+2x)(15x^2-2x)$

$\quad = 40x^3 + 39x^2 - 6x.$

定理 2.5（函数商的导数的运算法则）　若函数 $u(x)$ 与 $v(x)$ 在点 x 处可导，且 $v(x)\neq 0$，则函数 $y = \dfrac{u(x)}{v(x)}$ 在点 x 处也可导，且有

$$\left[\frac{u(x)}{v(x)}\right]' = \frac{u'(x)v(x)-u(x)v'(x)}{v^2(x)}.$$

证明　当自变量 x 有改变量 Δx 时，函数 $u(x)$ 与 $v(x)$ 分别取得改变量 Δu 与 Δv，于是函数 $y = \dfrac{u(x)}{v(x)}$ 的改变量为

$$\Delta y = \frac{u+\Delta u}{v+\Delta v} - \frac{u}{v} = \frac{v\Delta u - u\Delta v}{(v+\Delta v)v},$$

于是

$$y' = \lim_{\Delta x\to 0}\frac{\Delta y}{\Delta x} = \lim_{\Delta x\to 0}\frac{v\dfrac{\Delta u}{\Delta x}-u\dfrac{\Delta v}{\Delta x}}{(v+\Delta v)v}.$$

已知 $u(x)$ 与 $v(x)$ 在点 x 处可导，则

$$\lim_{\Delta x\to 0}\frac{\Delta u}{\Delta x} = u'(x),$$

$$\lim_{\Delta x\to 0}\frac{\Delta v}{\Delta x} = v'(x),$$

又由于可导必连续，于是当 $\Delta x\to 0$ 时，有 $\Delta v\to 0$，

因此

$$y' = \frac{u'v-uv'}{v^2},$$

即

$$\left[\frac{u(x)}{v(x)}\right]' = \frac{u'(x)v(x)-u(x)v'(x)}{v^2(x)}.$$

特别地，当 $u(x)=1$ 时，则有

$$\left[\frac{1}{v(x)}\right]' = -\frac{v'(x)}{v^2(x)}.$$

例 14　设 $f(x)=\dfrac{x\ln x}{\mathrm{e}^x}$，求 $f'(1)$.

解　$f'(x)=\left(\dfrac{x\ln x}{\mathrm{e}^x}\right)'=\dfrac{(x\ln x)'\mathrm{e}^x-(\mathrm{e}^x)'(x\ln x)}{\mathrm{e}^{2x}}=\dfrac{(\ln x+1)\mathrm{e}^x-\mathrm{e}^x(x\ln x)}{\mathrm{e}^{2x}}$,

于是

$$f'(1)=\frac{(\ln 1+1)\mathrm{e}^1-\mathrm{e}^1(1\ln 1)}{\mathrm{e}^2}=\frac{\mathrm{e}}{\mathrm{e}^2}=\mathrm{e}^{-1}.$$

三、高阶导数

如果 $y=f(x)$ 是一个可导函数，那么对其求导得到的 $f'(x)$ 也是一个函数. 进一步，如果函数 $f'(x)$ 可导，那么我们可以进一步对其求导得到一个关于变量 x 的新函数，并将其记为 $f''(x)$. 在很多问题中，不仅要研究 $y=f(x)$ 的导函数 $f'(x)$，而且要研究 $f'(x)$ 的导函数 $f''(x)$. 下面我们就给出高阶导数的具体定义.

定义 2.4　函数 $y=f(x)$ 的导数 $y'=f'(x)$ 仍是 x 的函数，如果函数 $f'(x)$ 关于 x 可导，则称它的导数为函数 $y=f(x)$ 的**二阶导数**(the second derivative)，记作

$$f''(x)，\text{或}\ y''，\text{或}\ \frac{\mathrm{d}^2 y}{\mathrm{d}x^2}，\text{或}\ \frac{\mathrm{d}^2 f}{\mathrm{d}x^2}.$$

按导数定义，可得

$$f''(x)=\lim_{\Delta x\to 0}\frac{f'(x+\Delta x)-f'(x)}{\Delta x}.$$

类似地，二阶导数 y'' 的导数就称为函数 $f(x)$ 的**三阶导数**(the third derivative)，记作

$$f'''(x)，\text{或}\ y'''，\text{或}\ \frac{\mathrm{d}^3 y}{\mathrm{d}x^3}，\text{或}\ \frac{\mathrm{d}^3 f}{\mathrm{d}x^3}.$$

$y=f(x)$ 的 n 阶导数就是 $f(x)$ 的 $n-1$ 阶导数的导数，即

$$y^{(n)}=\left[y^{(n-1)}\right]'.$$

函数 $f(x)$ 的 n **阶导数**(the nth derivative)记作

$$f^{(n)}(x)，\text{或}\ y^{(n)}，\text{或}\ \frac{\mathrm{d}^n y}{\mathrm{d}x^n}，\text{或}\ \frac{\mathrm{d}^n f}{\mathrm{d}x^n}.$$

二阶和二阶以上的导数统称为**高阶导数**(derivative of higher order).

函数 $f(x)$ 的各阶导数在点 $x=x_0$ 处的数值记为

$$f'(x_0),f''(x_0),\cdots,f^{(n)}(x_0);$$
$$\text{或}\ y'(x_0),y''(x_0),\cdots,y^{(n)}(x_0);$$
$$\text{或}\ \frac{\mathrm{d}y}{\mathrm{d}x}\bigg|_{x=x_0},\frac{\mathrm{d}^2 y}{\mathrm{d}x^2}\bigg|_{x=x_0},\cdots,\frac{\mathrm{d}^n y}{\mathrm{d}x^n}\bigg|_{x=x_0};$$
$$\text{或}\ \frac{\mathrm{d}f}{\mathrm{d}x}\bigg|_{x=x_0},\frac{\mathrm{d}^2 f}{\mathrm{d}x^2}\bigg|_{x=x_0},\cdots,\frac{\mathrm{d}^n f}{\mathrm{d}x^n}\bigg|_{x=x_0}.$$

容易看出，求函数的高阶导数只需一次一次地求导数，连续运用求一阶导数的公式与运算法则即可.

例 15　求函数 $y=\mathrm{e}^x+5(x^2+4)$ 的二阶导数.

解　$y'=\mathrm{e}^x+10x$，$y''=\mathrm{e}^x+10$.

例 16　求 $y=4x^2-3x+5$ 的各阶导数.

解　$y'=8x-3$，$y''=8$，$y'''=0$，$y^{(4)}=y^{(5)}=\cdots=0$.

例 17　求下列函数的 n 阶导数：

$(1)y=\mathrm{e}^x$；　　$(2)y=3^x$.

解　(1) 由于 $y'=\mathrm{e}^x$，$y''=\mathrm{e}^x$，$\cdots$，归纳得 $y^{(n)}=\mathrm{e}^x$.

(2) 由于 $y'=(3^x)'=3^x(\ln3)$，

$$y''=3^x(\ln3)^2,$$
$$\vdots$$

归纳得

$$y^{(n)}=3^x(\ln3)^n.$$

例 18　求下列函数的 n 阶导数：

$(1)y=\ln(1+x)$；　　$(2)y=\ln(3+2x)$.

解　(1) 由于 $y'=[\ln(1+x)]'=\dfrac{1}{1+x}=(1+x)^{-1}$，

$$y''=[(1+x)^{-1}]'=(-1)(1+x)^{-2},$$
$$y'''=[(-1)(1+x)^{-2}]=(-1)(-2)(1+x)^{-3},$$
$$\vdots$$

归纳得

$$y^{(n)}=(-1)(-2)\cdots[-(n-1)](1+x)^{-n}=(-1)^{n-1}(n-1)!\ \frac{1}{(1+x)^n}.$$

(2) 由于 $y'=[\ln(3+2x)]'=\dfrac{2}{3+2x}=(3+2x)^{-1}\cdot 2$，

$$y''=[(3+2x)^{-1}\cdot 2]'=(-1)(3+2x)^{-2}\cdot 2^2,$$
$$y'''=[(-1)(3+2x)^{-2}\cdot 2^2]'=(-1)(-2)(3+2x)^{-3}\cdot 2^3,$$
$$\vdots$$

归纳得

$$y^{(n)}=(-1)(-2)\cdots[-(n-1)](3+2x)^{-n}\cdot 2^n$$
$$=(-1)^{n-1}2^n(n-1)!\ \frac{1}{(3+2x)^n}.$$

例 19　求下列函数的 n 阶导数：

$$y=\frac{2x^3-7x^2+5x+1}{2x^2-5x-3}.$$

解　$y=x-1+\dfrac{3x-2}{(2x+1)(x-3)}=x-1+\dfrac{1}{2x+1}+\dfrac{1}{x-3}=x-1+(2x+1)^{-1}+(x-3)^{-1}$，

$$y'=1+(-1)\cdot(2x+1)^{-2}\cdot 2+(-1)\cdot(x-3)^{-2},$$
$$y''=(-1)\cdot(-2)\cdot(2x+1)^{-3}\cdot 2^2+(-1)\cdot(-2)\cdot(x-3)^{-3},$$

$$\vdots$$

$$y^{(n)} = (-1)^n \cdot n! \, [\, 2^n \cdot (2x+1)^{-n-1} + (x-3)^{-n-1} \,],$$

故 $$y^{(n)} = \begin{cases} 1 + (-2) \cdot (2x+1)^{-2} - (x-3)^{-2}, & n=1; \\ (-1)^n \cdot n! \, [\, 2^n \cdot (2x+1)^{-n-1} + (x-3)^{-n-1} \,], & n>1. \end{cases}$$

四、导数公式与运算法则

为了便于记忆和使用，下面总结本节所介绍的基本初等函数**导数公式**和常用**运算法则**.

1. 基本初等函数导数公式

(1) $(C)' = 0$(C 为常数).

(2) $(x^\mu)' = \mu x^{\mu-1}$(μ 为实数).

(3) $(a^x)' = a^x \ln a$，$(\mathrm{e}^x)' = \mathrm{e}^x$.

(4) $(\log_a x)' = \dfrac{1}{x \ln a}$，$(\ln x)' = \dfrac{1}{x}$.

(5) $(\sin x)' = \cos x$.

(6) $(\cos x)' = -\sin x$.

(7) $(\tan x)' = \sec^2 x = \dfrac{1}{\cos^2 x}$.

(8) $(\cot x)' = -\csc^2 x = -\dfrac{1}{\sin^2 x}$.

(9) $(\sec x)' = \sec x \cdot \tan x$.

(10) $(\csc x)' = -\csc x \cdot \cot x$.

(11) $(\arcsin x)' = \dfrac{1}{\sqrt{1-x^2}}$.

(12) $(\arccos x)' = -\dfrac{1}{\sqrt{1-x^2}}$.

(13) $(\arctan x)' = \dfrac{1}{1+x^2}$.

(14) $(\text{arccot} x)' = -\dfrac{1}{1+x^2}$.

2. 函数和、差、积、商的导数的运算法则

(1) $(u \pm v)' = u' \pm v'$.

(2) $(u \cdot v)' = u' \cdot v + u \cdot v'$，$(Cu)' = Cu'$($C$ 为常数).

(3) $\left(\dfrac{u}{v}\right)' = \dfrac{u' \cdot v - u \cdot v'}{v^2}$($v \neq 0$).

习题 2-2

1. 求下列函数的导数（其中 a,b 为常数）：

(1) $y = 3x^3 - x + 7$；

(2) $y = x^4 - \dfrac{2}{x^2}$；

(3) $y = 6x^2 - \dfrac{b}{x} + \sqrt{x}$；

(4) $y = \mathrm{e}^{-x^2} + \ln(ax)$；

(5) $y = (x-a)(x+b)$；

(6) $y = x\ln x$.

2. 求下列函数的导数（其中 a,b 为常数）：

(1) $y = \csc x$；

(2) $y = \cot x$；

(3) $y = x^a + 2\sin x - \ln b$；

(4) $y = \sec x + \cot x - 1$；

(5) $y = \arcsin x$；

(6) $y = \operatorname{arccot} x$；

(7) $y = (1+x^2)\arctan x$；

(8) $y = \dfrac{\arcsin x}{x}$；

(9) $y = x\sin x - \cos x$；

(10) $y = x\sin x \ln x$.

(11) $y = \dfrac{\log_2 x}{x^{1/2}}$；

(12) $y = x^2(3x+1)$.

3. 求下列函数在给定点处的导数值：

(1) $y = \dfrac{x}{x^2+2} - \ln\sqrt{x+1}$，求 $\dfrac{\mathrm{d}y}{\mathrm{d}x}\Big|_{x=0}$；

(2) $f(t) = \dfrac{1-\sqrt{t}}{1+\sqrt{t}}$，求 $f'(4)$；

(3) 设 $f(x) = x^2\ln x^3$，求 $\lim\limits_{\Delta x \to 0} \dfrac{f(\mathrm{e}+\Delta x) - f(\mathrm{e})}{\Delta x}$.

4. 给定函数 $y = 3\sin x - 2\cos x + \tan x$，求 $y'\big|_{x=\frac{\pi}{6}}$.

5. 已知函数 $y = \dfrac{\ln x}{x}$，求 $\dfrac{\mathrm{d}^2 y}{\mathrm{d}x^2}\Big|_{x=1}$.

6. 求下列函数的 n 阶导数（其中 a,b 为常数）：

(1) $y = a^x + bx^2 + ab$；

(2) $y = \dfrac{1}{x+2}$；

(3) $y = x\ln x$；

(4) $y = \dfrac{1-x}{1+x}$.

第三节 复合函数与隐函数的导数

继第二节中学习了基本初等函数导数公式之后，对更加复杂的函数求导，例如，对 $F(x) = \sin(x^2-4)$ 求导，我们将如何应对呢？可以看到 $F(x)$ 是两个函数的复合 $f \circ g$，其中

$y=f(u)=\sin u$, 而 $u=g(x)=x^2-4$. 根据前面的知识, 我们对于 f 和 g 这两个函数各自的导数并不陌生, 于是利用这一点, 以及本节将要介绍的**链式法则**(chain rule)(即复合函数求导法则), 我们会阐明上述复杂函数的导数 $F'(x)$ 可以表达成相应函数 f 和 g 导数的乘积形式.

一、复合函数求导法则

定理 2.6 设函数 $y=f(u)$ 与 $u=g(x)$ 构成复合函数 $y=f[g(x)]$, 若 $u=g(x)$ 在点 x 处可导, $y=f(u)$ 在对应点 u 处可导, 则复合函数 $y=f[g(x)]$ 在点 x 处也可导, 且有

$$\{f[g(x)]\}'=f'(u)g'(x) \quad 或 \quad \frac{dy}{dx}=\frac{dy}{du}\cdot\frac{du}{dx}.$$

证明 设 x 取得改变量 Δx, 此时 u 取得相应的改变量 Δu, 从而 y 取得相应改变量 Δy. 由于函数 $y=f(u)$ 在点 u 处可导, 即有

$$\lim_{\Delta u\to 0}\frac{\Delta y}{\Delta u}=f'(u),$$

因此 $\dfrac{\Delta y}{\Delta u}=f'(u)+\alpha$, 其中 $\lim_{\Delta u\to 0}\alpha=0$.

两边同乘 Δu(当 $\Delta u\neq 0$ 时), 得到

$$\Delta y=f'(u)\cdot\Delta u+\alpha\cdot\Delta u.$$

因为 u 是中间变量, 所以 Δu 可能为 0, 但当 $\Delta u=0$ 时, 显然 $\Delta y=(u+\Delta u)-f(u)=0$, 而上式右边不论 α 为任何确定数时都为 0, 故不论 Δu 是否为 0 上式都成立.

现用 $\Delta x\neq 0$ 同除上式两边, 得到

$$\frac{\Delta y}{\Delta x}=f'(u)\frac{\Delta u}{\Delta x}+\alpha\frac{\Delta u}{\Delta x},$$

再令 $\Delta x\to 0$, 这时有 $\Delta u\to 0$(也可能取 0), 从而 $\lim_{\Delta u\to 0}\alpha=0$ 及 $\lim_{\Delta x\to 0}\dfrac{\Delta u}{\Delta x}=g'(x)$. 于是可得

$$\lim_{\Delta x\to 0}\frac{\Delta y}{\Delta x}=f'(u)g'(x),$$

即复合函数 $y=f[g(x)]$ 可导, 且

$$\{f[g(x)]\}'=f'(u)g'(x),$$

也就是说, **复合函数的导数**(derivative of a composite function)等于函数对中间变量的导数乘中间变量对自变量的导数.

例 1 求幂函数 $y=x^\mu$(μ 为任意实数)的导数.

解 $y=x^\mu=e^{\mu\ln x}$ 可看作由 $y=e^u$, $u=\mu\ln x$ 复合而成, 于是

$$\frac{dy}{dx}=\frac{dy}{du}\cdot\frac{du}{dx}=e^u\cdot\mu\frac{1}{x}=e^{\mu\ln x}\cdot\mu\frac{1}{x}=x^\mu\cdot\mu\frac{1}{x}=\mu x^{\mu-1},$$

所以 $(x^\mu)'=\mu x^{\mu-1}$.

例 2 设 $y=(2x^2+3)^8$, 求 y'.

解 $y=(2x^2+3)^8$ 由 $y=u^8$, $u=2x^2+3$ 复合而成,

由于 $\dfrac{\mathrm{d}y}{\mathrm{d}u}=8u^7$，$\dfrac{\mathrm{d}u}{\mathrm{d}x}=4x$，因此

$$y'=\frac{\mathrm{d}y}{\mathrm{d}u}\cdot\frac{\mathrm{d}u}{\mathrm{d}x}=8u^7\cdot 4x=8\ (2x^2+3)^7\cdot 4x=32x\ (2x^2+3)^7.$$

通常，为了书写简便，不必每次写出具体的复合结构，只要知道哪个式子为中间变量，哪个变量为自变量，把中间变量的式子看成一个整体就可以了，即只需直接根据复合函数的求导法则，由表及里、逐层求出.

例 3 设 $y=\cos(\ln x)$，求 y'.

解 $y'=[\cos(\ln x)]'=-\sin(\ln x)\cdot(\ln x)'=-\sin(\ln x)\cdot\dfrac{1}{x}=\dfrac{-\sin(\ln x)}{x}$.

例 4 设 $y=\tan^8 x$，求 y'.

解 $y'=(\tan^8 x)'=8\tan^7 x\cdot(\tan x)'=8\tan^7 x\sec^2 x$.

例 5 设 $y=\cot[\ln(2+x^3)]$，求 $\dfrac{\mathrm{d}y}{\mathrm{d}x}$.

解
$$\begin{aligned}
\frac{\mathrm{d}y}{\mathrm{d}x}&=\{\cot[\ln(2+x^3)]\}'=-\csc^2\ln(2+x^3)\cdot[\ln(2+x^3)]'\\
&=-\csc^2\ln(2+x^3)\cdot\frac{1}{2+x^3}\cdot(2+x^3)'\\
&=-\csc^2\ln(2+x^3)\cdot\frac{1}{2+x^3}\cdot 3x^2\\
&=-\frac{3x^2}{2+x^3}\csc^2\ln(2+x^3).
\end{aligned}$$

例 6 设 $y=\operatorname{lnarctan}\dfrac{1}{x}$，求 y'.

解
$$\begin{aligned}
y'&=\left(\operatorname{lnarctan}\frac{1}{x}\right)'=\frac{1}{\arctan\dfrac{1}{x}}\left(\arctan\frac{1}{x}\right)'=\frac{1}{\arctan\dfrac{1}{x}}\cdot\frac{1}{1+\left(\dfrac{1}{x}\right)^2}\left(\frac{1}{x}\right)'\\
&=\frac{1}{\arctan\dfrac{1}{x}}\cdot\frac{1}{1+\left(\dfrac{1}{x}\right)^2}\left(-\frac{1}{x^2}\right)=-\frac{1}{(1+x^2)\arctan\dfrac{1}{x}}.
\end{aligned}$$

例 7 设 $y=f[\sin(\mathrm{e}^{x^2})]$，其中 $f(u)$ 可导，求 $\dfrac{\mathrm{d}y}{\mathrm{d}x}$.

2.2 例 7

解
$$\begin{aligned}
\frac{\mathrm{d}y}{\mathrm{d}x}&=\{f[\sin(\mathrm{e}^{x^2})]\}'=f'[\sin(\mathrm{e}^{x^2})]\cdot[\sin(\mathrm{e}^{x^2})]'\\
&=f'[\sin(\mathrm{e}^{x^2})]\cdot[\cos(\mathrm{e}^{x^2})]\cdot(\mathrm{e}^{x^2})'\\
&=f'[\sin(\mathrm{e}^{x^2})]\cdot[\cos(\mathrm{e}^{x^2})]\cdot(\mathrm{e}^{x^2})\cdot(x^2)'\\
&=f'[\sin(\mathrm{e}^{x^2})]\cdot[\cos(\mathrm{e}^{x^2})]\cdot(\mathrm{e}^{x^2})\cdot(2x).
\end{aligned}$$

应当注意，例 7 中的记号 $\{f[\sin(\mathrm{e}^{x^2})]\}'$ 表示函数 $f[\sin(\mathrm{e}^{x^2})]$ 对自变量 x 的导数，即 $\dfrac{\mathrm{d}y}{\mathrm{d}x}$，而记号 $f'[\sin(\mathrm{e}^{x^2})]$ 表示函数 $f(u)$ 对 u 的导数，其中 $u=\sin(\mathrm{e}^{x^2})$. 因此这两个记号要注意区分.

例 8 已知 $y=f\left(\dfrac{3x-2}{3x+2}\right)$，且 $f'(x)=x^2$，求 $\dfrac{\mathrm{d}y}{\mathrm{d}x}\bigg|_{x=0}$.

解 由于 $\dfrac{\mathrm{d}y}{\mathrm{d}x}=f'\left(\dfrac{3x-2}{3x+2}\right)\cdot\left(\dfrac{3x-2}{3x+2}\right)'=\left(\dfrac{3x-2}{3x+2}\right)^2\cdot\dfrac{12}{(3x+2)^2}$，

因此 $\dfrac{\mathrm{d}y}{\mathrm{d}x}\bigg|_{x=0}=\left[\left(\dfrac{3x-2}{3x+2}\right)^2\cdot\dfrac{12}{(3x+2)^2}\right]\bigg|_{x=0}=3.$

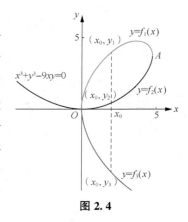

图 2.4

截至目前，我们面对的大部分方程都是由关系式 $y=f(x)$ 描述的，在这类方程里，自变量 x 会明确地表示 y. 与此同时我们也习得了大量技巧来求解这类函数的导数. 然而我们有时会碰到下面这样的特殊的关系表达式：$x^3+y^3-9xy=0$（见图 2.4）. 此方程定义了自变量 x 和 y 的隐含关系，尽管我们没有一个简单的方程来表示 y 的函数值，但是从图 2.4 中可以看出，x 的值决定了 y 的一个或多个值. 某些情况下，我们也许能够对关于因变量 y 的此类方程进行求解，并将其表达为 x 的一个（或几个）显式函数. 但是当我们无法从方程 $F(x,y)=0$ 中获取 $y=f(x)$ 的显示函数，并以常规的方式对其进行求导时，就将使用下面介绍的新的技巧——**隐函数求导**（implicit differentiation），来求得 $\dfrac{\mathrm{d}y}{\mathrm{d}x}$.

二、显函数和隐函数

如果两个变量之间的对应关系由表达式 $y=f(x)$ 给出，且当自变量取定义域内任一值时，这个表达式能确定对应的函数值，则这种形式的函数叫作**显函数**（explicit function），例如，$y=\mathrm{e}^{\sin x}$、$y=\arctan\dfrac{1}{x}$ 等. 如果两个变量之间的对应关系由方程 $F(x,y)=0$ 所确定，则这种形式的函数叫作**隐函数**（implicit function）. 也就是说，如果在方程 $F(x,y)=0$ 中，当 x 取某区间内的任一确定值时，相应地总有满足方程的 y 值存在，就称方程 $F(x,y)=0$ 在该区间上能确定，y 是 x 的隐函数.

三、隐函数求导

可以利用复合函数求导法则来求出**隐函数的导数**. 例如，由方程 $y-x^3+\mathrm{e}^y=0$ 确定了 y 是 x 的一个隐函数，为了求 y 对 x 的导数，我们将方程两边关于自变量 x 求导，则有 $y'-3x^2+\mathrm{e}^y\cdot y'=0$，即得到 $y'=\dfrac{3x^2}{1+\mathrm{e}^y}$.

由此可见，隐函数的求导方法是：在方程两边同时关于自变量 x 求导（注意 y 是 x 的函数），即可得到一个含 y' 的方程，从中解出 y'，即所求隐函数的导数.

在隐函数导数的结果中，既含有自变量 x，又含有因变量 y，通常不能也无须求得只含自变量的表达式.

例 9　设函数 $y=y(x)$ 由方程 $\mathrm{e}^y=x^2$ 确定，求 y'.

解　方程 $\mathrm{e}^y=x^2$ 两边关于自变量 x 求导，将 y 看作中间变量，得

$$\mathrm{e}^y y'=2x,$$

解得

$$y'=2x\,\mathrm{e}^{-y}.$$

例 10　设函数 $y=y(x)$ 由方程 $y=1+x\mathrm{e}^y$ 确定，求 $y'(0)$.

解　方程 $y=1+x\mathrm{e}^y$ 两边关于自变量 x 求导，将 y 看作中间变量，得

$$y'=\mathrm{e}^y+x\mathrm{e}^y y',$$

解得

$$y'=\frac{\mathrm{e}^y}{1-x\mathrm{e}^y},$$

将 $x=0$ 代入方程 $y=1+x\mathrm{e}^y$，得 $y=1$，故

$$y'(0)=\frac{\mathrm{e}^y}{1-x\mathrm{e}^y}\bigg|_{\substack{x=0\\y=1}}=\mathrm{e}.$$

例 11　设 $y=y(x)$ 是由 $\sin(xy)-\ln\dfrac{x+1}{y}=1$ 所确定的，求 $y'(0)$.

解　$\sin(xy)-\ln(x+1)+\ln y=1$，
两边关于 x 求导，得

$$\cos(xy)\cdot(y+xy')-\frac{1}{x+1}+\frac{1}{y}y'=0,$$

解得

$$y'=\frac{\dfrac{1}{x+1}-y\cos(xy)}{x\cos(xy)+\dfrac{1}{y}}=\frac{y-y^2(x+1)\cos(xy)}{xy(x+1)\cos(xy)+x+1},$$

当 $x=0$ 时，由原方程知 $y=\mathrm{e}$，
因此

$$y'(0)=\frac{y-y^2(x+1)\cos(xy)}{xy(x+1)\cos(xy)+x+1}\bigg|_{\substack{x=0\\y=\mathrm{e}}}=\mathrm{e}-\mathrm{e}^2.$$

四、导数的几何应用

对于隐函数求导的推广和应用，在本节最后我们介绍如何寻求曲线上任一点的**切线**和**法线**（normal line）. 由第一节的例子可知，函数 $y=f(x)$ 在点 x_0 处的导数 $f'(x_0)$ 在几何上表示曲线 $y=f(x)$ 在点 $(x_0,f(x_0))$ 处切线的斜率.

由导数的几何意义及直线的**点斜式方程**（point slope form equation）可知，曲线 $y=f(x)$ 上点 (x_0,y_0) 处的切线方程为

$$y-y_0 = f'(x_0)(x-x_0),$$

曲线 $y=f(x)$ 上点 (x_0,y_0) 处的法线方程为

$$y-y_0 = -\frac{1}{f'(x_0)}(x-x_0),$$

其中 $f'(x_0) \neq 0$，$f'(x_0) \neq \infty$.

例 12 求曲线 $y=e^x$ 过点 $(0,0)$ 的切线方程.

解 由于点 $(0,0)$ 不在曲线 $y=e^x$ 上，设曲线 $y=e^x$ 上的切点为 (x_0,e^{x_0})，则切线的斜率 $y'(x_0)=(e^x)'|_{x=x_0}=e^{x_0}$，于是过切点的切线方程为

$$y-e^{x_0} = e^{x_0}(x-x_0),$$

又因为该切线过 $(0,0)$，将 $x=0$，$y=0$ 代入上述方程，得 $(1-x_0)e^{x_0}=0$，所以 $x_0=1$，故曲线 $y=e^x$ 过点 $(0,0)$ 的切线方程为 $y=ex$.

例 13 设函数 $y=f(x)$ 由方程 $x^2+xy+y^2=4$ 确定，求曲线 $y=f(x)$ 上点 $(2,-2)$ 处的切线方程.

解 方程 $x^2+xy+y^2=4$ 两边关于自变量 x 求导，将 y 看作中间变量，得

$$2x+y+xy'+2yy'=0,$$

解得

$$y' = -\frac{2x+y}{x+2y},$$

故在点 $(2,-2)$ 处的切线斜率为

$$k_{切} = y'|_{x=2} = -\frac{2x+y}{x+2y}\bigg|_{(2,-2)} = 1,$$

因此，所求的切线方程为 $y-(-2)=1\cdot(x-2)$，即 $y=x-4$.

例 14 求曲线 $3y^3=x^3+2x$ 上点 $(1,1)$ 处的切线方程及法线方程.

解 两边关于自变量 x 求导，将 y 看作中间变量，得 $9y^2y'=3x^2+2$，曲线 $3y^3=x^3+2x$ 上点 $(1,1)$ 处的切线斜率为 $y'(1)=\frac{5}{9}$，故切线方程为

$$y-1 = \frac{5}{9}(x-1),$$

即 $5x-9y+4=0$.

法线方程为

$$y-1 = -\frac{9}{5}(x-1),$$

即 $9x+5y-14=0$.

例 15 设曲线 $y=f(x)$ 与 $y=\ln(3x^2)$ 在点 $x=1$ 处相切，求 $f(1)$ 和 $f'(1)$.

解 首先化简 $y=\ln(3x^2)=\ln3+2\ln x$，由于曲线 $y=f(x)$ 与 $y=\ln(3x^2)$ 在点 $x=1$ 处相切，因此它们在点 $x=1$ 处有相同的切点和切线斜率，$\ln(3x^2)|_{x=1}=\ln3$，$(\ln3+2\ln x)'|_{x=1}$ $=\frac{2}{x}\bigg|_{x=1}=2$，所以 $f(1)=\ln3$，$f'(1)=2$.

习题 2-3

1. 求下列函数的导数(其中 a, n 为常数):

(1) $y = (x^2 - 7)^{17}$;

(2) $y = \sqrt[3]{2x - 7}$;

(3) $y = e^{\sin x}$;

(4) $y = \ln \sin x$;

(5) $y = e^{1+x^2}$;

(6) $y = (\ln x)^2$;

(7) $y = \cos x^n$;

(8) $y = \sin^n x$;

(9) $y = \arcsin(2x)$;

(10) $y = \operatorname{arccot} \dfrac{1}{x}$;

(11) $y = x e^{-x^2}$;

(12) $y = \dfrac{x}{\sqrt{1-x^2}}$.

2. 设 f 为可导函数,求下列函数的导数 $\dfrac{dy}{dx}$:

(1) $y = f(\sin x)$;

(2) $y = \sqrt{f(x)}$;

(3) $y = \dfrac{f(x)}{1 + f(x)}$;

(4) $y = f(\sin \sqrt{x})$;

(5) $y = \ln[f(x)] f(x)$;

(6) $y = e^{f(x)} f(e^x)$.

3. 设 $y = f(\sin x)$,且 $f'(x) = x^2 - 3$,求 $\dfrac{dy}{dx}\Big|_{x=0}$.

4. 求下列由方程确定的隐函数 $y = y(x)$ 的导数:

(1) $2x^3 - x^2 y - y^2 + 3 = 0$;

(2) $x \ln y + y^2 - e^x = y$;

(3) $\sin(xy^2) = x^2$;

(4) $y = \cos(x + y)$.

5. 求下列函数表示的平面曲线在给定点处的切线方程与法线方程:

(1) $y = x + 2\ln y$,点 $(1, 1)$;

(2) $y = 1 + x e^y$,点 $(-1, 0)$.

第四节 函数的微分

前面我们讨论了函数的导数,导数表示函数在点 x 处的变化率,它描述函数在点 x 处相对于自变量变化时,其对应函数值的变化快慢程度. 有时我们需要了解函数在某一点处当自变量取得一个微小的改变量时,函数取得的相应改变量的近似值. 一般而言,计算函数改变量是比较困难的,为了能找到计算函数改变量的近似表达式,引进下面微分的概念,并定义出新的变量 dx 和 dy,称其为微分. 进一步看,这种定义方式可以将莱布尼茨公式中对于导数的记号 $\dfrac{dy}{dx}$ 理解为比率的形式. 本节的学习中,我们使用 dy 来估计测量中的**误差**(error),介绍微分的几何意义,以及相应的运算法则. 与此同时,本节作为本章的收尾,我们总结前面所学的关于导数与微分的所有知识,从**近似**(approximation)计算的角度谈一谈其应用价值. 在实际问题中,一种高效、通用的办法是用简单函数来近似表示复杂函数, 往往这种近似表示可以在特定的环境下提供足够的**精度**(accuracy), 同时又比原始函数更容易计算, 因此本节介绍一种实用、简单的近似计算方法, 其核心是基于函数图像切线的**线性化**(linearization)方法.

一、微分的定义

我们先看一个例子.

如图 2.5 所示, 设有一块正方形金属薄板受温度变化的影响, 其边长从 x_0 改变到 $x_0+\Delta x$, 问: 此薄板的面积改变了多少?

设此薄板的边长为 x, 面积为 S, 则 $S=x^2$.

金属薄板受温度变化的影响时面积的改变量, 可以看成当自变量 x 从 x_0 取得改变量 Δx 时, 函数 S 相应的改变量 ΔS, 即

$$\Delta S=(x_0+\Delta x)^2-x_0^2=2x_0\Delta x+(\Delta x)^2.$$

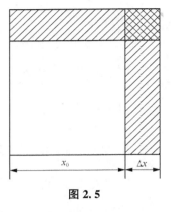

图 2.5

从上式可以看出, ΔS 分为两部分, 第一部分 $2x_0\Delta x$ 是 Δx 的线性函数, 即图 2.5 中带有斜线的两个矩形面积之和, 而第二部分 $(\Delta x)^2$ 是图 2.5 中带有交叉斜线的小正方形面积, 当 $\Delta x\to 0$ 时, 第二部分 $(\Delta x)^2$ 是比 Δx 高阶的无穷小量, 即 $(\Delta x)^2=o(\Delta x)$. 因此, 当 $|\Delta x|$ 很小时, 面积的改变量 ΔS 可近似地用第一部分来表示.

定义 2.5 设函数 $y=f(x)$ 在点 x_0 的某个邻域内有定义, 自变量 x 从 x_0 取得改变量 Δx ($\Delta x\neq 0$, $x_0+\Delta x$ 仍在该邻域内), 若函数的相应改变量

$$\Delta y=f(x_0+\Delta x)-f(x_0)$$

可表示为

$$\Delta y=A\Delta x+o(\Delta x),$$

其中 A 是只与 x_0 有关而与 Δx 无关的常数, $o(\Delta x)$ 是当 $\Delta x\to 0$ 时比 Δx 高阶的无穷小量, 则称函数 $y=f(x)$ 在**点 x_0 处可微**(differentiable), 并称 $A\Delta x$ 为函数 $y=f(x)$ 在**点 x_0 处的微分**(differential), 记作

$$\mathrm{d}y\big|_{x=x_0}, \text{ 或 } \mathrm{d}f\big|_{x=x_0}, \text{ 或 } \mathrm{d}[y(x_0)], \text{ 或 } \mathrm{d}[f(x_0)],$$

即

$$\mathrm{d}y\big|_{x=x_0}=A\Delta x.$$

当 $A\neq 0$ 时, $A\Delta x$ 也称为 $\Delta y=A\Delta x+o(\Delta x)$ 的线性主要部分. "线性"是因为 $A\Delta x$ 是 Δx 的一次函数; "主要"是因为 $\Delta y=A\Delta x+o(\Delta x)$ 右端, 当 $\Delta x\to 0$ 时, $o(\Delta x)$ 是比 Δx 高阶的无穷小量, $A\Delta x$ 在 $\Delta y=A\Delta x+o(\Delta x)$ 中起主要作用.

如果 $y=f(x)$ 在点 x_0 处可微, 即 $\mathrm{d}y\big|_{x=x_0}=A\Delta x$, 那么常数 A 是什么? 下面的定理回答了这个问题.

定理 2.7 函数 $y=f(x)$ 在点 x_0 处可微的充分必要条件是函数 $y=f(x)$ 在点 x_0 处可导, 此时 $A=f'(x_0)$.

证明 必要性: 若函数 $y=f(x)$ 在点 x_0 处可微, 则按定义 2.5 有 $\Delta y=A\Delta x+o(\Delta x)$ 成立, 即

$$\Delta y=A\Delta x+o(\Delta x),$$

其中 A 是只与 x_0 有关而与 Δx 无关的常数，当 $\Delta x \to 0$ 时，$o(\Delta x)$ 是比 Δx 高阶的无穷小量.
两边同除以 $\Delta x(\Delta x \neq 0)$，得

$$\frac{\Delta y}{\Delta x} = A + \frac{o(\Delta x)}{\Delta x},$$

于是，当 $\Delta x \to 0$ 时，由上式得到

$$\lim_{\Delta x \to 0} \frac{\Delta y}{\Delta x} = A = f'(x_0),$$

即若函数 $y=f(x)$ 在点 x_0 处可微，则它在点 x_0 处可导，且 $A=f'(x_0)$.

充分性：若函数 $y=f(x)$ 在点 x_0 处可导，则有

$$\lim_{\Delta x \to 0} \frac{\Delta y}{\Delta x} = f'(x_0).$$

根据极限与无穷小量的关系可得

$$\frac{\Delta y}{\Delta x} = f'(x_0) + \alpha,$$

其中 $\lim_{\Delta x \to 0} \alpha = 0$,
以 Δx 乘上式两边，得到

$$\Delta y = f'(x_0) \cdot \Delta x + \alpha \cdot \Delta x,$$

当 $\Delta x \to 0$ 时，$\alpha \cdot \Delta x$ 这一项是比 Δx 高阶的无穷小量，且 $f'(x_0)$ 是只与 x_0 有关而与 Δx 无关的常数，所以函数 $y=f(x)$ 在点 x_0 处可微.

由此可见，函数 $y=f(x)$ 在点 x_0 处可微与可导是等价的，且 $A=f'(x_0)$. 于是，函数 $y=f(x)$ 在点 x_0 处的微分为

$$\mathrm{d}y\big|_{x=x_0} = f'(x_0) \cdot \Delta x,$$

而

$$\Delta y = f'(x_0) \cdot \Delta x + \alpha \cdot \Delta x, \quad \lim_{\Delta x \to 0} \alpha = 0.$$

因此

(1) 当 $f'(x_0) \neq 0$ 时，微分 $\mathrm{d}y\big|_{x=x_0}$ 是 Δx 的线性函数，计算简便；

(2) $\Delta y - \mathrm{d}y = o(\Delta x)$，当 $\Delta x \to 0$ 时，它是 Δx 的高阶无穷小量，近似程度大.

例1 求函数 $y=x^2$，当 x 由 1 改变到 1.01 时的微分 $\mathrm{d}y$ 与改变量 Δy.

解 先求函数在任意点 x 处的微分

$$\mathrm{d}y = y'\Delta x = (x^2)'\Delta x = 2x\Delta x,$$

当 $x=1$，$\Delta x=0.01$ 时，

$$\mathrm{d}y\left|\begin{smallmatrix} x=1 \\ \Delta x=0.01 \end{smallmatrix}\right. = 2x\Delta x\left|\begin{smallmatrix} x=1 \\ \Delta x=0.01 \end{smallmatrix}\right. = 0.02,$$
$$\Delta y = (1.01)^2 - 1^2 = 0.0201,$$

可见 Δy 与 $\mathrm{d}y$ 相差很小，而当 $\Delta x \to 0$ 时，$\Delta y - \mathrm{d}y$ 将更快趋向于 0.

若函数 $y=f(x)$ 在区间 (a,b) 内每一点 x 处可微，则称函数 $y=f(x)$ 在区间 (a,b) 内可微，函数 $y=f(x)$ 在点 x 处的微分，记作 $\mathrm{d}y$，即 $\mathrm{d}y=f'(x)\Delta x$.

通常把自变量 x 的改变量 Δx 称为自变量的微分，记作 $\mathrm{d}x$，即 $\mathrm{d}x=\Delta x$. 于是函数 $y=f(x)$ 的微分 $\mathrm{d}y$ 又可记作

$$dy = f'(x)dx,$$

即

$$\frac{dy}{dx} = f'(x).$$

2.3 微分的
几何意义

记号 $\dfrac{dy}{dx}$ 作为一个整体用来表示导数，此记号现可以理解为函数的

微分与自变量的微分之商，所以导数也称为微商.

可见，对于一元函数，函数可导与函数可微是等价的.

二、微分的运算

由微分的定义 $dy = f'(x)dx$ 可知，一个函数的微分就是它的导数与自变量的微分（即自变量的改变量）的乘积，所以只要有**导数公式**，基本初等函数的**微分公式**与运算**法则**立即可得，现列出如下.

1. 基本初等函数的微分公式

（1）$dC = 0$（C 为常数）.

（2）$d(x^\mu) = \mu x^{\mu-1}dx$（$\mu$ 为实数）.

（3）$d(a^x) = a^x \ln a\,dx$，$d(e^x) = e^x dx$.

（4）$d(\log_a x) = \dfrac{1}{x\ln a}dx$，$d(\ln x) = \dfrac{1}{x}dx$.

（5）$d(\sin x) = \cos x\,dx$.

（6）$d(\cos x) = -\sin x\,dx$.

（7）$d(\tan x) = \sec^2 x\,dx = \dfrac{1}{\cos^2 x}dx$.

（8）$d(\cot x) = -\csc^2 x\,dx = -\dfrac{1}{\sin^2 x}dx$.

（9）$d(\sec x) = \sec x \cdot \tan x\,dx$.

（10）$d(\csc x) = -\csc x \cdot \cot x\,dx$.

（11）$d(\arcsin x) = \dfrac{1}{\sqrt{1-x^2}}dx$.

（12）$d(\arccos x) = -\dfrac{1}{\sqrt{1-x^2}}dx$.

（13）$d(\arctan x) = \dfrac{1}{1+x^2}dx$.

（14）$d(\text{arccot}\,x) = -\dfrac{1}{1+x^2}dx$.

2. 函数和、差、积、商的微分法则

（1）$d(u \pm v) = du \pm dv$.

（2）$d(u \cdot v) = v\,du + u\,dv$，$d(Cu) = C\,du$（$C$ 为常数）.

$(3)\,\mathrm{d}\left(\dfrac{u}{v}\right)=\dfrac{v\mathrm{d}u-u\mathrm{d}v}{v^2}(v\neq0).$

3. 复合函数的微分法则

与复合函数的求导法则相对应的复合函数的微分法则推导如下.

设函数 $y=f(u)$ 与 $u=g(x)$ 构成复合函数 $y=f[g(x)]$，若 $u=g(x)$ 在点 x 处可导，$y=f(u)$ 在对应点 u 处可导，则复合函数 $y=f[g(x)]$ 的微分为

$$\mathrm{d}y=\{f[g(x)]\}'\mathrm{d}x=f'(u)g'(x)\mathrm{d}x,$$

由于 $g'(x)\mathrm{d}x=\mathrm{d}u$，因此复合函数 $y=f[g(x)]$ 的微分公式也可以写成

$$\mathrm{d}y=f'(u)\mathrm{d}u.$$

由此可见，无论 u 是自变量还是中间变量，微分形式 $\mathrm{d}y=f'(u)\mathrm{d}u$ 保持不变，这一性质称为**微分形式不变性**(invariance of differential form).

例 2　求函数 $y=(x^2+3)\mathrm{e}^x$ 的微分.

解　$\mathrm{d}y=y'\mathrm{d}x=[(x^2+3)\mathrm{e}^x]'\mathrm{d}x=[2x\mathrm{e}^x+(x^2+3)\mathrm{e}^x]\mathrm{d}x=\mathrm{e}^x(x^2+2x+3)\mathrm{d}x.$

例 3　求下列隐函数的微分：

$(1)\,x^2+y^2=3$；　　　$(2)\,x+y=\ln(xy).$

解　（1）方法一：两边对 x 求导，得

$$2x+2yy'=0,$$

解得

$$y'=-\dfrac{x}{y},$$

故

$$\mathrm{d}y=y'\mathrm{d}x=-\dfrac{x}{y}\mathrm{d}x.$$

方法二：两边求微分，得

$$2x\mathrm{d}x+2y\mathrm{d}y=0,$$

故

$$\mathrm{d}y=-\dfrac{x}{y}\mathrm{d}x.$$

（2）$x+y=\ln(xy)$ 化简为 $x+y=\ln x+\ln y$.

方法一：$x+y=\ln x+\ln y$ 两边对 x 求导，得

$$1+y'=\dfrac{1}{x}+\dfrac{1}{y}y',$$

解得

$$y'=\dfrac{y(1-x)}{x(y-1)},$$

故

$$\mathrm{d}y=y'\mathrm{d}x=\dfrac{y(1-x)}{x(y-1)}\mathrm{d}x.$$

方法二：$x+y=\ln x+\ln y$ 两边求微分，得

$$\mathrm{d}x+\mathrm{d}y=\frac{1}{x}\mathrm{d}x+\frac{1}{y}\mathrm{d}y,$$

故

$$\mathrm{d}y=\frac{y(1-x)}{x(y-1)}\mathrm{d}x.$$

例 4 设 $y=\dfrac{x}{2}\sqrt{a^2+x^2}+\dfrac{a^2}{2}\ln\left(x+\sqrt{a^2+x^2}\right)$，求 $\mathrm{d}y$.

解 $\mathrm{d}y=y'\mathrm{d}x=\left[\dfrac{\sqrt{a^2+x^2}}{2}+\dfrac{x}{2}\cdot\dfrac{2x}{2\sqrt{a^2+x^2}}+\dfrac{a^2}{2}\cdot\dfrac{1}{x+\sqrt{a^2+x^2}}\cdot\left(1+\dfrac{2x}{2\sqrt{a^2+x^2}}\right)\right]\mathrm{d}x$

$$=\left(\frac{\sqrt{a^2+x^2}}{2}+\frac{x^2}{2\sqrt{a^2+x^2}}+\frac{a^2}{2\sqrt{a^2+x^2}}\right)\mathrm{d}x$$

$$=\sqrt{a^2+x^2}\,\mathrm{d}x.$$

三、微分在近似计算中的应用

如图 2.6(a) 所示，曲线 $y=x^2$ 在 $(1,1)$ 处的切线在靠近切点时，与二次曲线有着很好的近似拟合. 对于 $(1,1)$ 这一点，在左、右两侧足够小的区间间隔里，沿切线 $y=2x-1$ 的 y 值很好地近似于二次曲线上的 y 值. 进一步，我们可以通过放大切点处的函数局部形态（见图 2.6(b)）来更好地观察这种现象. 需要强调的是，这种现象不仅适用于抛物线，对每条可微曲线，其局部行为都和它的切线有着类似的紧密联系.

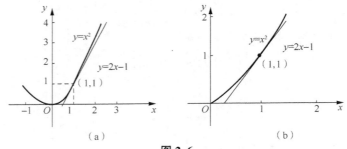

图 2.6

一般来说，对于可微函数 $y=f(x)$，其在点 $x=a$ 处的切线（见图 2.7）穿过点 $(a,f(a))$ 且具备如下**点斜式方程**：

$$y-f(a)=f'(a)(x-a).$$

因此，上述切线及其图形是与线性函数 $L(x)=f(a)+f'(a)(x-a)$ 及其图形完全吻合的. 即使某点离开切点，只要在一个相对较小的区间范围内活动，并且线性函数 $L(x)$ 保持着和原函数 $f(x)$ 的高拟合度，我们就有理由相信 $L(x)$ 将很好地近似估计 $f(x)$，并可用其代替原函数做近似计算.

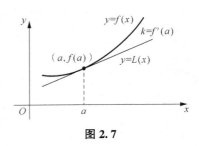

图 2.7

例5 求函数 $f(x)=\sqrt{1+x}$ 在 $x=0$ 处的线性近似方程(见图 2.8(a)).

解 因为 $f'(x)=\dfrac{1}{2}(1+x)^{-\frac{1}{2}}$,

于是有 $f(0)=1$ 且 $f'(0)=\dfrac{1}{2}$, 因此线性近似方程为

$$L(x)=f(0)+f'(0)(x-0)=1+\frac{1}{2}(x-0)=1+\frac{x}{2}(见图 2.8(b)).$$

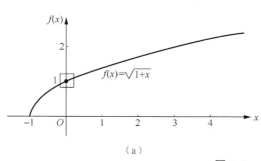

(a)　　　　　　　　　　　　　　　　(b)

图 2.8

习题 2-4

1. 求函数 $y=3x^3+2$ 在 $x=1$ 处, 当 $\Delta x=0.01$ 时的 Δy 与 $\mathrm{d}y$.

2. 求下列函数的微分:

(1) $y=x(x+1)(x+2)$;

(2) $y=(2x+3)^5$;

(3) $y=\ln(1-x^2)$;

(4) $y=\dfrac{x}{1-x^2}$;

(5) $y=\mathrm{e}^{-x^2-3}+2\sin(3x)$;

(6) $y=\arcsin\sqrt{x}$.

3. 求函数 $f(x)=\sqrt{1+x}$ 在 $x=3$ 处的线性近似方程(见图 2.8(a)).

本章小结

2.4 本章小结

导数	理解 导数的概念及其几何意义；
	了解 函数的可导与连续之间的关系；
	掌握 基本初等函数的导数公式，导数的四则运算法则，复合函数的求导法则；
	会求 隐函数的导数；
	了解 反函数的求导法则；
	了解 高阶导数的概念；
	掌握 初等函数的一阶、二阶导数的求法
微分	理解 微分的概念；
	了解 微分的四则运算法则和一阶微分形式的不变性

总复习题二

1. 根据导数的定义求下列函数的导函数：

（1）$y=x^2(3x+3)$； （2）$y=x^2-4x+7$.

2. 设函数 $f(x)=\begin{cases} x^2\sin\dfrac{1}{x}, & x\neq 0 \\ 0, & x=0 \end{cases}$，判断 $f'(x)$ 在 $x=0$ 处的连续性.

3. 求下列函数的一阶导数和二阶导数：

（1）$y=x^2-\dfrac{1}{x^2}+3\sqrt{x}$； （2）$y=e^x+\ln(3x^2)$.

4. 给定函数 $y=x\sin x-\sec x+\cot x$，求 $y'\big|_{x=\frac{\pi}{4}}$.

5. 设 $y=f[\sin(x^2)]$，且 $f'(x)=2x-1$，求 $\dfrac{dy}{dx}\Big|_{x=0}$.

6. 求下列由方程确定的隐函数 $y=y(x)$ 的导数：

（1）$x^3-xy-\sin x=0$； （2）$x\ln(y^2)+x^2y^2-e^{x^2}=y$；

（3）$x^2+y^2=1$； （4）$y=\tan(x+y)$.

7. 求椭圆 $3x^2+4y^2=12$ 上点 $A\left(1,\dfrac{3}{2}\right)$ 处的切线方程与法线方程.

8. 设 $e^y+xy=e$，求 $y''(0)$.

9. 求函数 $f(x)=\cos x$ 在 $x=\dfrac{\pi}{2}$ 处的线性近似方程.

数学通识：导数的由来

起源： 大约在 1629 年，法国数学家费马研究了作曲线的切线和求函数极值的方法；1637 年左右，他写了一篇论文《求最大值与最小值的方法》. 在作切线时，他构造了差分 $f(A+E)-f(A)$，发现因子 E 和我们所说的导数 $f'(A)$ 有着紧密的联系.

发展： 17 世纪生产力的发展推动了自然科学和技术的发展，在前人创造性研究的基础上，数学家牛顿、莱布尼茨等从不同的角度开始系统地研究微积分. 牛顿的微积分理论被称为"流数术"，他称变量为流量，称变量的变化率为流数，相当于我们所说的导数. 牛顿的有关"流数术"的主要著作是《求曲边形面积》《运用无穷多项方程的计算法》和《流数术和无穷级数》，流数理论的实质与重点概括为如下三点：在于一个变量的函数而不在于多变量的方程；在于自变量的变化与函数的变化的比的构成；在于决定这个比当变化趋于零时的极限.

成熟： 1750 年达朗贝尔在为法国科学院出版的《百科全书》第 4 版写的"微分"条目中提出了关于导数的一种观点，1823 年柯西在他的《无穷小分析概论》中定义导数，19 世纪 60 年代以后，魏尔斯特拉斯创造了 $\varepsilon-\delta$ 语言，对微积分中出现的各种类型的极限重新表达. 微积分学理论基础，大体可以分为两个部分：一个是实无限理论，即无限是一个具体的东西、一种真实的存在，其被应用了 150 多年；另一个是潜无限理论，指一种意识形态上的过程，比如无限接近. 对这两种理论的争论类似于对众所周知的物理问题的长期争论，例如，对光是电磁波还是粒子的争论. 而最后，此物理问题被波粒二象性理论解决. 就数学历史来看，实无限理论与潜无限理论都有一定的道理，对于微积分，无论是用现代极限论还是 150 年前的理论，都存在着各自的优势和弊端.

在本课程通识的最后，给大家介绍一个非常特殊的函数，即魏尔斯特拉斯函数，其是一个处处连续而处处不可导的实值函数. 魏尔斯特拉斯函数是一种无法用笔画出任何一部分图形的函数，因为每一点的导数都不存在，所以魏尔斯特拉斯函数在每一点处的斜率也是不存在的. 魏尔斯特拉斯函数得名于 19 世纪德国数学家卡尔·魏尔斯特拉斯（Karl Weierstrass，1815—1897 年），这个函数在历史上是一个著名的数学反例. 在魏尔斯特拉斯函数出现之前，数学家们对函数的连续性认识并不深刻. 许多数学家认为除了少数特殊的点以外，连续函数曲线在每一点处总会有斜率. 魏尔斯特拉斯函数说明了所谓"病态"函数的存在性，改变了当时数学家对连续函数的看法.

第三章 微分中值定理与导数的应用

微分中值定理是微分学的核心定理，无论是在理论分析中还是在实际应用中，都扮演着重要角色. 本章以微分中值定理为基础，进一步介绍如何利用导数来帮助我们研究函数. 所谓"研究函数"是指研究函数在指定区间上的单调性、凹向，以及确定函数在该区间上的最大值和最小值. 微分中值定理为这些研究提供了强有力的工具. 本章最后还将介绍导数在经济分析中的应用.

第一节 微分中值定理

本节主要介绍罗尔定理、拉格朗日中值定理和柯西中值定理，它们都被称为微分中值定理. 微分中值定理揭示了区间上的函数与其导数之间的内在联系，它们利用导数所具有的局部性质推断函数本身所具有的整体性质，从而架起沟通函数与其导数的"桥梁".

一、罗尔定理

定理 3.1(罗尔(Rolle)定理) 若函数 $f(x)$ 满足下列条件：

(1)在闭区间 $[a,b]$ 上连续,

(2)在开区间 (a,b) 内可导,

(3)$f(a)=f(b)$,

则在 (a,b) 内至少存在一点 ξ，使得

$$f'(\xi)=0, \ \xi \in (a,b).$$

证明 因为函数 $f(x)$ 在闭区间 $[a,b]$ 上连续，根据闭区间上连续函数的最值定理，$f(x)$ 在 $[a,b]$ 上必取得最大值 M 和最小值 m.

(1)当 $M=m$ 时，$f(x)$ 在 $[a,b]$ 上是常数函数，即 $f(x)=M$，从而在 (a,b) 内恒有 $f'(x)=0$，所以 (a,b) 内每一点都可取作点 ξ，使得 $f'(\xi)=0$.

(2)当 $M>m$ 时，因为 $f(a)=f(b)$，所以 M 与 m 中至少有一个不等于端点的函数值. 不妨设 $M\neq f(a)$（如果设 $m\neq f(a)$，证法完全类似），则在 (a,b) 内至少存在一点 ξ，使得 $f(\xi)=M$. 下面证明 $f'(\xi)=0$.

由于 $f(\xi)=M$ 是 $f(x)$ 在 $[a,b]$ 上的最大值，因此不论 Δx 符号为正或负，只要 $\xi+\Delta x \in [a,b]$，恒有

$$f(\xi+\Delta x)-f(\xi) \leqslant 0.$$

当 $\Delta x>0$ 时，有 $\dfrac{f(\xi+\Delta x)-f(\xi)}{\Delta x} \leqslant 0$,

从而，根据函数极限的保序性推论（推论 1.2），有 $f'_+(\xi)=\lim\limits_{\Delta x \to 0^+}\dfrac{f(\xi+\Delta x)-f(\xi)}{\Delta x}\leqslant 0$.

同理，当 $\Delta x < 0$ 时，有 $\dfrac{f(\xi+\Delta x)-f(\xi)}{\Delta x}\geqslant 0$，

从而，根据函数极限的保序性推论（推论 1.2），有 $f'_-(\xi)=\lim\limits_{\Delta x \to 0^-}\dfrac{f(\xi+\Delta x)-f(\xi)}{\Delta x}\geqslant 0$.

由于 ξ 是开区间 (a,b) 内的点，根据假设可知 $f'(\xi)$ 存在，即 $f'_+(\xi)=f'_-(\xi)=f'(\xi)$，因此必定有

$$f'(\xi)=0.$$

罗尔定理的几何意义：若连续曲线 $y=f(x)$ 在 $A(a,f(a))$，$B(b,f(b))$ 两点间的每一点都有不垂直于 x 轴的切线，又 A，B 点的纵坐标相等，则曲线在 A，B 间至少存在一点 $C(\xi,f(\xi))$ 使得曲线在点 C 处的切线平行于 x 轴，如图 3.1 所示.

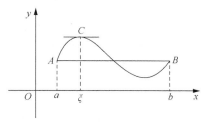

图 3.1

注意 罗尔定理的条件是充分的，但不是必要的. 我们不难构造出这样的函数，它不满足罗尔定理的 3 个条件中的任何一个，但它照样可在区间内某点处的导数取值为 0.

罗尔定理的 3 个条件又是重要的，如果缺少某一条件，就可能导致定理的结论不真. 例如：

（1）$f(x)=|x|$，$x\in[-1,1]$，在 $[-1,1]$ 上除 $f'(0)$ 不存在外，满足罗尔定理的其他条件，但在 $(-1,1)$ 内找不到一点能使 $f'(x)=0$；

（2）$f(x)=\begin{cases}0, & x=0,\\ 1-x, & 0<x\leqslant 1,\end{cases}$ $f(x)$ 在 $[0,1]$ 上除在点 $x=0$ 处不连续外，满足罗尔定理的其他条件，但在 $(0,1)$ 内 $f'(x)=-1$，因此在 $(0,1)$ 内找不到一点能使 $f'(x)=0$；

（3）$f(x)=x$，$x\in[0,1]$，在 $[0,1]$ 上除 $f(0)\neq f(1)$ 外，满足罗尔定理的其他条件，但在 $(0,1)$ 内 $f'(x)=1$，因此在 $(0,1)$ 内找不到一点能使 $f'(x)=0$.

罗尔定理常被用来判别导函数 $f'(x)$ 的零点.

例 1 验证函数 $f(x)=x^2-x-2$ 在区间 $[-1,2]$ 上满足罗尔定理的条件，并求定理中 ξ 的值.

解 $f(x)=x^2-x-2=(x+1)(x-2)$ 是多项式函数，在其定义域内连续，因此 $f(x)$ 在 $[-1,2]$ 上连续. $f'(x)=2x-1$ 在 $(-1,2)$ 内有意义，即 $f(x)$ 在 $(-1,2)$ 内可导. 又 $f(-1)=f(2)=0$，故 $f(x)$ 满足罗尔定理的条件：$f(x)=x^2-x-2$ 在 $[-1,2]$ 上连续，在 $(-1,2)$ 内可导，且 $f(-1)=f(2)=0$.

由 $f'(x)=0$，即 $2x-1=0$，解得 $x=\dfrac{1}{2}$，即 $\xi=\dfrac{1}{2}\in(-1,2)$，使 $f'(\xi)=0$.

例 2 不求导数，判别函数 $f(x)=x(x-1)(x-2)$ 的导数方程（即 $f'(x)=0$）有几个实根，以及实根所在范围.

解 $f(0)=f(1)=f(2)=0$，$f(x)$ 在 $[0,1]$，$[1,2]$ 上满足罗尔定理的条件，因此在 $(0,1)$ 内至少存在一点 ξ_1，使 $f'(\xi_1)=0$，ξ_1 是 $f'(x)=0$ 的一个实根；在 $(1,2)$ 内至少存在一点 ξ_2，使 $f'(\xi_2)=0$，ξ_2 是 $f'(x)=0$ 的一个实根.

因为 $f'(x)$ 为二次多项式，所以此题中 $f(x)$ 只能有两个实根，分别在区间 $(0,1)$ 及 $(1,2)$ 内.

二、拉格朗日中值定理

罗尔定理中的第三个条件 $f(a)=f(b)$ 是非常特殊的，它使罗尔定理的应用受到限制. 如果保留罗尔定理的前两个条件，取消第三个条件，就得到微分学中的一个重要定理——拉格朗日中值定理.

定理 3.2(拉格朗日(Lagrange)中值定理) 若函数 $f(x)$ 满足下列条件：

(1)在闭区间 $[a,b]$ 上连续，

(2)在开区间 (a,b) 内可导，

则在 (a,b) 内至少存在一点 ξ，使得

$$f'(\xi)=\frac{f(b)-f(a)}{b-a}, \quad \xi\in(a,b). \tag{3.1}$$

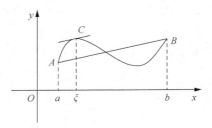

3.1 拉格朗日中值定理的几何解释

假设函数 $f(x)$ 在 $[a,b]$ 上的图形是连续光滑曲线弧 $\overset{\frown}{AB}$，如图 3.2 所示，从几何的角度看，**拉格朗日中值定理的几何意义** 是：处处有切线的连续曲线，在曲线上至少有一点处的切线与连接曲线两端点的线段平行.

与罗尔定理相似，拉格朗日中值定理的两个条件是缺一不可的，其条件不是必要的，而是充分的.

易知，罗尔定理是拉格朗日中值定理当 $f(a)=f(b)$ 时的特殊情形，拉格朗日中值定理是罗尔定理的推广. 这启发我们借用罗尔定理的结论来证明这一命题，关键是构造适当的辅助函数 $F(x)$，使得 $F(x)$ 满足罗尔定理的 3 个条件，特别是 $F(a)=F(b)$.

图 3.2

基于这样的考虑，我们可以用曲线方程 $y=f(x)$ "减去" 直线 AB 的方程来实现. 直线 AB 的斜率为 $k_{AB}=\dfrac{f(b)-f(a)}{b-a}$，直线 AB 的方程为：

$$y=f(a)+\frac{f(b)-f(a)}{b-a}(x-a).$$

若令 $F(x)=f(x)-\left[f(a)+\dfrac{f(b)-f(a)}{b-a}(x-a)\right]$，显然有 $F(a)=F(b)=0$.

证明 引进辅助函数

$$F(x)=f(x)-\left[f(a)+\frac{f(b)-f(a)}{b-a}(x-a)\right],$$

容易验证 $F(x)$ 在 $[a,b]$ 上满足罗尔定理的条件，于是在开区间 (a,b) 内至少存在一点 ξ，使得

$$F'(\xi)=0,$$

即

$$f'(\xi)=\frac{f(b)-f(a)}{b-a}, \quad \xi\in(a,b).$$

关于拉格朗日中值定理的说明如下.

(1)(3.1)式的左端 $f'(\xi)$ 表示开区间 (a,b) 内某点 ξ 处函数的局部变化率，右端 $\dfrac{f(b)-f(a)}{b-a}$ 表示函数在闭区间 $[a,b]$ 上整体变化的平均变化率. 于是，拉格朗日中值定理反映了可导函数在 (a,b) 内的局部变化率与在 $[a,b]$ 上的整体平均变化率的关系. 若从力学角度看，(3.1)式表示整体上的平均变化率等于某一内点处的瞬时变化率. 因此，拉格朗日中值定理是联结局部与整体的纽带.

(2)拉格朗日中值定理有以下几种不同的表示方式，可以在不同的问题和场合选择使用.

$$f(b)-f(a)=f'(\xi)(b-a)，\quad \exists \xi \in (a,b)；\tag{3.2}$$

$$f(b)-f(a)=f'[a+\theta(b-a)](b-a)，\quad \exists \theta \in (0,1)；\tag{3.3}$$

$$f(x_0+\Delta x)-f(x_0)=f'(x_0+\theta\Delta x)\Delta x，\quad \exists \theta \in (0,1)，\tag{3.4}$$

其中(3.2)式和(3.3)式均称为**拉格朗日中值公式**. (3.4)式可记为

$$\Delta y=f'(x_0+\theta\Delta x)\Delta x，$$

称为**有限增量公式**.

(3)(3.4)式与近似等式

$$f(x_0+\Delta x)-f(x_0)\approx \mathrm{d}y\big|_{x=x_0}=f'(x_0)\Delta x$$

构成有趣的对比. 两者的差别在于后者给出了函数增量 Δf 在 x_0 附近的近似估计，而前者则给出了函数增量 Δf 的精确估计. 不过注意 Δx 的系数 $f'(x_0+\theta\Delta x)$ 不是常数，其中 θ 是依赖 Δx 而变化的.

例 3　验证函数 $f(x)=x^3$ 在 $[-1,1]$ 上满足拉格朗日中值定理的条件，并求定理中 ξ 的值.

解　显然 $f(x)$ 在 $[-1,1]$ 上连续，$f'(x)=3x^2$ 在 $(-1,1)$ 内有意义，即 $f(x)$ 在 $(-1,1)$ 内可导，故 $f(x)$ 在 $[-1,1]$ 上满足拉格朗日中值定理的条件. 根据定理，得

$$f(1)-f(-1)=f'(\xi)[1-(-1)]=6\xi^2，$$

所以 $\xi^2=\dfrac{1}{3}$，即 $\xi=\pm\dfrac{\sqrt{3}}{3}\in(-1,1)$.

上例说明，一般而言，满足拉格朗日中值定理的 ξ 并不唯一.

拉格朗日中值定理是存在性定理，它肯定了 ξ 的存在性. 由于 ξ 是区间两端之间的某个数值，因此有时也将拉格朗日中值定理称为微分中值定理. 虽然拉格朗日中值定理并未提供寻找 ξ 的方法，但给出了函数增量 Δf 与自变量增量 Δx 通过导数来联系的一个精确关系式，在微分学中极具价值，为我们用导数的知识研究函数的性态提供了极大的方便.

推论 3.1　区间 I 上的函数 $f(x)$ 为常数函数的充分必要条件是 $f'(x)=0$，$\forall x \in I$.

证明　必要性十分明显，只需证明充分性.

设 x_1，x_2 是区间 I 内的任意两点，且 $x_1<x_2$，则函数 $f(x)$ 在 $[x_1,x_2]$ 上满足拉格朗日中值定理条件，有

$$f(x_2)-f(x_1)=f'(\xi)(x_2-x_1)，\xi\in(x_1,x_2).$$

由假设知 $f'(\xi)=0$，所以 $f(x_1)=f(x_2)$.

由于 x_1，x_2 是 I 内的任意两点，因此上面等式表明：函数 $f(x)$ 在 I 内的函数值总是相

等的，即函数 $f(x)$ 在 I 内是一个常数函数.

由推论 3.1 立即可得下面的推论 3.2.

推论 3.2 如果函数 $f(x)$ 与 $g(x)$ 在区间 I 内每一点的导数 $f'(x)$ 与 $g'(x)$ 都相等，则这两个函数在区间 I 内至多相差一个常数，即

$$f(x) = g(x) + C, \quad x \in (a, b),$$

这里 C 是一个确定的常数.

拉格朗日中值定理在微分学中有着广泛而重要的应用，它可以被用来证明一些等式或不等式.

例 4 证明等式 $\arcsin x + \arccos x = \dfrac{\pi}{2}$，$x \in [-1, 1]$.

证明 设函数 $f(x) = \arcsin x + \arccos x$，则 $f(x)$ 在 $[-1, 1]$ 上连续，在 $(-1, 1)$ 内可导，且

$$f'(x) = \frac{1}{\sqrt{1-x^2}} - \frac{1}{\sqrt{1-x^2}} = 0.$$

于是由拉格朗日中值定理的推论 3.1 知，在 $(-1, 1)$ 内恒有

$$f(x) = \arcsin x + \arccos x = C.$$

令 $x = 0$，得 $C = \dfrac{\pi}{2}$. 因为 $f(-1) = f(1) = \dfrac{\pi}{2}$，从而所证等式成立.

例 5 证明不等式 $\dfrac{\sin x}{x} > \cos x (0 < x < \pi)$.

证明 因为 $\dfrac{\sin x}{x} = \dfrac{\sin x - 0}{x - 0}$，所以在区间 $[0, x] (0 < x < \pi)$ 上对函数 $\sin x$ 使用拉格朗日中值定理，在 $(0, x)$ 内至少存在一点 ξ，使得

$$\frac{\sin x}{x} = \frac{\sin x - 0}{x - 0} = (\sin x)' \big|_{x = \xi} = \cos \xi > \cos x.$$

三、柯西中值定理

定理 3.3(柯西(Cauchy)中值定理) 若函数 $f(x)$，$g(x)$ 满足下列条件：

(1) 在闭区间 $[a, b]$ 上连续，

(2) 在开区间 (a, b) 内可导，且 $g'(x) \neq 0$，

则在 (a, b) 内至少存在一点 ξ，使得

$$\frac{f(b) - f(a)}{g(b) - g(a)} = \frac{f'(\xi)}{g'(\xi)}, \quad \xi \in (a, b).$$

证明 首先由题设可得 $g(b) - g(a) \neq 0$.

这是因为 $g(x)$ 在 $[a, b]$ 上满足拉格朗日中值定理的条件，且 $g'(x) \neq 0$，所以

$$g(b) - g(a) = g'(\xi)(b - a) \neq 0, \xi \in (a, b).$$

其次考虑辅助函数 $F(x) = \dfrac{f(b) - f(a)}{g(b) - g(a)} g(x) - f(x)$.

容易验证 $F(x)$ 在 $[a, b]$ 上满足罗尔定理的条件，即 $F(x)$ 在 $[a, b]$ 上连续，在 (a, b) 内

可导，且 $F(a)=F(b)$ ，又

$$F'(x)=\frac{f(b)-f(a)}{g(b)-g(a)}g'(x)-f'(x),$$

根据罗尔定理，在 (a,b) 内至少存在一点 ξ ，使 $F'(\xi)=0$ ，即

$$F'(\xi)=\frac{f(b)-f(a)}{g(b)-g(a)}g'(\xi)-f'(\xi)=0.$$

由此得

$$\frac{f(b)-f(a)}{g(b)-g(a)}=\frac{f'(\xi)}{g'(\xi)}, \quad \xi\in(a,b).$$

易知，拉格朗日中值定理是柯西中值定理当 $g(x)=x$ 时的特殊情形，柯西中值定理是拉格朗日中值定理的推广.

习题 3-1

1. 验证函数在给定区间上是否满足罗尔定理的所有条件，若满足，求出定理中 ξ 的值：

(1) $y=2x^2-x-3$, $x\in[-1,1.5]$;

(2) $y=x\sqrt{3-x}$, $x\in[0,3]$;

(3) $y=\frac{3}{2x^2+1}$, $x\in[-1,1]$;

(4) $y=\begin{cases}x\sin\dfrac{1}{x}, & x\neq0,\\ 0, & x=0\end{cases}$, $x\in\left[-\dfrac{\pi}{2},\dfrac{\pi}{2}\right]$.

2. 下列函数在给定区间上是否满足拉格朗日中值定理的条件？若满足，求出定理中 ξ 的值：

(1) $y=2x^3$, $x\in[-1,1]$;

(2) $y=\ln x$, $x\in[1,2]$;

(3) $y=\sqrt[3]{(x-1)^2}$, $x\in[-1,2]$.

(4) $y=\arctan x$, $x\in[0,1]$.

3. 函数 $f(x)=\sin x$ 与 $g(x)=\cos x$ 在区间 $\left[0,\dfrac{\pi}{2}\right]$ 上是否满足柯西中值定理的条件？若满足，求出定理中 ξ 的值.

4. 证明下列不等式：

(1) $|\sin x-\sin y|\leqslant|x-y|$;

(2) $\dfrac{x}{1+x}<\ln(x+1)<x$, $x>0$.

5. 证明等式 $2\arctan x+\arcsin\dfrac{2x}{1+x^2}=\pi(x\geqslant1)$.

6. 设 $a>b>0$, $n>1$ ，证明： $nb^{n-1}(a-b)<a^n-b^n<na^{n-1}(a-b)$.

第二节　洛必达法则

在第一章的极限计算中，我们发现在同一个极限过程下，两个函数 $f(x)$ 和 $g(x)$ 都趋于 0 或都趋于无穷大，两者比值 $\dfrac{f(x)}{g(x)}$ 的极限可能存在，也可能不存在. 通常我们把这种极限称为未定式，分别记为 $\dfrac{0}{0}$ 或 $\dfrac{\infty}{\infty}$. 目前虽然我们可以利用极限运算法则、恒等变换、等价无穷小量替换等方法计算 $\dfrac{0}{0}$ 或 $\dfrac{\infty}{\infty}$ 型未定式，但仍有相当多的此类未定式无法计算，例如，$\lim\limits_{x\to 0}\dfrac{x-\sin x}{x}$，$\lim\limits_{x\to +\infty}\dfrac{\ln x}{x}$ 等. 本节将根据柯西中值定理来推出求此类未定式的一种简便且重要的方法——洛必达法则.

一、基本未定式

我们将 $\dfrac{0}{0}$ 或 $\dfrac{\infty}{\infty}$ 型未定式称为基本未定式.

定理 3.4(洛必达(L'Hospital)法则)　设函数 $f(x)$、$g(x)$ 满足下列条件：

(1) $\lim\limits_{x\to x_0}f(x)=\lim\limits_{x\to x_0}g(x)=0$，

(2) 在点 x_0 的某个邻域(点 x_0 可除外)内，$f'(x)$ 与 $g'(x)$ 都存在，且 $g'(x)\neq 0$，

(3) $\lim\limits_{x\to x_0}\dfrac{f'(x)}{g'(x)}=A$(或 ∞)，

则有

$$\lim_{x\to x_0}\frac{f(x)}{g(x)}=\lim_{x\to x_0}\frac{f'(x)}{g'(x)}=A(或\infty).$$

证明　由于我们要讨论的是函数 $\dfrac{f(x)}{g(x)}$ 在点 x_0 处的极限，与 $f(x_0)$、$g(x_0)$ 无关，因此假设 $f(x_0)=g(x_0)=0$，则由定理 3.4 的条件(1)知，$f(x)$，$g(x)$ 在点 x_0 的某一邻域内连续. 设点 x 是该邻域内的一点，则在以 x_0，x 为端点的区间上，$f(x)$ 和 $g(x)$ 满足柯西中值定理的条件.

由柯西中值定理有

$$\frac{f(x)}{g(x)}=\frac{f(x)-f(x_0)}{g(x)-g(x_0)}=\frac{f'(\xi)}{g'(\xi)}, \ \xi 在 x_0, \ x 之间,$$

由于当 $x\to x_0$ 时，$\xi\to x_0$，因此对上式两边求 $x\to x_0$ 的极限，便得定理 3.4 的结论.

若将定理 3.4 中的 $x\to x_0$ 改为 $x\to x_0^+$，$x\to x_0^-$ 或 $x\to\infty$，$x\to +\infty$，$x\to -\infty$，同时对条件也做相应的修改，那么定理 3.4 的结论依然成立.

洛必达法则给计算函数极限带来了很大的方便，但是要注意在运用该法则时应先行验

证 $f(x)$，$g(x)$ 是否满足洛必达法则的条件. 当 $\lim\limits_{x\to x_0}\dfrac{f'(x)}{g'(x)}$ 仍然是未定式时，只要 $f'(x)$，$g'(x)$ 仍然满足洛必达法则的条件，我们就可以继续使用洛必达法则，得出

$$\lim_{x\to x_0}\frac{f(x)}{g(x)}=\lim_{x\to x_0}\frac{f'(x)}{g'(x)}=\lim_{x\to x_0}\frac{f''(x)}{g''(x)},$$

且依此类推，直到得到确定式(即不是未定式)则求出极限. 对于其他极限过程的洛必达法则，也有同样的结论.

例 1　求 $\lim\limits_{x\to 3}\dfrac{x^2-9}{x-3}$.

解　显然，$f(x)=x^2-9$ 和 $g(x)=x-3$ 在 $x=3$ 的去心邻域内满足洛必达法则前两个条件. 又因为

$$\lim_{x\to 3}\frac{f'(x)}{g'(x)}=\lim_{x\to 3}\frac{2x}{1}=6,$$

故得

$$\lim_{x\to 3}\frac{x^2-9}{x-3}=6.$$

说明　因为分子 x^2-9 可以因式分解为 $(x-3)(x+3)$，所以计算过程可以是

$$\lim_{x\to 3}\frac{x^2-9}{x-3}=\lim_{x\to 3}\frac{(x-3)(x+3)}{x-3}=\lim_{x\to 3}(x+3)=6.$$

我们得到了同样的结果，这说明使用洛必达法则的计算是正确的.

例 2　求 $\lim\limits_{x\to 2}\dfrac{\sqrt{5+2x}-3}{\sqrt{2+x}-2}$.

解　$\lim\limits_{x\to 2}\dfrac{\sqrt{5+2x}-3}{\sqrt{2+x}-2}\overset{\frac{0}{0}}{=}\lim\limits_{x\to 2}\dfrac{\dfrac{2}{2\sqrt{5+2x}}}{\dfrac{1}{2\sqrt{2+x}}}=\dfrac{4}{3}$.

例 3　求 $\lim\limits_{x\to 0}\dfrac{x-\sin x}{x^3}$.

解　$\lim\limits_{x\to 0}\dfrac{x-\sin x}{x^3}\overset{\frac{0}{0}}{=}\lim\limits_{x\to 0}\dfrac{1-\cos x}{3x^2}\overset{\frac{0}{0}}{=}\lim\limits_{x\to 0}\dfrac{\sin x}{6x}=\dfrac{1}{6}$.

无论使用哪种计算极限的方法，计算极限的原则是在保证能正确得到极限的前提下，尽量减少计算步骤和计算量. 因此使用洛必达法则时，若有公因子应先约去；若式中有极限值为非零常数的因式，则可用极限的乘积运算法则把它分离出来先行算出；计算极限时可组合运用其他求极限的方法，如等价无穷小量替换、利用重要极限、恒等变换或适当的变量代换等，来使运算简捷.

例 4　求 $\lim\limits_{x\to +\infty}\dfrac{\dfrac{\pi}{2}-\arctan x}{\ln\left(1+\dfrac{1}{x}\right)}$.

解 $\lim\limits_{x\to+\infty}\dfrac{\dfrac{\pi}{2}-\arctan x}{\ln\left(1+\dfrac{1}{x}\right)}=\lim\limits_{x\to+\infty}\dfrac{\dfrac{\pi}{2}-\arctan x}{\dfrac{1}{x}}\overset{\frac{0}{0}}{=}\lim\limits_{x\to+\infty}\dfrac{-\dfrac{1}{1+x^2}}{-\dfrac{1}{x^2}}=\lim\limits_{x\to+\infty}\dfrac{x^2}{1+x^2}=1.$

例 5 求 $\lim\limits_{x\to0}\dfrac{e^x-e^{\tan x}}{\tan^3 x}$.

解 $\lim\limits_{x\to0}\dfrac{e^x-e^{\tan x}}{\tan^3 x}=\lim\limits_{x\to0}\dfrac{e^{\tan x}(e^{x-\tan x}-1)}{x^3}=\lim\limits_{x\to0}e^{\tan x}\cdot\lim\limits_{x\to0}\dfrac{e^{x-\tan x}-1}{x^3}$

$=\lim\limits_{x\to0}\dfrac{x-\tan x}{x^3}\overset{\frac{0}{0}}{=}\lim\limits_{x\to0}\dfrac{1-\sec^2 x}{3x^2}$

$=-\lim\limits_{x\to0}\dfrac{\tan^2 x}{3x^2}=-\dfrac{1}{3}$.

对于 $\dfrac{\infty}{\infty}$ 型未定式我们有如下的洛必达法则.

定理 3.5 设函数 $f(x)$ ，$g(x)$ 满足下列条件：

（1） $\lim\limits_{x\to x_0}f(x)=\lim\limits_{x\to x_0}g(x)=\infty$ ，

（2）在点 x_0 的某个邻域内（点 x_0 可除外），$f'(x)$ 与 $g'(x)$ 都存在，且 $g'(x)\neq0$ ，

（3） $\lim\limits_{x\to x_0}\dfrac{f'(x)}{g'(x)}=A$（或 ∞），

则有 $\lim\limits_{x\to x_0}\dfrac{f(x)}{g(x)}=\lim\limits_{x\to x_0}\dfrac{f'(x)}{g'(x)}=A$（或 ∞）.

同样地，若将此定理中 $x\to x_0$ 改为 $x\to x_0^+$ ，$x\to x_0^-$ 或 $x\to\infty$ ，$x\to+\infty$ ，$x\to-\infty$ ，那么在相应的条件下，仍有相同的结论.

例 6 求 $\lim\limits_{x\to0^+}\dfrac{\ln\tan5x}{\ln\tan3x}$.

解 $\lim\limits_{x\to0^+}\dfrac{\ln\tan5x}{\ln\tan3x}\overset{\frac{\infty}{\infty}}{=}\lim\limits_{x\to0^+}\dfrac{\dfrac{5\sec^25x}{\tan5x}}{\dfrac{3\sec^23x}{\tan3x}}=\dfrac{5}{3}\lim\limits_{x\to0^+}\dfrac{\tan3x}{\tan5x}\cdot\lim\limits_{x\to0^+}\dfrac{\cos^23x}{\cos^25x}=1.$

例 7 求 $\lim\limits_{x\to+\infty}\dfrac{xe^x}{x+e^x}$.

解 $\lim\limits_{x\to+\infty}\dfrac{xe^x}{x+e^x}\overset{\frac{\infty}{\infty}}{=}\lim\limits_{x\to+\infty}\dfrac{e^x+xe^x}{1+e^x}\overset{\frac{\infty}{\infty}}{=}\lim\limits_{x\to+\infty}\dfrac{e^x+e^x+xe^x}{e^x}=\lim\limits_{x\to+\infty}(2+x)=\infty.$

例 8 求 $\lim\limits_{x\to+\infty}\dfrac{\ln x}{x^n}$（$n\in\mathbf{N}^*$）.

解 $\lim\limits_{x\to+\infty}\dfrac{\ln x}{x^n}\overset{\frac{\infty}{\infty}}{=}\lim\limits_{x\to+\infty}\dfrac{\dfrac{1}{x}}{nx^{n-1}}=\lim\limits_{x\to+\infty}\dfrac{1}{nx^n}=0.$

例 9 求 $\lim\limits_{x\to+\infty}\dfrac{x^n}{\mathrm{e}^{\lambda x}}(n\in\mathbf{N}^*,\lambda>0)$.

解 $\lim\limits_{x\to+\infty}\dfrac{x^n}{\mathrm{e}^{\lambda x}}\overset{\frac{\infty}{\infty}}{=}\lim\limits_{x\to+\infty}\dfrac{nx^{n-1}}{\lambda\mathrm{e}^{\lambda x}}\overset{\frac{\infty}{\infty}}{=}\lim\limits_{x\to+\infty}\dfrac{n(n-1)x^{n-2}}{\lambda^2\mathrm{e}^{\lambda x}}\overset{\frac{\infty}{\infty}}{=}\cdots\overset{\frac{\infty}{\infty}}{=}\lim\limits_{x\to+\infty}\dfrac{n!}{\lambda^n\mathrm{e}^{\lambda x}}=0$.

例 8、例 9 说明，当 $x\to+\infty$ 时，幂函数趋向于正无穷的速度远快于对数函数，而指数函数趋向于正无穷的速度远快于幂函数.

值得注意的是，洛必达法则的条件是充分的，并不是必要的. 若无法判定 $\dfrac{f'(x)}{g'(x)}$ 的极限状态，或判定它震荡而无极限，则洛必达法则失效，此时应考虑用其他方法求极限.

例 10 求 $\lim\limits_{x\to0}\dfrac{x^2\sin\frac{1}{x}}{\sin x}$.

解 这个式子是 $\dfrac{0}{0}$ 型未定式，但分子、分母分别求导数后的极限为振荡型的，即

$$\dfrac{\left(x^2\sin\frac{1}{x}\right)'}{(\sin x)'}=\dfrac{2x\sin\frac{1}{x}-\cos\frac{1}{x}}{\cos x},$$

其极限不存在，故洛必达法则失效，需用其他方法求此极限. 事实上，有

$$\lim\limits_{x\to0}\dfrac{x^2\sin\frac{1}{x}}{\sin x}=\lim\limits_{x\to0}\left(\dfrac{x}{\sin x}\cdot x\sin\frac{1}{x}\right)=1\cdot0=0.$$

二、其他未定式

（1）对于 $0\cdot\infty$，$\infty-\infty$ 型未定式，可以先将它们进行适当变形，化为 $\dfrac{0}{0}$ 或 $\dfrac{\infty}{\infty}$ 型未定式，然后用洛必达法则来计算.

例 11 求 $\lim\limits_{x\to0^+}x\ln x$.

解 这是 $0\cdot\infty$ 型未定式，可化为 $\dfrac{\infty}{\infty}$ 型未定式来计算.

$$\lim\limits_{x\to0^+}x\ln x\overset{0\cdot\infty}{=}\lim\limits_{x\to0^+}\dfrac{\ln x}{\frac{1}{x}}\overset{\frac{\infty}{\infty}}{=}\lim\limits_{x\to0^+}\dfrac{\frac{1}{x}}{-\frac{1}{x^2}}=-\lim\limits_{x\to0^+}x=0.$$

例 12 求 $\lim\limits_{x\to1}\left(\dfrac{x}{x-1}-\dfrac{1}{\ln x}\right)$.

解 这是 $\infty-\infty$ 型未定式，可化为 $\dfrac{0}{0}$ 型未定式来计算.

$$\lim\limits_{x\to1}\left(\dfrac{x}{x-1}-\dfrac{1}{\ln x}\right)\overset{\infty-\infty}{=}\lim\limits_{x\to1}\dfrac{x\ln x-x+1}{(x-1)\ln x}\overset{\frac{0}{0}}{=}\lim\limits_{x\to1}\dfrac{\ln x+1-1}{\ln x+\frac{x-1}{x}}=\lim\limits_{x\to1}\dfrac{\ln x}{\ln x+1-\frac{1}{x}}\overset{\frac{0}{0}}{=}\lim\limits_{x\to1}\dfrac{\frac{1}{x}}{\frac{1}{x}+\frac{1}{x^2}}=\dfrac{1}{2}.$$

（2）对于 1^∞，0^0，∞^0 型未定式，由于它们都是 $\lim\limits_{x\to x_0}f(x)^{g(x)}$ 型的，又 $f(x)^{g(x)}=e^{g(x)\ln[f(x)]}$，因此

$$\lim_{x\to x_0}f(x)^{g(x)}=e^{\lim\limits_{x\to x_0}g(x)\ln[f(x)]},$$

而 $\lim\limits_{x\to x_0}g(x)\ln f(x)$ 是 $0\cdot\infty$ 型未定式.

例 13 求 $\lim\limits_{x\to 0}(\cos x)^{\frac{1}{x^2}}$.

解 这是 1^∞ 型未定式，可化为 $\dfrac{0}{0}$ 型未定式来计算.

$$\lim_{x\to 0}(\cos x)^{\frac{1}{x^2}}\overset{1^\infty}{=}e^{\lim\limits_{x\to 0}\frac{\ln\cos x}{x^2}}\overset{\frac{0}{0}}{=}e^{\lim\limits_{x\to 0}\frac{-\tan x}{2x}}=e^{-\frac{1}{2}}.$$

例 14 求 $\lim\limits_{x\to 0^+}(\sin x)^x$.

解 这是 0^0 型未定式，可化为 $\dfrac{\infty}{\infty}$ 型未定式来计算.

$$\lim_{x\to 0^+}(\sin x)^x\overset{0^0}{=}e^{\lim\limits_{x\to 0^+}\frac{\ln\sin x}{\frac{1}{x}}}\overset{\frac{\infty}{\infty}}{=}e^{\lim\limits_{x\to 0^+}\frac{\cot x}{-\frac{1}{x^2}}}=e^{-\lim\limits_{x\to 0^+}\frac{x^2\cos x}{\sin x}}=e^{-\lim\limits_{x\to 0^+}\left(\frac{x}{\sin x}\cdot x\cos x\right)}=e^0=1.$$

例 15 求 $\lim\limits_{x\to+\infty}(1+x)^{\frac{1}{x}}$.

解 这是 ∞^0 型未定式，可化为 $\dfrac{\infty}{\infty}$ 型未定式来计算.

$$\lim_{x\to+\infty}(1+x)^{\frac{1}{x}}\overset{\infty^0}{=}e^{\lim\limits_{x\to+\infty}\frac{\ln(1+x)}{x}}\overset{\frac{\infty}{\infty}}{=}e^{\lim\limits_{x\to+\infty}\frac{\frac{1}{1+x}}{1}}=e^0=1.$$

习题 3-2

1. 用洛必达法则求下列极限：

（1）$\lim\limits_{x\to 1}\dfrac{x^3-3x+2}{x^3-x^2-x+1}$；

（2）$\lim\limits_{x\to 1}\dfrac{\ln x}{x-1}$；

（3）$\lim\limits_{x\to 0}\dfrac{e^x-e^{-x}}{\sin x}$；

（4）$\lim\limits_{x\to 0}\dfrac{\tan x-x}{x-\sin x}$；

（5）$\lim\limits_{x\to 0}\dfrac{2xe^x-e^x+1}{6(e^x-1)\cdot e^x}$；

（6）$\lim\limits_{x\to 0^+}\dfrac{\ln(\sin 2x)}{\ln(\sin 3x)}$；

（7）$\lim\limits_{x\to+\infty}\dfrac{\ln(1+e^x)}{x^2}$；

（8）$\lim\limits_{x\to 0^+}x^a\ln x\,(a>0)$；

（9）$\lim\limits_{x\to+\infty}x^{-2}e^x$；

（10）$\lim\limits_{x\to+\infty}\left[x\left(\dfrac{\pi}{2}-\arctan x\right)\right]$；

（11）$\lim\limits_{x\to 0}\left(\dfrac{1}{\sin x}-\dfrac{1}{x}\right)$；

（12）$\lim\limits_{x\to\frac{\pi}{2}}(\sec x-\tan x)$；

（13）$\lim\limits_{x\to 0}\left(\dfrac{1}{x}-\dfrac{1}{e^x-1}\right)$；

（14）$\lim\limits_{x\to 1}x^{\frac{1}{1-x}}$；

$(15)\ \lim\limits_{x\to 0}\left(\dfrac{3^x+4^x}{2}\right)^{\frac{1}{x}}$;

$(16)\ \lim\limits_{x\to 0^+}x^{\frac{1}{\ln(e^x-1)}}$;

$(17)\ \lim\limits_{x\to 0^+}x^{\tan x}$;

$(18)\ \lim\limits_{x\to 0^+}\left(\dfrac{1}{x}\right)^{\tan x}$;

$(19)\ \lim\limits_{x\to +\infty}(e^x+x)^{\frac{1}{x}}$;

$(20)\ \lim\limits_{n\to\infty}\tan^n\left(\dfrac{\pi}{4}+\dfrac{2}{n}\right)$.

2. 验证极限 $\lim\limits_{x\to -\infty}\dfrac{\sqrt{1+^2}}{x}$ 存在，但不能用洛必达法则得出.

3. 验证极限 $\lim\limits_{x\to\infty}\dfrac{x-\sin x}{x+\sin x}$ 存在，但不能用洛必达法则得出.

4. 设函数 $f(x)=\begin{cases}\dfrac{1-\cos x}{x^2}, & x>0,\\ k, & x=0,\\ \dfrac{1}{x}-\dfrac{1}{e^x-1}, & x<0,\end{cases}$ 当 k 为何值时，$f(x)$ 在点 $x=0$ 处连续?

5. 设函数 $f(x)=\begin{cases}\dfrac{\ln(1+kx)}{x}, & x\neq 0,\\ -1, & x=0,\end{cases}$ 若 $f(x)$ 在点 $x=0$ 处可导，求 k 与 $f'(0)$ 的值.

第三节　函数的单调性与极值

一、函数的单调性

微分学的最初灵感之一是切线斜率问题，但微分并不只用在求切线上，其中一个直接应用就是分析函数的单调性，包括单调增加和单调减少.

我们可从几何图形来直观分析函数单调性的特点. 从一些熟悉的单调函数(如 $y=x^3$，$y=e^{-x}$ 等，见图 3.3)的图形可以看到，曲线 $y=x^3$ 除点$(0,0)$处的切线平行于 x 轴外，曲线上其余点处的切线与 x 轴的夹

3.2 函数单调性
的判别

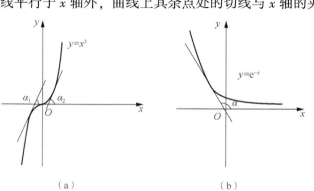

（a）　　　　　　　（b）

图 3.3

角均为锐角，即曲线 $y=x^3$ 上任意点的切线斜率非负；曲线 $y=e^{-x}$ 上任意点处的切线与 x 轴的夹角均为钝角，即曲线 $y=e^{-x}$ 上任意点的切线斜率非正. 由此可见，函数的单调性与导函数的符号有着某种内在联系. 下面我们介绍利用导函数判别函数单调性的定理.

定理 3.6（单调性判定定理） 设函数 $f(x)$ 在 $[a,b]$ 上连续，在 (a,b) 内可导，

（1）如果 $\forall x \in (a,b)$，恒有 $f'(x) \geq 0$，则 $f(x)$ 在 (a,b) 内单调增加；

（2）如果 $\forall x \in (a,b)$，恒有 $f'(x) \leq 0$，则 $f(x)$ 在 (a,b) 内单调减少.

证明 $\forall x_1, x_2 \in [a,b]$，设 $x_1 < x_2$，则函数 $f(x)$ 在 $[x_1, x_2]$ 上连续，在 (x_1, x_2) 内可导，由拉格朗日中值定理，得 $f(x_2)-f(x_1)=f'(\xi)(x_2-x_1)$，$\xi \in (x_1, x_2)$.

（1）如果 $\forall x \in (a,b)$，恒有 $f'(x) \geq 0$，则 $f'(\xi) \geq 0$，于是 $f(x_2) \geq f(x_1)$，即函数 $f(x)$ 在 (a,b) 内单调增加.

（2）如果 $\forall x \in (a,b)$，恒有 $f'(x) \leq 0$，则 $f'(\xi) \leq 0$，于是 $f(x_2) \leq f(x_1)$，即函数 $f(x)$ 在 (a,b) 内单调减少.

注意 （1）将定理 3.6 中的闭区间换成其他各种区间（包括无穷区间），结论仍成立.

（2）通过定理 3.6 的证明我们知道，若在区间 I 内 $f'(x)$ 严格大于 0（小于 0），即 $f'(x) > 0 (<0)$，则函数 $f(x)$ 在区间 I 内严格单调增加（减少）. 那么反过来是否成立呢？即若 $f(x)$ 在区间 I 内严格单调增加（减少），是否恒有 $f'(x) > 0 (<0)$ 呢？答案是否定的！例如，函数 $y=x^3$ 在其定义域 $(-\infty, +\infty)$ 内是严格单调增加的，但其导数 $y'=3x^2$ 在 $x=0$ 处为 0. 事实上，我们有：如果在区间 I 上，导函数 $f'(x)$ 在有限个点处为 0，在其余点处，导数 $f'(x)$ 都大于 0（小于 0），则 $f(x)$ 在区间 I 上严格单调增加（减少）.

如果函数在其定义域的某个区间内是单调的，则称该区间为函数的**单调区间**. 通过函数 $y=x^2$ 的单调性特点我们知道，使其导数为 0 的点 $x=0$ 是该函数单调区间的分界点. 另外我们知道函数 $y=|x|$，点 $x=0$ 是其单调区间的分界点，而函数 $y=|x|$ 在点 $x=0$ 处导数不存在. 于是我们讨论函数 $f(x)$ 的单调性时，可先求出函数在定义域内导数为 0 的点和导数不存在的点，这些点将定义域划分成若干子区间，然后逐个判断函数的导数 $f'(x)$ 在各子区间内的符号，从而确定函数 $f(x)$ 在各子区间上的单调性，每个使得 $f'(x)$ 的符号保持不变的子区间都是函数 $f(x)$ 的单调区间.

判断函数 $f(x)$ 单调性的步骤如下：

①确定函数 $f(x)$ 的定义域；

②求 $f'(x)$，找出定义域内使 $f'(x)=0$ 或 $f'(x)$ 不存在的点，这些点将定义域分成若干区间；

③列表，在各区间上判别 $f'(x)$ 的符号，从而确定函数 $f(x)$ 的单调性.

例 1 求函数 $f(x)=2x^3-9x^2+12x-3$ 的单调区间.

解 函数 $f(x)$ 的定义域为 $(-\infty, +\infty)$，$f'(x)=6x^2-18x+12=6(x-1)(x-2)$.

令 $f'(x)=0$，得 $f(x)$ 的驻点为 $x_1=1$ 和 $x_2=2$.

列表判断（见表 3.1）.

表 3.1

x	$(-\infty,1)$	1	$(1,2)$	2	$(2,+\infty)$
$f'(x)$	+	0	–	0	+
$f(x)$	↗	2	↘	1	↗

注：表中符号"↗"表示单调增加，"↘"表示单调减少，"+"表示正号，"–"表示负号．

因此，函数 $f(x)$ 分别在 $(-\infty,1)$ 和 $(2,+\infty)$ 内严格单调增加，在 $[1,2]$ 上严格单调减少（见图 3.4）．

例 2　求函数 $f(x)=\sqrt[3]{x^2}$ 的单调区间．

解　函数 $f(x)=\sqrt[3]{x^2}$ 的定义域为 $(-\infty,+\infty)$，$f'(x)=\dfrac{2}{3\sqrt[3]{x}}$，当 $x=0$ 时，$f'(x)$ 不存在．

列表判断（见表 3.2）．

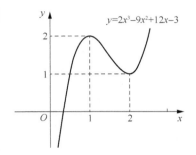

图 3.4

表 3.2

x	$(-\infty,0)$	0	$(0,+\infty)$
$f'(x)$	–	不存在	+
$f(x)$	↘	0	↗

所以，$f(x)$ 在 $(-\infty,0)$ 内单调减少，在 $(0,+\infty)$ 内单调增加（见图 3.5）．

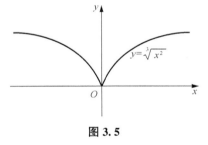

图 3.5

二、函数的极值

微分的一个重要应用就是求极值，这在物理学、经济学、生物学及药学等领域中都有相关应用．比如造一个固定容量的罐头，如何控制高和半径使用料最省，再如经济学上如果已知收益函数，如何使利润最大，等等，这些都是极值问题．

定义 3.1　设函数 $f(x)$ 在点 x_0 的某个邻域内有定义，若对于邻域内异于 x_0 的任意一点 x 均有 $f(x)<f(x_0)$，则称 $f(x_0)$ 是函数 $f(x)$ 的**极大值**，称 x_0 是函数 $f(x)$ 的**极大值点**；若对于邻域内异于 x_0 的任意一点 x 均有 $f(x)>f(x_0)$，则称 $f(x_0)$ 是函数 $f(x)$ 的**极小值**，称 x_0 是函数 $f(x)$ 的**极小值点**．

函数的极大值和极小值统称**极值**（extremum），函数的极大值点和极小值点统称**极值点**（extreme point）．

应当特别强调的是，函数的极值点必定是区间的内点；函数的极值是局部性的概念，它只是与极值点 x_0 附近局部范围的所有点的函数值相比较，因此出现函数在某一点处的极小值比其在另一点处的极大值更大的情况也不足为奇．极值与作为函数在区间上的整体性质的最大值与最小值是不一样的．在图 3.6 中，点 x_1，x_2，x_4，x_5 都是极值点．确切地说，x_1 与 x_4 是极大值点，x_2 与 x_5 是极小值点.

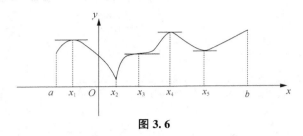

图 3.6

图 3.6 中曲线 $f(x)$ 在极大值点 x_1，x_4 处和极小值点 x_5 处的切线均存在，且切线均平行于 x 轴，即切线的斜率均为 0. 同时我们也可以看到，曲线在点 x_3 处有水平切线，但 $f(x_3)$ 不是极值. 于是当函数 $f(x)$ 在点 x_0 处可导时，下面的费马引理给出了函数在该点取得极值的必要条件.

定理 3.7(费马(Fermat)引理) 设函数 $f(x)$ 在点 x_0 处可导，且在点 x_0 处取得极值，则函数 $f(x)$ 在点 x_0 处的导数为 0，即 $f'(x_0) = 0$.

证明 不妨设 $f(x_0)$ 为极大值(极小值情形可类似证明). 由极大值的定义，在点 x_0 的某个去心邻域内，对于任何点 $x = x_0 + \Delta x$，总有 $f(x_0) > f(x_0 + \Delta x)$ 成立，于是当 $\Delta x < 0$ 时，

$$\frac{f(x_0 + \Delta x) - f(x_0)}{\Delta x} > 0,$$

当 $\Delta x > 0$ 时，

$$\frac{f(x_0 + \Delta x) - f(x_0)}{\Delta x} < 0.$$

由函数极限的保序性推论，可知

$$f'_-(x_0) = \lim_{\Delta x \to 0^-} \frac{f(x_0 + \Delta x) - f(x_0)}{\Delta x} \geqslant 0,$$

$$f'_+(x_0) = \lim_{\Delta x \to 0^+} \frac{f(x_0 + \Delta x) - f(x_0)}{\Delta x} \leqslant 0,$$

又假设 $f(x)$ 在 x_0 处可导，所以 $f'_-(x_0) = f'_+(x_0) = f'(x_0)$，即有 $f'(x_0) = 0$.

使导数为 0，即 $f'(x) = 0$ 的点称为函数 $f(x)$ 的**驻点**(stationary point).

注意 (1)对于定义域内的点 a，若 $f'(a) > 0$(或 < 0)，则函数在 $x = a$ 处严格单调增加或单调减少，$f(a)$ 就不会是极值.

(2)费马引理给出了可导函数在某点处取得极值的必要条件：可导函数的极值点必是其驻点. 但该结论反过来不一定正确，即驻点不一定是极值点. 例如，$x = 0$ 是函数 $y = x^3$ 的驻点，但它不是极值点. 再如图 3.6 中的点 x_3，在该点处函数导数为 0，但该点不是极值点.

(3)对于导数不存在的点，函数也可能取得极值. 例如，图 3.6 中函数在点 x_2 处导数不存在，但在该点处取得极小值. 再如函数 $y = |x|$，它在点 $x = 0$ 处的导数不存在，但在该点处取得极小值 0.

综合(2)和(3)可知，函数的极值点必是函数的驻点或导数不存在的点. 但是，驻点或导数不存在的点不一定就是极值点.

我们再观察图 3.6，在点 x_1，x_4 的左边，函数 $f(x)$ 是严格单调增加的，而在点 x_1，x_4

的右边，函数 $f(x)$ 是严格单调减少的，所以 x_1，x_4 是极大值点，$f(x_1)$，$f(x_4)$ 是极大值；在点 x_2，x_5 的左边，函数 $f(x)$ 是严格单调减少的，而在点 x_2，x_5 的右边，函数 $f(x)$ 是严格单调增加的，所以 x_2，x_5 是极小值点，$f(x_2)$，$f(x_5)$ 是极小值. 这种现象具有一般性，函数 $f(x)$ 由单调增加转变为单调减少的临界点，应是 $f(x)$ 的极大值点；而由单调减少转变为单调增加的临界点，应是 $f(x)$ 的极小值点，从而有如下定理.

定理 3.8（极值第一充分条件） 设函数 $f(x)$ 在点 x_0 的某一邻域 $(x_0-\delta,x_0+\delta)$ 内连续，在去心邻域 $(x_0-\delta,x_0)\cup(x_0,x_0+\delta)$ 内可导.

（1）若当 $x\in(x_0-\delta,x_0)$ 时，$f'(x)>0$，当 $x\in(x_0,x_0+\delta)$ 时，$f'(x)<0$，则点 x_0 是函数 $f(x)$ 的极大值点.

（2）若当 $x\in(x_0-\delta,x_0)$ 时，$f'(x)<0$，当 $x\in(x_0,x_0+\delta)$ 时，$f'(x)>0$，则点 x_0 是函数 $f(x)$ 的极小值点.

（3）若当 $x\in(x_0-\delta,x_0)\cup(x_0,x_0+\delta)$ 时，$f'(x)$ 保号，则点 x_0 不是函数 $f(x)$ 的极值点.

证明 根据函数单调性判定定理，由（1）中假设可知，函数 $f(x)$ 在点 x_0 的左邻域单调增加，函数 $f(x)$ 在点 x_0 的右邻域单调减少，且 $f(x)$ 在点 x_0 处连续，所以在点 x_0 的某一邻域内恒有 $f(x_0)>f(x)$，即 $f(x_0)$ 是极大值，x_0 是函数 $f(x)$ 的极大值点.

同理可证（2）.

因为当 $x\in(x_0-\delta,x_0)\cup(x_0,x_0+\delta)$ 时，$f'(x)$ 保号，$f(x)$ 在点 x_0 左、右两边均单调增加或单调减少，所以点 x_0 不可能是函数 $f(x)$ 的极值点，证得（3）.

根据定理 3.7 和定理 3.8，如果函数 $f(x)$ 在所讨论的区间内连续，除个别点外处处可导，则可按如下步骤来求函数极值点和极值：

①确定函数 $f(x)$ 的定义域；

②求 $f'(x)$，找出定义域内 $f'(x)=0$ 或 $f'(x)$ 不存在的点，这些点将定义域分成若干区间；

③列表，由 $f'(x)$ 在上述点两侧的符号，确定这些点是否是极值点，是极大值点还是极小值点；

④ 求出极值.

例 3 求函数 $f(x)=(x-2)^3\mathrm{e}^{-x}$ 的极值.

解 函数 $f(x)=(x-2)^3\mathrm{e}^{-x}$ 的定义域为 $(-\infty,+\infty)$，又

$$f'(x)=3(x-2)^2\mathrm{e}^{-x}-(x-2)^3\mathrm{e}^{-x}=(x-2)^2[3-(x-2)]\mathrm{e}^{-x}=-(x-2)^2(x-5)\mathrm{e}^{-x},$$

令 $f'(x)=0$，得驻点 $x_1=2$，$x_2=5$.

列表判断（见表 3.3）.

表 3.3

x	$(-\infty,2)$	2	$(2,5)$	5	$(5,+\infty)$
$f'(x)$	+	0	+	0	−
$f(x)$	↗	0	↗	$27\mathrm{e}^{-5}$	↘

所以，函数 $f(x)$ 在 $x=5$ 处取得极大值 $f(5)=27\mathrm{e}^{-5}$.

例 4 求函数 $f(x)=x-\dfrac{3}{2}x^{\frac{2}{3}}$ 的单调区间和极值.

解 函数 $f(x)=x-\dfrac{3}{2}x^{\frac{2}{3}}$ 的定义域为 $(-\infty,+\infty)$ ，又

$$f'(x)=1-x^{-\frac{1}{3}},$$

当 $x=1$ 时 $f'(x)=0$ ，而当 $x=0$ 时 $f'(x)$ 不存在，因此，函数可能在这两点处取得极值.
列表判断(见表 3.4).

表 3.4

x	$(-\infty,0)$	0	$(0,1)$	1	$(1,+\infty)$
$f'(x)$	+	不存在	−	0	+
$f(x)$	↗	0	↘	$-\dfrac{1}{2}$	↗

所以，函数 $f(x)$ 在区间 $(-\infty,0)$ ， $(1,+\infty)$ 内单调增加，在区间 $(0,1)$ 内单调减少，在点 $x=0$ 处取得极大值 $f(0)=0$ ，在点 $x=1$ 处取得极小值 $f(1)=-\dfrac{1}{2}$ ，如图 3.7 所示.

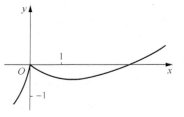

图 3.7

当函数 $f(x)$ 在驻点处有不等于 0 的二阶导数时，我们可以利用二阶导数的符号来判断函数 $f(x)$ 的驻点是否为极值点，即有如下定理.

定理 3.9(极值第二充分条件) 设函数 $f(x)$ 在点 x_0 处有二阶导数，且 $f'(x_0)=0$ ， $f''(x_0)\neq0$.

(1)若 $f''(x_0)<0$ ，则函数 $f(x)$ 在点 x_0 处取得极大值.

(2)若 $f''(x_0)>0$ ，则函数 $f(x)$ 在点 x_0 处取得极小值.

证明 (1)由二阶导数的定义，及 $f'(x_0)=0$ ， $f''(x_0)<0$ ，得

$$f''(x_0)=\lim_{x\to x_0}\frac{f'(x)-f'(x_0)}{x-x_0}=\lim_{x\to x_0}\frac{f'(x)}{x-x_0}<0,$$

由函数极限的保序性可知，在 x_0 的某个去心邻域 $\mathring{U}(x_0)$ 内 $\dfrac{f'(x)}{x-x_0}<0$ ，所以在该邻域内，当 $x<x_0$ 时， $f'(x)>0$ ，当 $x>x_0$ 时， $f'(x)<0$. 由定理 3.8 可知，函数 $f(x)$ 在 x_0 处取得极大值.
同理可证(2).

注意 当驻点处二阶导数等于 0 时，该判定方法失效. 例如，函数 $f(x)=x^3$ ， $f(x)=x^4$ ， $f(x)=-x^4$ ，这 3 个函数在点 $x=0$ 处都有 $f'(0)=f''(0)=0$ ，但点 $x=0$ 分别为非极值点、极小值点和极大值点. 对二阶导数等于 0 的驻点是否为极值点，需使用极值第一充分条件进行判定.

求可导函数极值的一般步骤如下：

①确定函数 $f(x)$ 的定义域；

②求定义域内的驻点，即定义域内使 $f'(x)=0$ 的点；

③由 $f''(x)$ 在定义域内的驻点处的符号，确定驻点是极大值点还是极小值点；

④求出极值.

例5　求函数 $f(x)=x^3-6x^2+9x-4$ 的极值.

解　函数 $f(x)=x^3-6x^2+9x-4$ 的定义域是 $(-\infty,+\infty)$，又 $f'(x)=3x^2-12x+9$，$f''(x)=6x-12$，令 $f'(x)=0$，得驻点 $x_1=1$，$x_2=3$.

因为 $f''(1)=-6<0$，所以函数 $f(x)$ 在 $x=1$ 处取得极大值 $f(1)=0$，

因为 $f''(3)=6>0$，所以函数 $f(x)$ 在 $x=3$ 处取得极小值 $f(3)=-4$.

习题 3-3

1. 求下列函数的单调区间：

(1) $f(x)=3x^2+6x+5$；　　　　　　　(2) $f(x)=x-e^x$；

(3) $f(x)=x-\ln(1+x^2)$；　　　　　　(4) $y=\dfrac{x}{x^2+1}$．

2. 若函数 $f(x)$ 在区间 I 上单调增加，则 $g(x)=\dfrac{1}{f(x)}$ 在 I 上单调减少，这样说正确吗？若不正确则举出反例.

3. 证明：函数 $f(x)=\left(1+\dfrac{1}{x}\right)^x$ 在 $(0,+\infty)$ 内单调增加.

4. 证明：当 $x>1$ 时，$2\sqrt{x}>3-\dfrac{1}{x}$．

5. 求下列函数的极值：

(1) $y=-x^4+2x^2$；　　　　　　　　(2) $y=x+\sqrt{1-x}$；

(3) $y=\dfrac{e^x}{3+x}$；　　　　　　　　(4) $y=\dfrac{\ln^2 x}{x}$；

(5) $y=x\sin x+\cos x$，$x\in\left[-\dfrac{\pi}{4},\dfrac{3\pi}{4}\right]$；　　(6) $y=3-2(x+1)^{\frac{1}{3}}$．

6. a 为何值时，函数 $f(x)=a\sin x+\dfrac{1}{3}\sin 3x$ 在 $x=\dfrac{\pi}{3}$ 处取得极值？它是极大值还是极小值？求此极值.

第四节　函数的最值及其在经济分析中的应用

在现实生活中，经常需要考虑"用料最省""时间最短""利润最大"等问题. 这类问题在数学上常被归结为求某个函数(目标函数)在相应区间上的最大值或最小值.

一、函数的最值

定义 3.2　设函数 $f(x)$ 在区间 I 上有定义，点 $x_0\in I$，若对区间 I 中任意一点 x 均有

$$f(x) \leqslant f(x_0),$$

则称 $f(x_0)$ 是函数 $f(x)$ 在区间 I 上的**最大值**(maximum),称 x_0 是函数 $f(x)$ 在区间 I 上的**最大值点**;类似地,对于区间 I 上的任意一点 x 均有

$$f(x) \geqslant f(x_0),$$

则称 $f(x_0)$ 是函数 $f(x)$ 在区间 I 上的**最小值**(minimum),称 x_0 是函数 $f(x)$ 在区间 I 上的**最小值点**.

函数的最大值和最小值统称为函数的**最值**,函数的最大值点和最小值点统称为函数的**最值点**. 显然,函数的最值是指某区间上的最大值和最小值,是整体性概念;函数的极大值和极小值是某点邻域内的最大值和最小值,是局部性概念. 我们知道一个在闭区间 $[a, b]$ 上连续的函数一定能在该区间上取得最大值和最小值. 又若函数在区间内部点取得最大(小)值,则显然该点是函数的极值点. 因此,我们的思路是:为求连续函数 $f(x)$ 在区间 $[a, b]$ 上的最大值、最小值,只需求出函数 $f(x)$ 在 (a, b) 内的全部驻点和不可导点,将这些点对应的函数值连同区间端点的函数值 $f(a)$ 和 $f(b)$ 进行比较,其中最大的就是最大值,最小的就是最小值.

下面是求连续函数 $f(x)$ 在闭区间 $[a, b]$ 上最值的详细步骤:

①求出在 (a, b) 内使 $f'(x) = 0$ 或 $f'(x)$ 不存在的点,记为 $x_1, x_2, \cdots, x_n$;

②计算函数值 $f(a)$,$f(x_1)$,$f(x_2)$,$\cdots$,$f(x_n)$,$f(b)$;

③最大值 $M = \max\{f(a), f(x_1), f(x_2), \cdots, f(x_n), f(b)\}$,

最小值 $m = \min\{f(a), f(x_1), f(x_2), \cdots, f(x_n), f(b)\}$.

例 1 求函数 $f(x) = x^3 - 3x^2 + 1$ 在 $[-2, 3]$ 上的极大值、极小值、最大值和最小值.

解 由题可知 $f'(x) = 3x^2 - 6x = 3x(x-2)$,$f''(x) = 6x - 6 = 6(x-1)$. 令 $f'(x) = 0$,得 $x_1 = 0$,$x_2 = 2$. 代入二阶导函数得 $f''(0) < 0$,$f''(2) > 0$. 故在 $x_1 = 0$ 处有极大值 $f(0) = 1$,在 $x_2 = 2$ 处有极小值 $f(2) = -3$. 又因为端点处的函数值为 $f(-2) = -19$,$f(3) = 1$,所以函数 $f(x)$ 在 $[-2, 3]$ 上的最大值为 $f(0) = f(3) = 1$,最小值为 $f(-2) = -19$.

当函数 $f(x)$ 在 $[a, b]$ 上连续,且在 (a, b) 内存在唯一极值点时,此极值点即函数 $f(x)$ 在 $[a, b]$ 上的最值点.

在求实际问题中的最大值和最小值时,应建立目标函数(即求其最值的那个函数),并确定其定义区间,将问题转化为函数的最值问题. 特别地,如果所考虑的实际问题存在最大值或最小值,并且所建立的目标函数 $f(x)$ 有唯一的驻点 x_0,则 $f(x_0)$ 即所求的最大值或最小值.

例 2 设有一块边长为 a 的正方形薄铁皮,从其四角截去同样的小正方形,做成一个无盖的方盒. 问:截去的小正方形边长为多少时,做成的盒子的容积最大?

解 设截去的小正方形边长为 x,则所做成方盒的容积为

$$V = (a - 2x)^2 \cdot x, \quad 0 < x < \frac{a}{2}.$$

由 $V' = (a - 2x)(a - 6x)$,令 $V' = 0$,得 $\left(0, \dfrac{a}{2}\right)$ 内的唯一驻点 $x = \dfrac{a}{6}$.

由 $V'' = 24x - 8a$,知 $V''\left(\dfrac{a}{6}\right) = -4a < 0$,得点 $x = \dfrac{a}{6}$ 是极大值点,也是最大值点. 所以当

$x = \dfrac{a}{6}$ 时，容积 V 取得最大值.

例 3 今欲制一容积等于 10 m^3 的无盖圆柱形桶，底用铜制，侧壁用铁制（见图 3.8）. 已知（每单位面积的）铜价是铁价的 5 倍，问：应怎样设计才能使费用最省？

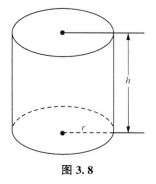

解 设桶高为 h m，底面半径为 r m. 根据所设条件，

$$\pi r^2 h = 10, \qquad (3.5)$$

设每平方米铁价为 a 元，C 为所需费用（单位为元）. 于是

$$C = \pi r^2 \cdot 5a + 2\pi rh \cdot a,$$

即

图 3.8

$$C = \pi a (5r^2 + 2rh). \qquad (3.6)$$

由（3.5）式，解得

$$h = \dfrac{10}{\pi r^2}.$$

代入（3.6）式，

$$C = 5\pi a \left(r^2 + \dfrac{4}{\pi r} \right) \ (r > 0),$$

这是费用 C 与底面半径 r 之间的函数关系. 求该函数的一阶与二阶导数，得

$$\dfrac{\mathrm{d}C}{\mathrm{d}r} = 10\pi a \left(r - \dfrac{2}{\pi r^2} \right), \quad \dfrac{\mathrm{d}^2 C}{\mathrm{d}^2 r} = 10\pi a \left(1 + \dfrac{4}{\pi r^3} \right).$$

令 $\dfrac{\mathrm{d}C}{\mathrm{d}r} = 0$，得驻点 $r = \sqrt[3]{\dfrac{2}{\pi}}$. 当 $r = \sqrt[3]{\dfrac{2}{\pi}}$ 时，$\dfrac{\mathrm{d}^2 C}{\mathrm{d}^2 r} > 0$. 所以这时 C 有极小值，也就是最小值. 当 $r = \sqrt[3]{\dfrac{2}{\pi}}$ 时，

$$h = \dfrac{10r}{\pi} \cdot \dfrac{1}{r^3} = \dfrac{10r}{\pi} \cdot \dfrac{\pi}{2} = 5r.$$

所以桶高与底面半径之比应为 $5 : 1$.

二、最值在经济分析中的应用

1. 最大收益问题

例 4 设某商品的需求量 Q 是价格 P 的函数 $Q = 75 - P^2$. 问：P 为何值时，总收益最大？

解 总收益函数 $R(P) = PQ = 75P - P^3$，则 $R'(P) = 75 - 3P^2$，令 $R'(P) = 0$，得唯一驻点 $P = 5$.

又因为 $R''(5) = -30 < 0$，所以，当 $P = 5$ 时，总收益 $R(P)$ 取得最大值，最大总收益为 $R(5) = 250$.

2. 最大利润问题

例 5 设某企业每周生产某产品 x 件的总成本（单位：百元）为

$$C(x)=\frac{1}{9}x^2+3x+96,$$

需求函数为 $x=81-3P$，其中 P 是产品的单价. 问：每周生产多少件该产品时，该企业获利最大?最大利润为多少?

解 设产量为 x 件时的总收益函数为 $R(x)$，总利润函数为 $L(x)$，则

$$R(x)=Px=\frac{81-x}{3}\cdot x=-\frac{1}{3}x^2+27x,$$

$$L(x)=R(x)-C(x)=-\frac{4}{9}x^2+24x-96.$$

由 $L'(x)=-\frac{8}{9}x+24$，令 $L'(x)=0$，得唯一驻点 $x=27$.

因为 $L''(27)=-\frac{8}{9}<0$，所以，当 $x=27$ 时，$L(x)$ 取得最大值.

最大利润为 $L(27)=228$（百元）.

3. 最大税收问题

例 6 某种商品数量为 x 时的平均成本 $\overline{C}(x)=2$，价格函数为 $P=20-4x$，国家向企业每件商品征税为 t.

（1）生产多少商品时，企业利润最大?

（2）在企业取得最大利润的情况下，t 为何值时能使总税收最大?

解 （1）总成本函数 $C(x)=x\overline{C}(x)=2x$，

总收益函数 $R(x)=xP=20x-4x^2$，

总税收函数 $T(x)=tx$，

总利润函数 $L(x)=R(x)-C(x)-T(x)=(18-t)x-4x^2$.

由 $L'(x)=18-t-8x$，令 $L'(x)=0$，得唯一驻点 $x=\frac{18-t}{8}$.

又因为 $L''\left(\frac{18-t}{8}\right)=-8<0$，所以，当 $x=\frac{18-t}{8}$ 时，企业利润最大.

（2）企业取得最大利润时的税收为

$$T=tx=\frac{18t-t^2}{8}(x>0),$$

由 $T'(t)=\frac{9-t}{4}$，令 $T'(t)=0$，得唯一驻点 $t=9$.

又因为 $T''(9)=-\frac{1}{4}<0$，所以，当 $t=9$ 时，总税收取得最大值 $T(9)=\frac{81}{8}$，此时的总利润为 $L=\frac{81}{16}$.

4. 运费最省问题

例 7 铁路上 AB 段的距离为 100 km，工厂 C 距 A 处 20 km，$AC\perp AB$，如图 3.9 所示. 要在 AB 线上选定一点 D 向工厂修一条公路，已知铁路与公路每千米货运价

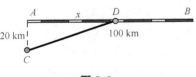

图 3.9

之比为 $3:5$，为使货物从 B 运到工厂 C 的运费最省，问：点 D 应如何取？

解 设铁路 AD 段的长为 x，则公路 CD 段的长为 $\sqrt{20^2+x^2}$，总运费

$$y=5k\sqrt{20^2+x^2}+3k(100-x)\,(0\leqslant x\leqslant100,\ k\ \text{为常数}),$$

$$y'=k\left(\frac{5x}{\sqrt{400+x^2}}-3\right),\quad y''=5k\,\frac{400}{(400+x^2)^{\frac{3}{2}}}.$$

令 $y'=0$，得 $x=15$，又因为 $y''|_{x=15}>0$，所以 $x=15$ 为唯一的极小值点，从而为最小值点，故 $AD=15$ km 时运费最省.

习题 3-4

1. 求下列函数的最值：

(1) $y=x^4-2x^2+5$，$x\in[-2,2]$；　　　　(2) $y=\ln(1+x^2)$，$x\in[-1,2]$；

(3) $y=4e^x+e^{-x}$，$x\in[-1,1]$；　　　　(4) $y=2x(x-6)^2$，$x\in[-2,4]$.

2. 已知函数 $f(x)=ax^3-6ax^2+b(a>0)$ 在区间 $[-1,2]$ 上的最大值为 3，最小值为 -29，求 a,b 的值.

3. 某商品的价格 P 与需求量 Q 的关系为

$$P=10-\frac{Q}{5}.$$

(1) 求需求量为 20 及 30 时的总收益 R、平均收益 $\overline{R}$ 及边际收益 R'；

(2) Q 为多少时总收益最大？

4. 某家电厂正在生产一款新冰箱，它确定，为了卖出 x 台冰箱，其单价应为 $p=280-0.4x$. 同时还确定，生产 x 台冰箱的总成本可表示成 $C(x)=5000+0.6x^2$.

(1) 求总收益 $R(x)$.

(2) 求总利润 $L(x)$.

(3) 为使利润最大化，公司必须生产并销售多少台冰箱？并求出最大利润.

(4) 为实现这一最大利润，每台冰箱的单价应定为多少？

5. 某商品的单位价格 $P=7-0.2x$（万元/吨），x 表示商品销售量，总成本函数为

$$C=3x+1（\text{万元}）.$$

(1) 若每销售 1 吨商品，政府要征税 t（万元），求该商家获得最大利润时的销售量.

(2) 在企业获得最大利润的条件下，t 为何值时，政府税收总额最大？最大税收为多少？

6. 在一条公路的一侧有某单位的 A、B 两个加工点，A 到公路的距离 AC 为 1 km，B 到公路的距离 BD 为 1.5 km，CD 为 3 km（见图 3.10）. 该单位欲在公路旁边修建一个堆货场 M，并从 A、B 两个点各修一条直线道路通往堆货场 M，欲使 A 和 B 到 M 的道路总长最短，堆货场 M 应修在何处？

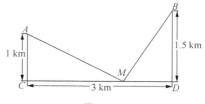

图 3.10

第五节　曲线的凹向与拐点

一、曲线的凹向

为了更深刻地了解函数的特性，除了分析函数的单调性外，还可进一步分析曲线的凹向. 如图 3.11 所示的两条曲线弧，它们有着不同的弯曲状况. 曲线弧$\overset{\frown}{ACB}$是向上凹的，曲线弧$\overset{\frown}{ADB}$是向下凹的. 下面我们就来研究曲线的凹向及其判定方法.

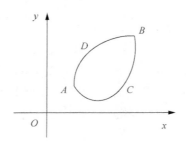

图 3.11

从几何图形上可以看到，如图 3.12 所示，在有的曲线弧上，如果任取两点，则连接这两点的弦总位于这两点间的弧段上方（见图 3.12(a)），而有的曲线弧，则正好相反（见图 3.12(b)）. 曲线的这种性质就是曲线的凹向性. 我们可用连接曲线弧上任意两点的弦的中点与曲线上相应点的位置关系来描述曲线的凹向性.

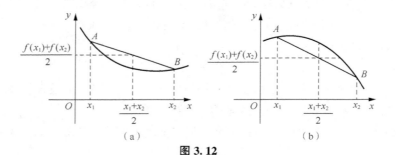

（a）　　　　　　　　　　　　　（b）

图 3.12

定义 3.3　设$f(x)$在区间(a,b)内连续，$\forall x_1 < x_2 \in (a,b)$，如果恒有

$$f\left(\frac{x_1+x_2}{2}\right) \leqslant \frac{f(x_1)+f(x_2)}{2},$$

则称$f(x)$在区间(a,b)内是**上凹的**；如果恒有

$$f\left(\frac{x_1+x_2}{2}\right) \geqslant \frac{f(x_1)+f(x_2)}{2},$$

则称$f(x)$在区间(a,b)内是**下凹的**.

如果$f(x)$在区间(a,b)内具有一阶导数，则有如下性质.

设函数 $f(x)$ 在区间 (a,b) 内具有一阶导数，若曲线 $y=f(x)$ 位于其每一点处切线的上方（见图 3.13），则称函数 $f(x)$ 在区间 (a,b) 内上凹；若曲线 $y=f(x)$ 位于其每一点处切线的下方（见图 3.14），则称函数 $f(x)$ 在区间 (a,b) 内下凹.

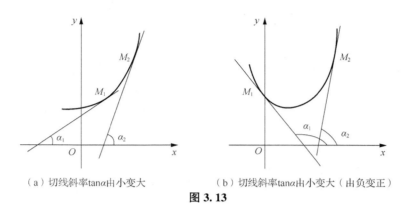

（a）切线斜率 $\tan\alpha$ 由小变大　　　　（b）切线斜率 $\tan\alpha$ 由小变大（由负变正）

图 3.13

从图 3.13 中我们能够看出，上凹曲线对应的函数 $f(x)$ 具有一阶导数 $f'(x)$，则曲线切线的斜率 $f'(x)$ 随着自变量 x 的增大而变大，即 $f'(x)$ 是单调增加的函数. 相应地，从图 3.14 中我们能够看出，下凹曲线切线的斜率 $f'(x)$ 随着自变量 x 的增大而变小，即 $f'(x)$ 是单调减少的函数. 如果 $f(x)$ 在区间 (a,b) 内具有二阶导数，那么可以利用二阶导数的符号来判定曲线的凹向性.

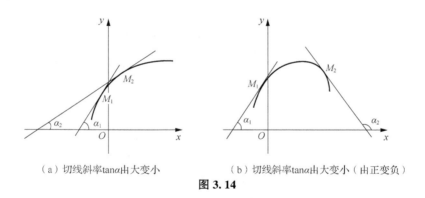

（a）切线斜率 $\tan\alpha$ 由大变小　　　　（b）切线斜率 $\tan\alpha$ 由大变小（由正变负）

图 3.14

定理 3.10　设函数 $f(x)$ 在区间 (a,b) 内具有二阶导数，那么

(1)若当 $x\in(a,b)$ 时，$f''(x)>0$，则曲线 $y=f(x)$ 在 (a,b) 内是上凹的；

(2)若当 $x\in(a,b)$ 时，$f''(x)<0$，则曲线 $y=f(x)$ 在 (a,b) 内是下凹的.

因为当 $f''(x)>0$ 时，$f'(x)$ 单调增加，所以由图 3.13 可见曲线上凹；反之，如果 $f''(x)<0$，则 $f'(x)$ 单调减少，所以由图 3.14 可见曲线下凹.

例 1　判定曲线 $y=\mathrm{e}^x$ 的凹向.

解　因为 $y'=\mathrm{e}^x$，$y''=\mathrm{e}^x$，所以在函数 $y=\mathrm{e}^x$ 的定义域 $(-\infty,+\infty)$ 内，$y''>0$. 由定理 3.10 可知，曲线 $y=\mathrm{e}^x$ 是上凹的.

例 2　判定曲线 $y=x^3$ 的凹向性.

解　因为 $y'=3x^2$，$y''=6x$. 当 $x<0$ 时，$y''<0$，所以曲线在 $(-\infty,0)$ 内为下凹弧；当 $x>0$ 时，$y''>0$，所以曲线在 $(0,+\infty)$ 内为上凹弧.

二、曲线的拐点

在例 2 中我们注意到曲线 $y=x^3$ 的凹向在点 $(0,0)$ 处发生改变. 我们将此类分界点称为拐点.

定义 3.4 设 $M(x_0,f(x_0))$ 为曲线 $y=f(x)$ 上一点,若曲线在点 M 的两侧有不同的凹向,则点 M 称为曲线 $y=f(x)$ 的**拐点**.

定理 3.11 若 $f(x)$ 在点 x_0 的某个邻域 $U(x_0)$ 内二阶可导,且 $(x_0,f(x_0))$ 为曲线 $y=f(x)$ 的拐点,则 $f''(x_0)=0$.

注意 在定理 3.11 中,$f(x)$ 在点 x_0 处二阶可导,则 $f''(x_0)=0$ 是 $(x_0,f(x_0))$ 为拐点的必要条件,但并不是充分条件,即使二阶导函数为 0 的点也不一定是拐点. 例如,对于函数 $y=x^4$,由于 $y''=12x^2 \geqslant 0$,因此曲线 $y=x^4$ 在 $(-\infty,+\infty)$ 内是上凹的,这时虽然有 $y''(0)=0$,但 $(0,0)$ 并不是该曲线的拐点.

下面给出判别拐点的两个充分条件.

定理 3.12 设 $f(x)$ 在 x_0 的某个邻域内二阶可导,且 $f''(x_0)=0$,若 $f''(x)$ 在点 x_0 的左、右两侧异号,则 $(x_0,f(x_0))$ 是曲线 $y=f(x)$ 的拐点,若 $f''(x)$ 在点 x_0 的左、右两侧同号,则 $(x_0,f(x_0))$ 不是曲线 $y=f(x)$ 的拐点.

定理 3.13 设 $f(x)$ 在 x_0 的某个邻域内三阶可导,且 $f''(x_0)=0$,$f'''(x_0) \neq 0$,则 $(x_0,f(x_0))$ 是曲线 $y=f(x)$ 的拐点.

注意 (1)拐点标志着函数增长率发生了根本变化,即函数值变化的"加速度"由正变负或者由负变正.

(2)对于 $f''(x)$ 不存在的点 x_0,$(x_0,f(x_0))$ 也可能是曲线 $y=f(x)$ 的拐点. 例如,函数 $y=x^{\frac{1}{3}}$(见图 3.15),$y'=\dfrac{1}{3}x^{-\frac{2}{3}}$,$y''=-\dfrac{2}{9}x^{-\frac{5}{3}}$,在 $x=0$ 的左、右两侧 y'' 分别为正与负,但当 $x=0$ 时 y' 和 y'' 都不存在.

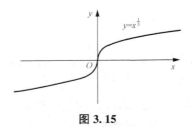

图 3.15

判别曲线的凹向与拐点的一般步骤如下:

①确定函数的定义域;

②求 $f''(x)$,并找出定义域内 $f''(x)=0$ 或 $f''(x)$ 不存在的点,这些点将定义域分成若干区间;

③列表,由 $f''(x)$ 在上述点两侧的符号确定曲线的凹向与拐点,或由定理 3.12 进行判断.

例 3 求曲线 $y=\mathrm{e}^{-x^2}$ 的凹向区间与拐点.

解 曲线对应函数的定义域为 $(-\infty,+\infty)$,又

$$y'=-2x\mathrm{e}^{-x^2},$$

$$y'' = -2e^{-x^2} - 2xe^{-x^2} \cdot (-2x) = 4e^{-x^2}\left(x^2 - \frac{1}{2}\right) = 4e^{-x^2}\left(x + \frac{\sqrt{2}}{2}\right)\left(x - \frac{\sqrt{2}}{2}\right),$$

令 $y'' = 0$，得 $x_1 = -\frac{\sqrt{2}}{2}$，$x_2 = \frac{\sqrt{2}}{2}$．

列表判别(见表 3.5).

表 3.5

x	$\left(-\infty, -\frac{\sqrt{2}}{2}\right)$	$-\frac{\sqrt{2}}{2}$	$\left(-\frac{\sqrt{2}}{2}, \frac{\sqrt{2}}{2}\right)$	$\frac{\sqrt{2}}{2}$	$\left(\frac{\sqrt{2}}{2}, +\infty\right)$
y''	+	0	−	0	+
y	上凹	拐点$\left(-\frac{\sqrt{2}}{2}, e^{-\frac{1}{2}}\right)$	下凹	拐点$\left(\frac{\sqrt{2}}{2}, e^{-\frac{1}{2}}\right)$	上凹

所以，曲线 $y = e^{-x^2}$ 在区间 $\left(-\infty, -\frac{\sqrt{2}}{2}\right)$ 和 $\left(\frac{\sqrt{2}}{2}, +\infty\right)$ 内上凹，在区间 $\left(-\frac{\sqrt{2}}{2}, \frac{\sqrt{2}}{2}\right)$ 内下凹，曲线的拐点为 $\left(\pm\frac{\sqrt{2}}{2}, e^{-\frac{1}{2}}\right)$．

习题 3-5

1. 求曲线 $f(x) = x + x^{\frac{5}{3}}$ 的凹向区间及拐点.

2. 求下列曲线的凹向区间及拐点：

(1) $y = x^2 - x^3$；

(2) $y = x + \frac{1}{x}$；

(3) $y = x^4(12\ln x - 7)$；

(4) $y = (x+1)^4 + e^x$；

(5) $y = \frac{2x}{1+x^2}$；

(6) $y = xe^{-x}$．

3. 利用曲线的凹向性，证明不等式：

(1) $\frac{e^x + e^y}{2} > e^{\frac{x+y}{2}}$，　$x \neq y$．

(2) $\cos\frac{x+y}{2} > \frac{\cos x + \cos y}{2}$，$\forall x, y \in \left(-\frac{\pi}{2}, \frac{\pi}{2}\right)$．

4. 问 a, b 为何值时，点 $(1,3)$ 为曲线 $y = ax^3 + bx^2$ 的拐点.

5. 确定 a, b, c，使曲线 $y = x^3 + ax^2 + bx + c$ 有一个拐点 $(1, -1)$，且在 $x = 0$ 处有极大值 1.

6. 已知 $y = x^3 + ax^2 + bx$ 在 $x = 1$ 处有极值 -2，确定系数 a, b，并求出 $f(x)$ 的所有极大值点、极小值点、曲线的拐点.

第六节　函数图形的描绘

在前面几节中，我们已经讨论了用函数的一阶、二阶导数来研究函数的单调性、极值以及曲线的凹向和拐点，进而可以清楚地知道函数曲线的升降、凹向以及曲线的局部最高点或最低点和凹向的变化点(拐点). 现在我们讨论当曲线远离原点或向无穷远延伸时的变化形态，以便完整地描绘函数的图形.

一、曲线的渐近线

定义 3.5　当曲线 $y=f(x)$ 上的一动点 P 沿着曲线趋于无穷远时，如果该点 P 与某定直线 L 的距离趋于 0，那么直线 L 称为曲线 $y=f(x)$ 的**渐近线**(见图 3.16).

例如，双曲线 $\dfrac{x^2}{a^2}-\dfrac{y^2}{b^2}=1(a>0, b>0)$ 有两条渐近线 L_1：$y=\dfrac{b}{a}x$ 和 L_2：$y=-\dfrac{b}{a}x$，如图 3.17 所示，又如，正弦曲线 $y=\sin x$ 没有渐近线.

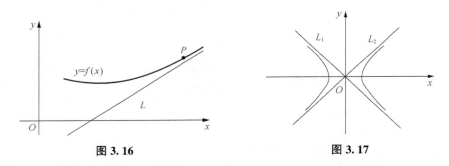

图 3.16　　　　　　　　　　　　图 3.17

曲线的渐近线可分为如下 3 种.

1. 水平渐近线

若曲线 $y=f(x)$ 的定义域是无穷区间，且存在常数 b，有 $\lim\limits_{x\to +\infty}f(x)=b$ 或 $\lim\limits_{x\to -\infty}f(x)=b$ 或 $\lim\limits_{x\to \infty}f(x)=b$，则直线 $y=b$ 称为曲线 $y=f(x)$ 的水平渐近线.

例 1　求曲线 $y=\dfrac{1}{x-1}$ 的水平渐近线.

解　因为 $\lim\limits_{x\to \infty}\dfrac{1}{x-1}=0$，所以直线 $y=0$ 为曲线 $y=\dfrac{1}{x-1}$ 的水平渐近线.

例 2　求曲线 $y=\mathrm{e}^{-x^2}$ 的水平渐近线.

解　因为 $\lim\limits_{x\to \infty}\mathrm{e}^{-x^2}=0$，所以直线 $y=0$ 为曲线 $y=\mathrm{e}^{-x^2}$ 的水平渐近线.

2. 铅直渐近线

设有曲线 $y=f(x)$，如果存在常数 C，使得 $\lim\limits_{x\to C^+}f(x)=\infty$ 或 $\lim\limits_{x\to C^-}f(x)=\infty$ 或 $\lim\limits_{x\to C}f(x)=\infty$，那么直线 $x=C$ 称为曲线 $y=f(x)$ 的铅直渐近线.

例 3　求曲线 $y = \dfrac{1}{x-1}$ 的铅直渐近线.

解　因为 $\lim\limits_{x \to 1^-} \dfrac{1}{x-1} = -\infty$，$\lim\limits_{x \to 1^+} \dfrac{1}{x-1} = +\infty$，所以直线 $x=1$ 为曲线 $y = \dfrac{1}{x-1}$ 的一条铅直渐近线.

例 4　求曲线 $y = \dfrac{x^3-2x+1}{x^2-1}$ 的铅直渐近线.

解　因为 $\dfrac{x^3-2x+1}{x^2-1} = \dfrac{(x-1)(x^2+x-1)}{(x-1)(x+1)} = \dfrac{x^2+x-1}{x+1}$，$x=-1$ 为它的无穷间断点（注意 $x=1$ 为其可去间断点），所以直线 $x=-1$ 为曲线 $y = \dfrac{x^3-2x+1}{x^2-1}$ 的一条铅直渐近线.

3. 斜渐近线

一般来说，曲线并不一定有斜渐近线，那么我们怎样来判断曲线 $y=f(x)$ 是否有斜渐近线呢？在有斜渐近线的情况下又怎样来确定常数 a 和 b 呢？

事实上，曲线 $y=f(x)$ 有斜渐近线 $y=ax+b$ 的充分必要条件为（以 $x \to \infty$ 为例）

$$a = \lim_{x \to \infty} \frac{f(x)}{x}, \quad b = \lim_{x \to \infty} [f(x)-ax].$$

这是因为，由 $\lim\limits_{x \to \infty} [f(x)-(ax+b)] = 0$，得到 $\lim\limits_{x \to \infty} [f(x)-ax] = b$，从而有 $\lim\limits_{x \to \infty} \left[\dfrac{f(x)}{x}-a\right] = \lim\limits_{x \to \infty} \dfrac{b}{x} = 0$，所以 $a = \lim\limits_{x \to \infty} \dfrac{f(x)}{x}$.

反之，若上述两个极限都存在，则由 $b = \lim\limits_{x \to \infty} [f(x)-ax]$ 可得

$$\lim_{x \to \infty} [f(x)-(ax+b)] = 0,$$

故 $y=ax+b$ 为曲线 $y=f(x)$ 的斜渐近线.

注意　在求斜渐近线 $y=ax+b$ 时，如果关于 a,b 的两个极限至少有一个不存在，则斜渐近线就不存在.

例 5　求曲线 $y = \dfrac{x^2}{x+1}$ 的渐近线.

解　因为 $\lim\limits_{x \to -1} \dfrac{x^2}{1+x} = \infty$，所以直线 $x=-1$ 为曲线 $y = \dfrac{x^2}{x+1}$ 的铅直渐近线.

又因为 $\lim\limits_{x \to \infty} \dfrac{f(x)}{x} = \lim\limits_{x \to \infty} \dfrac{x}{x+1} = 1$，

且 $\lim\limits_{x \to \infty} [f(x)-x] = \lim\limits_{x \to \infty} \left(\dfrac{x^2}{x+1}-x\right) = \lim\limits_{x \to \infty} \dfrac{-x}{x+1} = -1$，

所以直线 $y=x-1$ 为曲线 $y = \dfrac{x^2}{x+1}$ 的斜渐近线.

二、函数图形的描绘

前面我们讨论了函数的单调性与极值、曲线的凹向与拐点，以及曲线的渐近线，再结

合函数的奇偶性、周期性等特性，就可以将函数的图形比较准确地画出来.

描绘函数图形的一般步骤如下：

①确定函数的定义域，考虑函数的奇偶性和周期性；

②确定曲线的渐近线；

③求 $f'(x)$，$f''(x)$，找出定义域内 $f'(x)=0$ 或 $f'(x)$ 不存在的点及 $f''(x)=0$ 或 $f''(x)$ 不存在的点；

④列表，确定函数的单调性与极值、曲线的凹向与拐点，并求出极值点与拐点坐标；

⑤由曲线的方程计算出某些特殊点的坐标，特别是曲线 $y=f(x)$ 与坐标轴的交点坐标，并作图.

例 6　作函数 $f(x)=\dfrac{1}{\sqrt{2\pi}}e^{-\frac{x^2}{2}}$ 的图形.

解　(1)定义域为 $(-\infty,+\infty)$.

(2)求渐近线. $\lim\limits_{x\to\infty}f(x)=\lim\limits_{x\to\infty}\dfrac{1}{\sqrt{2\pi}}e^{-\frac{x^2}{2}}=0$，得曲线的水平渐近线为 $y=0$.

(3)求关键点. $y'=\dfrac{-x}{\sqrt{2\pi}}e^{-\frac{x^2}{2}}$，$y''=\dfrac{(x+1)(x-1)}{\sqrt{2\pi}}e^{-\frac{x^2}{2}}$.

令 $y'=0$，得 $x_1=0$，令 $y''=0$，得 $x_2=-1$，$x_3=1$.

(4)列表判别(见表 3.6).

表 3.6

x	$(-\infty,-1)$	-1	$(-1,0)$	0	$(0,1)$	1	$(1,+\infty)$
y'	+		+	0	−		−
y''	+	0	−		−	0	+
y	↗	拐点 $\left(-1,\dfrac{1}{\sqrt{2\pi e}}\right)$	↗	极大值 $f(0)=\dfrac{1}{\sqrt{2\pi}}$	↘	拐点 $\left(1,\dfrac{1}{\sqrt{2\pi e}}\right)$	↘

注："↗"表示单增上凹，"↗"表示单增下凹，"↘"表示单减下凹，"↘"表示单减上凹.

(5)作图，如图 3.18 所示.

此函数图形是概率论与数理统计中非常重要的正态分布曲线.

例 7　描绘方程 $(x-3)^2+4y-4xy=0$ 的图形.

解　(1) $y=\dfrac{(x-3)^2}{4(x-1)}$，定义域为 $(-\infty,1)\cup(1,+\infty)$.

(2)求渐近线. 因为 $\lim\limits_{x\to1}y=\lim\limits_{x\to1}\dfrac{(x-3)^2}{4(x-1)}=\infty$，所以 $x=1$ 为曲线的一条铅直渐近线；

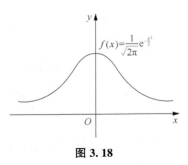

图 3.18

又因为 $\lim\limits_{x\to\infty}\dfrac{y}{x}=\dfrac14$，$\lim\limits_{x\to\infty}\left(y-\dfrac14 x\right)=\lim\limits_{x\to\infty}\left[\dfrac{(x-3)^2}{4(x-1)}-\dfrac14 x\right]=\lim\limits_{x\to\infty}\dfrac{-5x+9}{4(x-1)}=-\dfrac54$，所以 $y=\dfrac14 x$

$-\dfrac54$ 为曲线的一条斜渐近线.

（3）求关键点. 原方程两边同时对 x 求导，得
$$2(x-3)+4y'-4y-4xy'=0, \tag{3.7}$$
所以
$$y'=\frac{x-3-2y}{2(x-1)}=\frac{(x-3)(x+1)}{4(x-1)^2}.$$

令 $y'=0$，得 $x_1=-1$，$x_2=3$.

（3.7）式两边同时对 x 求导，得
$$2+4y''-8y'-4xy''=0,$$
所以
$$y''=\frac{1-4y'}{2(x-1)}=\frac{2}{(x-1)^3}.$$

（4）列表判别（见表3.7）.

表 3.7

x	$(-\infty,-1)$	-1	$(-1,1)$	$(1,3)$	3	$(3,+\infty)$
y'	$+$	0	$-$	$-$	0	$+$
y''	$-$		$-$	$+$		$+$
y	↗	极大值 -2	↘	↘	极小值 0	↗

（5）求特殊点：$x=0$ 时，$y=-\dfrac94$；$x=2$ 时，$y=\dfrac14$.

（6）作图，如图3.19所示.

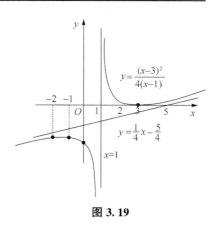

图 3.19

习题 3-6

1. 求下列曲线的渐近线：

（1）$y=\dfrac{\mathrm{e}^{-x}}{1+x}$；　　　　　（2）$y=x+\mathrm{e}^{-x}$；

（3）$y=\dfrac{x^3}{(x-1)^2}$；　　　　　（4）$y=\sqrt{x^2-2x}$.

2. 通过讨论函数性态，绘出下列函数的图形：

（1）$y=3x-x^3$；　　　　　（2）$y=x\sqrt{3-x}$；　　　　　（3）$y=x\mathrm{e}^{-x}$.

第七节　导数在经济分析中的应用——边际分析与弹性分析

一、边际分析

在经济分析中，关于变量变化之间的关系常用导数来描述，数学上的导数概念对应经济学上的边际(marginal)概念，利用导数进行经济分析，简称边际分析. 经常用到的边际量有边际成本、边际收益、边际利润等.

在经济学上对于函数 $y=f(x)$ 在点 x_0 处的边际定义为 $f(x_0+1)-f(x_0)$，表示变量增加一个单位引起函数值变化的情况. 假设函数 f 是 q 的函数，其中 q 表示某种商品的产量，且函数 $f(q)$ 在点 q_0 处可导，在经济学上对大量商品而言，$\Delta q=1$ 很小，不妨令 $\Delta q=1$，由微分近似公式得

$$f(q_0+1)-f(q_0)\approx f'(q_0).$$

为了简化边际计算，经济学家在计算边际数值时采用一阶导数的数值进行代替. 需要强调的是，我们这里所说的经济函数的边际均指经济函数的导数.

1. 边际成本

设 $C(q)$ 表示生产 q 个单位某种商品的总成本.

$C'(q)$ 表示产量为 q 个单位时的边际成本.

由微分近似公式，得

$$C(q+1)-C(q)\approx C'(q),$$

因此边际成本 $C'(q)$ 表示产量从 q 个单位到多生产一个单位商品所需的成本，即表示生产第 $q+1$ 个单位商品的成本.

2. 边际收益

设 $R(q)$ 表示销售 q 个单位某种商品的总收益.

$R'(q)$ 表示销量为 q 个单位时的边际收益.

由微分近似公式，得

$$R(q+1)-R(q)\approx R'(q),$$

因此边际收益 $R'(q)$ 表示销量从 q 个单位到多销售一个单位商品所得的收益，即表示销售第 $q+1$ 个单位商品的收益.

3. 边际利润

设 $L(q)=R(q)-C(q)$ 表示生产并销售 q 个单位某种商品的总利润.

$L'(q)$ 表示产量和销量为 q 个单位时的边际利润.

由微分近似公式，得

$$L(q+1)-L(q)\approx L'(q),$$

因此边际收益 $L'(q)$ 表示产量和销量从 q 个单位到多生产并销售一个单位商品所得的利润，即表示生产并销售第 $q+1$ 个单位商品的利润.

注意 补充说明平均经济函数：

平均成本 $\overline{C}(q)=\dfrac{C(q)}{q}$ 表示生产 q 个单位商品时，平均每单位商品的成本；

平均收益 $\overline{R}(q)=\dfrac{R(q)}{q}$ 表示生产 q 个单位商品时，平均每单位商品的收益；

平均利润 $\overline{L}(q)=\dfrac{L(q)}{q}$ 表示生产 q 个单位商品时，平均每单位商品的利润.

例1 设某商品的总成本函数为 $C(q)=2q^2+6q+12$，求 $q=20$ 时的边际成本.

解 按照经济学中边际的概念求 $q=20$ 时的边际成本

$$C(21)-C(20)=88.$$

$q=20$ 时的一阶导数值为

$$C'(20)=86,$$

可见利用导数和经济学中定义的边际计算出的数值不同，但利用导数计算出的数值比较接近实际边际数值.

例2 某糕点加工厂生产 A 类糕点的总成本函数和总收入函数分别为 $C(x)=100+2x+0.02x^2$ 和 $R(x)=7x+0.01x^2$，求边际利润函数和当日产量分别是 200 kg、250 kg 和 300 kg 时的边际利润，并说明其经济意义.

解 总利润函数为

$$L(x)=R(x)-C(x)=-0.01x^2+5x-100,$$

边际利润函数为

$$L'(x)=-0.02x+5.$$

当日产量分别是 200 kg、250 kg 和 300 kg 时边际利润分别是

$$L'(200)=L'(x)\mid_{x=200}=1,$$
$$L'(250)=0,$$
$$L'(300)=-1.$$

经济意义：当日产量为 200 kg 时，再增加 1 kg，则总利润可增加 1 元；当日产量为 250 kg 时，再增加 1 kg，则总利润不增加；当日产量为 300 kg 时，再增加 1 kg，反而亏损 1 元.

该例说明：当企业的某一产品的产量超越了边际利润的零点（使 $L'(x)=0$ 的点）时，反而使企业无利可图.

二、弹性分析

弹性(elasticity)描述的是变量变化之间的关系，但弹性和边际描述的变量变化之间的关系稍有不同.

1. 函数弹性的定义

我们先看一个简单的例子. 商品甲每单位价格 10 元，涨价 1 元，商品乙每单位价格 1000 元，涨价 1 元，两种商品的绝对改变量都是 1 元，但各自与其原价相比，两者涨价的百分比不同，商品甲涨了 10%，商品乙涨了 0.1%，即相对改变量不同. 因此，在经济活动中，我们不仅要分析一些经济量的绝对改变量，而且需要考虑一些经济量的相对改变量. 如果两个经济量间存在一定的函数关系，我们亦需考虑一个经济量的变化对另一个经

经济数学——微积分

济量的影响程度，这个影响程度就是弹性. 弹性用来描述一个经济变量在另一个经济变量变化时，所受影响的强弱程度.

定义 3.6 若函数 $y=f(x)$ 在点 $x_0 \neq 0$ 的某邻域内有定义，且 $f(x_0) \neq 0$，则称 Δx 和 Δy 分别是 x 和 y 在点 x_0 处的**绝对改变量**，并称 $\dfrac{\Delta x}{x_0}$ 和 $\dfrac{\Delta y}{y_0}=\dfrac{f(x_0+\Delta x)-f(x_0)}{f(x_0)}$ 分别为自变量 x 和函数 $f(x)$ 在点 x_0 处的**相对改变量**.

定义 3.7 设函数 $f(x)$ 在点 x_0 处可导，函数的相对改变量 $\dfrac{\Delta y}{y_0}=\dfrac{f(x_0+\Delta x)-f(x_0)}{y_0}$ 与自变量的相对改变量 $\dfrac{\Delta x}{x_0}$（它们分别表示函数与自变量变化的百分数）之比 $\dfrac{\Delta y/y_0}{\Delta x/x_0}$ 称为函数 $f(x)$ 在点 x_0 与 $x_0+\Delta x$ 之间的相对变化率，或称**两点间的弹性**. 当 $\Delta x \to 0$ 时，$\dfrac{\Delta y/y_0}{\Delta x/x_0}$ 的极限值为函数 $f(x)$ 在点 x_0 处的相对变化率，或称**弹性**，记作

$$\frac{Ey}{Ex}\bigg|_{x=x_0} \text{ 或 } \frac{E}{Ex}f(x)\bigg|_{x=x_0},$$

即

$$\frac{Ey}{Ex}\bigg|_{x=x_0} = \lim_{\Delta x \to 0}\frac{\Delta y/y_0}{\Delta x/x_0} = \frac{x_0}{y_0}\lim_{\Delta x \to 0}\frac{\Delta y}{\Delta x} = \frac{x_0}{f(x_0)}f'(x_0). \tag{3.8}$$

如果函数 $f(x)$ 在区间 (a,b) 内的每一点处都存在弹性，则称函数 $f(x)$ 在区间 (a,b) 内有弹性，它是 x 的一个函数，一般记为

$$\frac{Ey}{Ex} = \frac{x}{f(x)}f'(x),$$

则

$$\frac{Ey}{Ex}\bigg|_{x=x_0} = \frac{x_0}{f(x_0)}f'(x_0).$$

从弹性定义可知：函数的弹性概念与导数概念密切相关，同时，函数的弹性是函数相对改变量与自变量相对改变量之间的数量关系，它反映 $f(x)$ 随 x 变化的幅度大小，即 $f(x)$ 对 x 变化的反应的强弱程度或灵敏度. 在研究经济变量间的变化关系时，弹性概念比导数概念更有用、更方便.

由 (3.8) 式有

$$\frac{\Delta y/y_0}{\Delta x/x_0} = \frac{Ey}{Ex}\bigg|_{x=x_0} + \alpha, \quad \lim_{\Delta x \to 0}\alpha = 0,$$

即

$$\frac{\Delta y}{y_0} = \frac{Ey}{Ex}\bigg|_{x=x_0} \cdot \frac{\Delta x}{x_0} + \alpha \cdot \frac{\Delta x}{x_0},$$

所以，当 $|\Delta x|$ 很小时，有

$$\frac{\Delta y}{y_0} \approx \frac{Ey}{Ex}\bigg|_{x=x_0} \cdot \frac{\Delta x}{x_0}.$$

footer: · 90 ·

上式表示当 x 从 x_0 改变 1% 时，$f(x)$ 从 $f(x_0)$ 近似地改变 $\dfrac{Ey}{Ex}\Big|_{x=x_0}$ %. 实际问题中解释弹性意义时，略去"近似".

例3　当 a、b、k 为常数时，求下列函数的弹性函数及在点 $x=1$ 处的弹性，并阐述其经济意义.

$(1)f(x)=ae^{bx}$;　　　　　　$(2)f(x)=x^k$.

解　(1)因为

$$\frac{E}{Ex}f(x)=\frac{x}{f(x)}\cdot f'(x)=\frac{x}{ae^{bx}}\cdot abe^{bx}=bx,$$

所以

$$\frac{E}{Ex}f(x)\ \Big|_{x=1}=b.$$

经济意义：当 $b>0$ 时，x 增加(或减少)1%，$f(x)$ 就增加(或减少)$b\%$；当 $b<0$ 时，x 增加(或减少)1%，$f(x)$ 就减少(或增加)$-b\%$.

(2)因为

$$\frac{E}{Ex}f(x)=\frac{x}{f(x)}\cdot f'(x)=\frac{x}{x^k}\cdot kx^{k-1}=k,$$

所以

$$\frac{E}{Ex}f(x)\ \Big|_{x=1}=k.$$

经济意义：当 $k>0$ 时，x 增加(或减少)1%，$f(x)$ 就增加(或减少)$k\%$；当 $k<0$ 时，x 增加(或减少)1%，$f(x)$ 就减少(或增加)$-k\%$.

2. 需求弹性

定义 3.8　已知某商品的需求函数 $Q=f(p)$，p 表示价格，Q 表示需求量. Q 在点 p_0 处可导，$\dfrac{\Delta Q/Q_0}{\Delta p/p_0}$ 称为该商品在 p_0 与 $p_0+\Delta p$ 之间的需求弹性，$\lim\limits_{\Delta p\to 0}\dfrac{\Delta Q/Q_0}{\Delta p/p_0}=\dfrac{p_0}{f(p_0)}f'(p_0)$ 称为该商品在 p_0 处的**需求弹性**，记作

$$\eta(p)\ |_{p=p_0}=\eta(p_0)=\frac{p_0}{f(p_0)}f'(p_0).$$

一般而言，需求量 Q 是价格 p 的减函数，因此 $\eta(p_0)$ 一般为负值. 由

$$\frac{\Delta Q}{Q_0}\approx\eta(p_0)\cdot\frac{\Delta p}{p_0},$$

可知当价格 p 从 p_0 上涨(下跌)1%，需求量 Q 从 $Q(p_0)$ 减少(增加)$|\eta(p_0)|\%$. 若 $|\eta(p_0)|<1$，表示需求变动幅度小于价格变动幅度，此时称为**低弹性**；若 $|\eta(p_0)|=1$，表示需求变动幅度与价格变动幅度相同，此时称为**单位弹性**；若 $|\eta(p_0)|>1$，表示需求变动幅度大于价格变动幅度，此时称为**高弹性**.

例4　设某商品的需求函数 $Q=e^{-\frac{p}{2}}$，求当 $p=4$ 时的需求弹性，并说明其经济意义.

解　$\eta(p)=\dfrac{EQ}{Ep}=\dfrac{p}{Q(p)}Q'(p)=\dfrac{p}{e^{-\frac{p}{2}}}(e^{-\frac{p}{2}})'=\dfrac{p}{e^{-\frac{p}{2}}}\left(-\dfrac{1}{2}e^{-\frac{p}{2}}\right)=-\dfrac{p}{2}$.

$\eta(4)=-2$，表示价格 p 从 4 上涨(下跌)1%，需求量 Q 相应减少(增加)2%.

例 5 设某厂生产某种产品 Q 件的总成本函数 $C(Q)=1200+2Q$(单位为万元)，价格函数为 $P=\dfrac{100}{\sqrt{Q}}$，其中 P 为产品的价格，若需求量等于产量：

(1)求需求量对价格的弹性.

(2)问：当产量 Q 为多少时，总利润最大?并求最大总利润.

解 (1)由 $P=\dfrac{100}{\sqrt{Q}}$，得 $Q=\dfrac{10000}{P^2}$，所以需求量对价格的弹性

$$\frac{EQ}{EP}=\frac{P}{Q(P)}Q'(P)=\frac{P}{\dfrac{10000}{P^2}}\left(\frac{10000}{P^2}\right)'=\frac{P}{\dfrac{10000}{P^2}}\cdot\frac{-2\cdot10000}{P^3}=-2.$$

(2)总利润 $L(Q)=R(Q)-C(Q)=PQ-C(Q)$

$$=\frac{100}{\sqrt{Q}}Q-1200-2Q=100\sqrt{Q}-1200-2Q,$$

$$L'(Q)=\frac{100}{2\sqrt{Q}}-2=\frac{50}{\sqrt{Q}}-2,$$

令 $L'(Q)=0$，得唯一驻点 $Q=625$，又因为 $L''(625)<0$，所以，当产量为 625 件时，总利润最大，最大总利润为 $L(625)=50$(万元).

3. 用需求弹性分析总收益的变化

总收益 R 是商品价格 p 与销售量 Q 的乘积，即

$$R(p)=pQ(p),$$

$$R'(p)=Q(p)+pQ'(p)=Q(p)\left[1+\frac{p}{Q(p)}Q'(p)\right]=Q(p)(1+\eta).$$

(1)若 $|\eta|<1$，即需求弹性为低弹性，此时 $R'(p)>0$，即 $R(p)$ 单调增加，价格上涨，总收益增加，价格下跌，总收益减少.

(2)若 $|\eta|>1$，即需求弹性为高弹性，此时 $R'(p)<0$，即 $R(p)$ 单调减少，价格上涨，总收益减少，价格下跌，总收益增加.

(3)若 $|\eta|=1$，即需求弹性为单位弹性，此时 $R'(p)=0$，价格的改变对总收益的影响微乎其微，此时，收益达到最大值.

综上所述，总收益受需求弹性的制约，随商品需求弹性的变化而变化，其变化关系如图 3.20 所示.

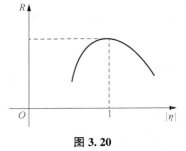

图 3.20

例 6 设某商品的需求函数 $Q=100-2P$，讨论其弹性的变化对总收益的影响.

解 在 $Q=100-2P$ 中，当 $Q=0$ 时，$P=50$，50 是需求函数的最高价格.

$$\eta=\frac{EQ}{EP}=\frac{P}{Q(P)}Q'(P)=\frac{P}{100-2P}(100-2P)'=\frac{-P}{50-P},$$

$$|\eta|=\left|\frac{EQ}{EP}\right|=\left|\frac{-P}{50-P}\right|=\frac{P}{50-P}.$$

当 $P=25$ 时，$|\eta|=1$，此时需求弹性为单位弹性，总收益达到最大.

当 $25<P<50$ 时，$|\eta|>1$，此时需求弹性为高弹性，在此范围内采用提价措施的话，因为需求下降的百分比大于价格增加的百分比，故企业总收入反而会减少.

当 $0<P<25$ 时，$|\eta|<1$，此时需求弹性为低弹性，在此范围内采用压价措施的话，因为需求增加的百分比小于价格减少的百分比，故企业总收入也会减少.

4. 供给弹性

定义 3.9 已知某种商品的供给函数 $Q=g(p)$，p 表示价格，Q 表示供应量，在点 p_0 处可导，$\dfrac{\Delta Q/Q_0}{\Delta p/p_0}$ 称为该商品在 p_0 与 $p_0+\Delta p$ 之间的供给弹性，$\lim\limits_{\Delta p\to 0}\dfrac{\Delta Q/Q_0}{\Delta p/p_0}=\dfrac{p_0}{g(p_0)}g'(p_0)$ 称为该商品在 p_0 处的**供给弹性**，记作

$$\varepsilon(p)\big|_{p=p_0}=\varepsilon(p_0)=\frac{p_0}{g(p_0)}g'(p_0).$$

一般而言，供应量 Q 是价格 p 的增函数，因此 $\varepsilon(p_0)$ 一般为正值.

例 7 设某种商品的供给函数为 $Q=2e^{3p}$，求供给弹性函数和 $p=2$ 时的供给弹性，并解释其经济意义.

解 $\varepsilon=\dfrac{EQ}{EP}=\dfrac{p}{Q(p)}Q'(p)=\dfrac{p}{2e^{3p}}(2e^{3p})'=\dfrac{p}{2e^{3p}}\cdot 6e^{3p}=3p,$

$$\varepsilon(2)=3p\big|_{p=2}=6,$$

这说明当价格 $p=2$ 时，价格上涨（下跌）1% 时，供给将相应地增加（减少）6%.

习题 3-7

1. 设某商品需求量 Q 对价格 p 的函数关系为

$$Q=f(p)=1600\left(\frac{1}{4}\right)^p,$$

求需求量 Q 对于价格 p 的弹性函数.

2. 设某商品的需求函数为 $Q=e^{-\frac{p}{4}}$，求需求弹性函数和收益弹性函数，及当 $p=3$，$p=4$，$p=5$ 时的需求弹性和收益弹性，并解释其经济意义.

3. 某商品的需求函数为 $Q(p)=75-p^2$.

（1）求当 $p=4$ 时的边际需求，并说明其经济意义.

（2）求当 $p=4$ 时的需求弹性，并说明其经济意义.

（3）当 $p=4$ 及 $p=6$ 时，若价格 p 上涨 1%，总收益将分别变化百分之几，是增加还是减少？

（4）当 p 为何值时，总收益最大？

本章小结

3.3 本章小结

微分中值定理	理解 罗尔定理、拉格朗日中值定理;
	了解 柯西中值定理;
	掌握 罗尔定理、拉格朗日中值定理的简单应用
导数的应用	掌握 洛必达法则求未定式的极限;
	掌握 函数单调性的判别法;
	了解 函数极值的概念;
	掌握 求函数极值、最大值和最小值的方法及其应用;
	掌握 利用导数判断函数图形的凹向和求拐点的方法;
	掌握 求曲线渐近线的方法;
	了解 函数图形的描绘方法;
	掌握 简单导数在经济分析中的应用(边际分析、弹性分析)

总复习题三

1. 求下列极限:

(1) $\lim\limits_{x \to a} \dfrac{x^m - a^m}{x^n - a^n}$ (m, n 为正整数, $a \neq 0$);

(2) $\lim\limits_{x \to 0} \dfrac{a^x - b^x}{x}$ ($a > 0$, $b > 0$);

(3) $\lim\limits_{x \to 0} \dfrac{\ln(1 + x^2)}{\sec x - \cos x}$;

(4) $\lim\limits_{x \to 1} (1 - x) \tan \dfrac{\pi x}{2}$;

(5) $\lim\limits_{x \to 0} \left(\dfrac{\sin x}{x} \right)^{\frac{1}{1 - \cos x}}$;

(6) $\lim\limits_{x \to 1} \left(\dfrac{x}{x - 1} - \dfrac{1}{\ln x} \right)$.

2. 求极限 $\lim\limits_{x \to 0} \left(\dfrac{2}{\pi} \operatorname{arccot} x \right)^{\frac{1}{x}}$.

3. 求函数 $f(x)=x^2\mathrm{e}^{-x}$ 的单调区间和极值.

4. 求曲线 $y=(x-1)^{\frac{1}{3}}$ 的凹向区间与拐点.

5. 对函数 $f(x)=x^n$ 在 $[0,1]$ 上用拉格朗日中值定理求出 ξ, 并计算 $\lim\limits_{n\to\infty}\xi$.

6. 列表讨论函数 $y=x-2\arctan x$ 的单调性、凹向, 并求极值与拐点.

7. 设某产品的价格函数为 $p=10-3Q$, 其中 p 为价格, Q 为需求量, 且平均成本 $\overline{C}=Q$, 问: 当产品的需求量为多少时, 可使利润最大?并求最大利润.

8. 设某产品的成本函数为 $C=aQ^2+bQ+c$, 需求函数为 $Q=\dfrac{1}{e}(d-P)$. 其中 C 为成本, Q 为需求量(即产量), P 为价格, a,b,c,d,e 都为正的常数, 且 $d>b$. 求:

(1)利润最大时的产量及最大利润;

(2)需求对价格的弹性;

(3)需求对价格弹性的绝对值为 1 时的产量.

9. 设函数 $f(x)$ 在 $[0,1]$ 内连续, 在 $(0,1)$ 内可导, 且 $f(1)=0$, 证明: 至少存在一点 $\xi\in(0,1)$, 使得 $f'(\xi)=-\dfrac{2f(\xi)}{\xi}$.

10. 已知 $f(x)$ 在 $[0,+\infty)$ 内连续, 在 $(0,+\infty)$ 内可导, 且 $f(0)=0$, $f'(x)$ 单调增加, 求证: $g(x)=\dfrac{f(x)}{x}$ 在 $(0,+\infty)$ 内单调增加.

数学通识：数学家拉格朗日简介

拉格朗日（1736—1813）（见图 3.21）是出生于意大利的法国数学家, 被视为 18 世纪最伟大的两位数学家之一（另一位是欧拉）.

拉格朗日的家族在法国有着较高的地位. 拉格朗日的父亲在国王身边担任要职, 但因为金融投资的失败导致损失了大部分家产. 拉格朗日所继承的遗产寥寥无几, 但他后来把这件事看作发生在自己身上最幸运的事, 并认为"要是我继承了一大笔财产, 我或许就不会与数学共命运了".

拉格朗日的父亲希望他能够成为一名律师, 拉格朗日似乎也接受了父亲的安排, 但他却对法律毫无兴趣. 上大学以

图 3.21

后, 他最初的兴趣是古典拉丁语, 那时的他对数学并没有多少热情, 甚至觉得希腊几何枯燥乏味. 后来有一次, 他读到牛顿的朋友、哈雷彗星的发现者哈雷写的一篇赞誉微积分的科普文章, 就立刻被这门学科迷住了. 他在极短的时间内通过自学掌握了那个时代的全部分析知识. 据说, 拉格朗日 19 岁时就被任命为都灵皇家炮兵学院的教授, 在数学领域开始

了他辉煌的人生历程. 到 25 岁时，拉格朗日已经步入世界最伟大的数学家之列了.

拉格朗日在分析、数论及力学等领域都做出了卓越贡献. 从一开始，拉格朗日就得到了年长他近 30 岁的竞争对手欧拉的慷慨赞誉和提携，这成为数学史上的一段佳话. 百余年来，数学领域的许多新成就都可以直接或间接地溯源于拉格朗日的工作，所以他在数学史上被认为是对分析数学的发展产生全面影响的数学家之一.

第四章 不定积分

前面我们已经讨论了如何求一个已知函数的导数或微分的问题. 本章中我们将考虑其反问题, 即如何求一个函数, 使得其导数为已知的函数. 这样的问题比比皆是, 例如, 已知速度函数求位移函数、已知曲线的斜率求曲线的方程、已知产品的边际成本求产品的总成本函数等.

这种由导数或者微分求原函数的运算被称为求不定积分问题. 本章将从原函数入手, 介绍不定积分的概念、性质以及求不定积分的方法.

第一节 不定积分的概念与性质

一、原函数的概念

定义 4.1 设 $f(x)$ 是定义在区间 I 上的函数, 若存在函数 $F(x)$, 对任意的 $x \in I$, 都有

$$F'(x) = f(x) \text{ 或 } \mathrm{d}[F(x)] = f(x)\mathrm{d}x,$$

则称函数 $F(x)$ 为 $f(x)$ 在区间 I 上的一个**原函数**(primitive function).

4.1 原函数的概念

例如, 因为 $(\sin x)' = \cos x$, 所以 $\sin x$ 是 $\cos x$ 的一个原函数; 因为 $(x^2)' = 2x$, 所以 x^2 是 $2x$ 的一个原函数; 又因为 $(\sin x + 1)' = \cos x$, $(x^2 + 2)' = 2x$, 所以 $\sin x + 1$ 和 $x^2 + 2$ 也分别是 $\cos x$ 和 $2x$ 的原函数.

由上例可知: (1)求原函数的问题可以看作求导函数问题的反问题; (2)一个函数的原函数是不唯一的.

进一步, 我们可以得到下面的结论.

(1)若函数 $F(x)$ 是 $f(x)$ 在区间 I 上的一个原函数, 则 $F(x) + C$(C 为某个常数)也是 $f(x)$ 在区间 I 上的原函数.

(2)若函数 $F(x)$ 是 $f(x)$ 在区间 I 上的一个原函数, 则 $F(x) + C$(C 为任意常数)是 $f(x)$ 在区间 I 上的全体原函数.

事实上, 设 $G(x)$ 也是 $f(x)$ 在区间 I 上的一个原函数, 则对任意的 $x \in I$, 有

$$G'(x) = f(x) = F'(x),$$

由推论 3.2 知, $G(x)$ 与 $F(x)$ 在区间 I 上至多相差一个常数, 即

$$G(x) = F(x) + C_0 (C_0 \text{ 为某个常数}),$$

所以结论(2)成立.

关于原函数的存在性, 下面介绍一个结论.

定理 4.1 区间 I 上的连续函数一定有原函数.

二、不定积分的概念

定义 4.2　函数 $f(x)$ 在区间 I 上原函数的全体，称为 $f(x)$ 在 I 上的**不定积分**（indefinite integral），记为

$$\int f(x)\,\mathrm{d}x.$$

如果 $F(x)$ 为 $f(x)$ 在区间 I 上的一个原函数，则

$$\int f(x)\,\mathrm{d}x = F(x)+C,$$

4.2　不定积分的
几何意义

其中 $\int$ 称为**积分符号**，$f(x)$ 称为**被积函数**，x 称为**积分变量**，C 称为**积分常数**.

由定义 4.2 知，求函数 $f(x)$ 的不定积分，就是求 $f(x)$ 的全体原函数，又由前面对全体原函数的讨论可知，问题可归结为求函数的一个原函数问题，故求不定积分的运算实质上就是求导（或求微分）运算的逆运算.

例 1　求下列不定积分：

(1) $\int x^2\,\mathrm{d}x$;　　　　(2) $\int \mathrm{e}^x\,\mathrm{d}x$;

(3) $\int \cos x\,\mathrm{d}x$;　　　(4) $\int \dfrac{1}{1+x^2}\,\mathrm{d}x$.

解　(1) 因为 $\left(\dfrac{1}{3}x^3\right)' = x^2$，所以 $\dfrac{1}{3}x^3$ 是 x^2 的一个原函数，从而

$$\int x^2\,\mathrm{d}x = \frac{1}{3}x^3 + C\,(C\text{ 为任意常数}).$$

(2) 因为 $(\mathrm{e}^x)' = \mathrm{e}^x$，所以 e^x 是 e^x 的一个原函数，从而

$$\int \mathrm{e}^x\,\mathrm{d}x = \mathrm{e}^x + C\,(C\text{ 为任意常数}).$$

(3) 因为 $(\sin x)' = \cos x$，所以 $\sin x$ 是 $\cos x$ 的一个原函数，从而

$$\int \cos x\,\mathrm{d}x = \sin x + C\,(C\text{ 为任意常数}).$$

(4) 因为 $(\arctan x)' = \dfrac{1}{1+x^2}$，所以 $\arctan x$ 是 $\dfrac{1}{1+x^2}$ 的一个原函数，从而

$$\int \frac{1}{1+x^2}\,\mathrm{d}x = \arctan x + C\,(C\text{ 为任意常数}).$$

例 2　设某产品的边际成本函数可由下面的函数给出

$$C'(q) = 2q+3,$$

其中 q 是产量，又已知固定成本为 2，求成本函数 $C(q)$.

解　因为 $(q^2+3q)' = 2q+3$，所以 q^2+3q 是 $2q+3$ 的一个原函数，从而

$$C(q) = \int (2q+3)\,\mathrm{d}q = q^2+3q+C_0\,(C_0\text{ 为积分常数}).$$

已知固定成本为 2，即当产量 $q=0$ 时，成本为 2，代入上式得

$$C(0) = 0^2 + 3 \cdot 0 + C_0 = 2, \quad 即 \quad C_0 = 2.$$

因此，所求的成本函数为

$$C(q) = q^2 + 3q + 2.$$

三、不定积分的性质

由不定积分的定义和导数运算法则，可以推导出不定积分具有以下基本性质.

性质 1　求不定积分的运算与求导数(求微分)的运算是互逆的，故

$$\frac{\mathrm{d}}{\mathrm{d}x}\left[\int f(x)\,\mathrm{d}x\right] = f(x) \quad 或 \quad \mathrm{d}\left[\int f(x)\,\mathrm{d}x\right] = f(x)\,\mathrm{d}x,$$

$$\int F'(x)\,\mathrm{d}x = F(x) + C \quad 或 \quad \int \mathrm{d}[F(x)] = F(x) + C.$$

性质 2　求不定积分时，非零常数因子可移到积分符号的外面，即

$$\int k f(x)\,\mathrm{d}x = k \int f(x)\,\mathrm{d}x \quad (k \neq 0).$$

性质 3　设函数 $f(x)$ 和 $g(x)$ 在区间 I 上均存在原函数，则

$$\int [f(x) \pm g(x)]\,\mathrm{d}x = \int f(x)\,\mathrm{d}x \pm \int g(x)\,\mathrm{d}x,$$

即两个函数代数和的不定积分等于它们不定积分的代数和.

性质 3 可以推广到有限多个函数代数和的情形：

$$\int [f_1(x) \pm f_2(x) \pm \cdots \pm f_n(x)]\,\mathrm{d}x = \int f_1(x)\,\mathrm{d}x \pm \int f_2(x)\,\mathrm{d}x \pm \cdots \pm \int f_n(x)\,\mathrm{d}x.$$

四、直接积分法

由于积分运算是微分运算的逆运算，因此我们可以从导数或者微分公式得到相应的积分公式. 下面列出一些不定积分的基本公式，许多其他函数的不定积分计算经过若干变形后可以归结为这些基本公式.

(1) $\displaystyle\int k\,\mathrm{d}x = kx + C\,(k\ 是常数)$；

(2) $\displaystyle\int x^{\mu}\,\mathrm{d}x = \frac{1}{\mu+1}x^{\mu+1} + C\,(\mu \neq -1)$；

(3) $\displaystyle\int \frac{1}{x}\,\mathrm{d}x = \ln|x| + C$；

(4) $\displaystyle\int \frac{1}{1+x^2}\,\mathrm{d}x = \arctan x + C = -\operatorname{arccot}x + C_1$；

(5) $\displaystyle\int \frac{1}{\sqrt{1-x^2}}\,\mathrm{d}x = \arcsin x + C = -\arccos x + C_1$；

(6) $\displaystyle\int a^x\,\mathrm{d}x = \frac{a^x}{\ln a} + C\,(a>0,\ a \neq 1)$，特别地，$\displaystyle\int \mathrm{e}^x\,\mathrm{d}x = \mathrm{e}^x + C$；

（7）$\int \sin x \mathrm{d}x = -\cos x + C$；

（8）$\int \cos x \mathrm{d}x = \sin x + C$；

（9）$\int \sec^2 x \mathrm{d}x = \tan x + C$；

（10）$\int \csc^2 x \mathrm{d}x = -\cot x + C$；

（11）$\int \sec x \tan x \mathrm{d}x = \sec x + C$；

（12）$\int \csc x \cot x \mathrm{d}x = -\csc x + C$.

运用不定积分的性质和不定积分的基本公式，对被积函数进行适当的代数或三角变换，可以直接求出一些函数的不定积分. 我们称这种方法为**直接积分法**.

例 3 求一般多项式函数 $p(x) = a_0 x^n + a_1 x^{n-1} + \cdots + a_{n-1} x + a_n$ 的不定积分.

解 由性质 3 和基本公式(2)可得

$$\int p(x)\mathrm{d}x = \int (a_0 x^n + a_1 x^{n-1} + \cdots + a_{n-1}x + a_n)\mathrm{d}x$$

$$= \frac{a_0}{n+1}x^{n+1} + \frac{a_1}{n}x^n + \cdots + \frac{a_{n-1}}{2}x^2 + a_n x + C.$$

例 4 求不定积分 $\int (\mathrm{e}^x - \cos x + 3\sqrt{x} + x + 2021)\mathrm{d}x$.

解 先由性质 2 和性质 3，再根据基本公式(1)、(2)、(6)和(8)得

$$\int (\mathrm{e}^x - \cos x + 3\sqrt{x} + x + 2021)\mathrm{d}x = \int \mathrm{e}^x \mathrm{d}x - \int \cos x \mathrm{d}x + 3\int \sqrt{x}\mathrm{d}x + \int x \mathrm{d}x + \int 2021 \mathrm{d}x$$

$$= \mathrm{e}^x - \sin x + 2x\sqrt{x} + \frac{x^2}{2} + 2021x + C.$$

例 5 求下列不定积分：

（1）$\int \frac{(x-1)^2}{x}\mathrm{d}x$；　　（2）$\int \frac{x^2}{1+x^2}\mathrm{d}x$；　　（3）$\int 2^x (\mathrm{e}^x + \mathrm{e}^{-x})^2 \mathrm{d}x$.

解　（1）$\int \frac{(x-1)^2}{x}\mathrm{d}x = \int \left(x - 2 + \frac{1}{x}\right)\mathrm{d}x = \frac{1}{2}x^2 - 2x + \ln|x| + C$.

（2）$\int \frac{x^2}{1+x^2}\mathrm{d}x = \int \frac{(x^2+1)-1}{1+x^2}\mathrm{d}x = \int \left(1 - \frac{1}{1+x^2}\right)\mathrm{d}x = x - \arctan x + C$.

（3）$\int 2^x (\mathrm{e}^x + \mathrm{e}^{-x})^2 \mathrm{d}x = \int 2^x (\mathrm{e}^{2x} + 2 + \mathrm{e}^{-2x})\mathrm{d}x$

$$= \int (2\mathrm{e}^2)^x \mathrm{d}x + 2\int 2^x \mathrm{d}x + \int (2\mathrm{e}^{-2})^x \mathrm{d}x$$

$$= \frac{(2\mathrm{e}^2)^x}{\ln(2\mathrm{e}^2)} + \frac{2^{x+1}}{\ln 2} + \frac{(2\mathrm{e}^{-2})^x}{\ln(2\mathrm{e}^{-2})} + C$$

$$= \frac{(2\mathrm{e}^2)^x}{\ln 2 + 2} + \frac{2^{x+1}}{\ln 2} + \frac{(2\mathrm{e}^{-2})^x}{\ln 2 - 2} + C.$$

例 6 求下列不定积分：

$(1) \int \dfrac{\cos 2x}{\sin^2 x \cos^2 x}\mathrm{d}x;$ $(2) \int \tan x(\tan x+\sec x)\,\mathrm{d}x.$

解 $(1) \int \dfrac{\cos 2x}{\sin^2 x \cos^2 x}\mathrm{d}x = \int \dfrac{\cos^2 x - \sin^2 x}{\sin^2 x \cos^2 x}\mathrm{d}x$

$$= \int \left(\dfrac{1}{\sin^2 x}-\dfrac{1}{\cos^2 x}\right)\mathrm{d}x = \int (\csc^2 x-\sec^2 x)\,\mathrm{d}x$$

$$= -\cot x-\tan x+C.$$

$(2) \int \tan x(\tan x+\sec x)\,\mathrm{d}x = \int (\tan^2 x+\tan x\sec x)\,\mathrm{d}x$

$$= \int (\sec^2 x-1+\tan x\sec x)\,\mathrm{d}x$$

$$= \tan x-x+\sec x+C.$$

例 7 设生产 x 个单位产品时的边际成本函数 $C'(x)=99x^2-4x+1$，固定成本为 50，求总成本函数 $C(x)$.

解 总成本函数 $C(x)=\int C'(x)\mathrm{d}x = \int(99x^2-4x+1)\mathrm{d}x = 33x^3-2x^2+x+C$，固定成本为 50，即 $C(0)=50$，得 $C=50$. 故而总成本函数 $C(x)=33x^3-2x^2+x+50$.

习题 4-1

1. 已知某曲线经过点 $\left(0,\dfrac{\pi}{4}\right)$，且在任一点处的切线的斜率为 $\dfrac{1}{1+x^2}$，求该曲线的方程.

2. 设 $F(x)$ 是 e^{x^2} 的一个原函数，求 $\mathrm{d}[F(\sqrt{x})]$.

3. 求下列不定积分：

$(1) \int \dfrac{1}{x\sqrt{x}}\mathrm{d}x;$ $(2) \int (\mathrm{e}^x-3x^2)\,\mathrm{d}x;$

$(3) \int \sqrt{x}(2x+1)\,\mathrm{d}x;$ $(4) \int \dfrac{1+x}{\sqrt{x}}\mathrm{d}x;$

$(5) \int \sqrt{x\sqrt{x}}\,\mathrm{d}x;$ $(6) \int \dfrac{x^2}{1+x^2}\mathrm{d}x;$

$(7) \int \left(3x^2-2x+\dfrac{1}{x}-\dfrac{2}{x^3}\right)\mathrm{d}x;$ $(8) \int 3^x\mathrm{e}^x\,\mathrm{d}x;$

$(9) \int \dfrac{2^x-3^x}{6^x}\mathrm{d}x;$ $(10) \int \left(\dfrac{3}{1+x^2}+\dfrac{2}{\sqrt{1-x^2}}\right)\mathrm{d}x;$

$(11) \int \cot^2 x\mathrm{d}x;$ $(12) \int \sec x(\sec x+\tan x)\,\mathrm{d}x.$

4. 设生产某产品的总成本函数为 $C(x)$，其中 x 为产品的产量，固定成本为 100 元，边际成本函数为 $C'(x)=2x+5$，求总成本函数 $C(x)$.

第二节　不定积分的计算

一、不定积分的换元积分法

本章第一节中，我们介绍了不定积分的基本公式和直接积分法. 但是，能够用直接积分法计算的不定积分是十分有限的. 本节中，我们将复合函数的求导法则反过来用于计算不定积分，通过适当的变量代换(换元)，将某些不定积分化为可利用基本公式进行计算的形式. 这种方法称为换元积分法，通常分为第一类换元法和第二类换元法.

1. 第一类换元法(凑微分法)

设 $F(u)$ 是 $f(u)$ 的一个原函数，则

$$F'(u)=f(u),\ \int f(u)\,\mathrm{d}u=F(u)+C,$$

又设 $u=\varphi(x)$ 且 $\varphi(x)$ 可微，由复合函数微分法则有

$$\mathrm{d}\{F[\varphi(x)]\}=f[\varphi(x)]\mathrm{d}[\varphi(x)]=f[\varphi(x)]\varphi'(x)\mathrm{d}x.$$

反过来，我们得到

$$\int f[\varphi(x)]\varphi'(x)\mathrm{d}x=\int f[\varphi(x)]\mathrm{d}[\varphi(x)]$$

$$\xrightarrow{u=\varphi(x)}\int f(u)\,\mathrm{d}u=F(u)+C$$

$$=F[\varphi(x)]+C,$$

4.3　第一类换元法

以上方法称为**第一类换元法**，也称为**凑微分法**.

定理 4.2(第一类换元法)　设 $f(u)$ 有原函数 $F(u)$，且 $u=\varphi(x)$ 可导，则

$$\int f[\varphi(x)]\varphi'(x)\mathrm{d}x=\int f(u)\,\mathrm{d}u=F(u)+C=F[\varphi(x)]+C.$$

注意　第一类换元法的关键在于凑微分，即将积分凑成 $\int f(u)\,\mathrm{d}u(u=\varphi(x))$ 的形式.

例 1　求不定积分 $\displaystyle\int (2x+3)^6\mathrm{d}x.$

解　$\displaystyle\int (2x+3)^6\mathrm{d}x=\frac{1}{2}\int (2x+3)^6(2x+3)'\mathrm{d}x=\frac{1}{2}\int (2x+3)^6\mathrm{d}(2x+3)$

$$\xrightarrow{u=2x+3}\frac{1}{2}\int u^6\mathrm{d}u=\frac{1}{2}\cdot\frac{1}{7}u^7+C\xrightarrow{代回}\frac{1}{14}(2x+3)^7+C.$$

例 2　求不定积分 $\displaystyle\int \mathrm{e}^{3x}\mathrm{d}x.$

解　$\displaystyle\int \mathrm{e}^{3x}\mathrm{d}x=\frac{1}{3}\int \mathrm{e}^{3x}(3x)'\mathrm{d}x=\frac{1}{3}\int \mathrm{e}^{3x}\mathrm{d}(3x)$

$$\xrightarrow{u=3x}\frac{1}{3}\int \mathrm{e}^u\mathrm{d}u=\frac{1}{3}\mathrm{e}^u+C\xrightarrow{代回}\frac{1}{3}\mathrm{e}^{3x}+C.$$

常见的凑微分形式有：

（1）$\int f(ax+b)\,\mathrm{d}x = \dfrac{1}{a}\int f(ax+b)\,\mathrm{d}(ax+b)$ $(a \neq 0)$；

（2）$\int f(x^{\mu})x^{\mu-1}\,\mathrm{d}x = \dfrac{1}{\mu}\int f(x^{\mu})\,\mathrm{d}(x^{\mu})$ $(\mu \neq 0)$；

（3）$\int f(\mathrm{e}^{x})\mathrm{e}^{x}\,\mathrm{d}x = \int f(\mathrm{e}^{x})\,\mathrm{d}(\mathrm{e}^{x})$；

（4）$\int f(a^{x})a^{x}\,\mathrm{d}x = \dfrac{1}{\ln a}\int f(a^{x})\,\mathrm{d}(a^{x})$ $(a>0$ 且 $a \neq 1)$；

（5）$\int f(\ln x)\dfrac{1}{x}\,\mathrm{d}x = \int f(\ln x)\,\mathrm{d}(\ln x)$；

（6）$\int f(\sin x)\cos x\,\mathrm{d}x = \int f(\sin x)\,\mathrm{d}(\sin x)$；

（7）$\int f(\cos x)\sin x\,\mathrm{d}x = -\int f(\cos x)\,\mathrm{d}(\cos x)$；

（8）$\int f(\tan x)\sec^{2}x\,\mathrm{d}x = \int f(\tan x)\,\mathrm{d}(\tan x)$；

（9）$\int f(\cot x)\csc^{2}x\,\mathrm{d}x = -\int f(\cot x)\,\mathrm{d}(\cot x)$；

（10）$\int f(\arcsin x)\dfrac{1}{\sqrt{1-x^{2}}}\,\mathrm{d}x = \int f(\arcsin x)\,\mathrm{d}(\arcsin x)$；

（11）$\int f(\arccos x)\dfrac{1}{\sqrt{1-x^{2}}}\,\mathrm{d}x = -\int f(\arccos x)\,\mathrm{d}(\arccos x)$；

（12）$\int f(\arctan x)\dfrac{1}{1+x^{2}}\,\mathrm{d}x = \int f(\arctan x)\,\mathrm{d}(\arctan x)$；

（13）$\int f(\text{arccot}\,x)\dfrac{1}{1+x^{2}}\,\mathrm{d}x = -\int f(\text{arccot}\,x)\,\mathrm{d}(\text{arccot}\,x)$.

当对变量代换比较熟练后，可以省去中间变量的换元和代回的过程.

例 3 求不定积分 $\int \dfrac{\sin\sqrt{x}}{\sqrt{x}}\,\mathrm{d}x$.

解 $\int \dfrac{\sin\sqrt{x}}{\sqrt{x}}\,\mathrm{d}x = 2\int \sin\sqrt{x}\,\mathrm{d}(\sqrt{x}) = -2\cos\sqrt{x} + C$.

例 4 求不定积分 $\int \dfrac{1}{\sqrt{3-2x}}\,\mathrm{d}x$.

解 $\int \dfrac{1}{\sqrt{3-2x}}\,\mathrm{d}x = -\dfrac{1}{2}\int \dfrac{1}{\sqrt{3-2x}}\,\mathrm{d}(3-2x) = -\dfrac{1}{2}\cdot 2\sqrt{3-2x} + C = -\sqrt{3-2x} + C$.

例 5 求不定积分 $\int \dfrac{1}{4+x^{2}}\,\mathrm{d}x$.

解 $\int \dfrac{1}{4+x^{2}}\,\mathrm{d}x = \dfrac{1}{4}\int \dfrac{1}{1+\left(\dfrac{x}{2}\right)^{2}}\,\mathrm{d}x = \dfrac{1}{2}\int \dfrac{1}{1+\left(\dfrac{x}{2}\right)^{2}}\,\mathrm{d}\left(\dfrac{x}{2}\right) = \dfrac{1}{2}\arctan\dfrac{x}{2} + C$.

例 6 求不定积分 $\int \dfrac{1}{\sqrt{4-x^2}}\mathrm{d}x.$

解 $\int \dfrac{1}{\sqrt{4-x^2}}\mathrm{d}x = \int \dfrac{1}{2\sqrt{1-\left(\frac{x}{2}\right)^2}}\mathrm{d}x = \int \dfrac{1}{\sqrt{1-\left(\frac{x}{2}\right)^2}}\mathrm{d}\left(\dfrac{x}{2}\right) = \arcsin\dfrac{x}{2}+C.$

例 7 求不定积分 $\int \sin2x\mathrm{d}x.$

解 方法一：原式 $=\dfrac{1}{2}\int\sin2x\mathrm{d}(2x)=-\dfrac{1}{2}\cos2x+C.$

方法二：原式 $=\int2\sin x\cos x\mathrm{d}x=2\int\sin x\mathrm{d}(\sin x)=\sin^2x+C.$

方法三：原式 $=\int2\sin x\cos x\mathrm{d}x=-2\int\cos x\mathrm{d}(\cos x)=-\cos^2x+C.$

注意 在计算不定积分时，利用不同的方法，得到的结果在形式上可能也会不同，而这些原函数之间最多相差常数.

例 8 求不定积分 $\int\tan x\mathrm{d}x.$

解 $\int\tan x\mathrm{d}x=\int\dfrac{\sin x}{\cos x}\mathrm{d}x=-\int\dfrac{1}{\cos x}\mathrm{d}(\cos x)=-\ln|\cos x|+C.$

例 9 求不定积分 $\int\dfrac{1}{x^2-4}\mathrm{d}x.$

解 由于 $\dfrac{1}{x^2-4}=\dfrac{1}{4}\left(\dfrac{1}{x-2}-\dfrac{1}{x+2}\right),$

所以 $\int\dfrac{1}{x^2-4}\mathrm{d}x=\dfrac{1}{4}\int\left(\dfrac{1}{x-2}-\dfrac{1}{x+2}\right)\mathrm{d}x=\dfrac{1}{4}\left(\int\dfrac{1}{x-2}\mathrm{d}x-\int\dfrac{1}{x+2}\mathrm{d}x\right)$

$=\dfrac{1}{4}\left[\int\dfrac{1}{x-2}\mathrm{d}(x-2)-\int\dfrac{1}{x+2}\mathrm{d}(x+2)\right]$

$=\dfrac{1}{4}(\ln|x-2|-\ln|x+2|)+C$

$=\dfrac{1}{4}\ln\left|\dfrac{x-2}{x+2}\right|+C.$

更一般地，可以得到 $\int\dfrac{1}{x^2-a^2}\mathrm{d}x=\dfrac{1}{2a}\ln\left|\dfrac{x-a}{x+a}\right|+C.$

2. 第二类换元法(变量代换法)

当 $\int f(x)\mathrm{d}x$ 用直接积分法或第一类换元法不易求得时，可以考虑进行适当的变量代换，如令 $x=\varphi(t)$，将原积分转换为关于新积分变量 t 的积分 $\int f[\varphi(t)]\varphi'(t)\mathrm{d}t$，进而求得 $\int f(x)\mathrm{d}x$，这种计算方法称为**第二类换元法(变量代换法)**.

定理 4.3(第二类换元法) 设 $x=\varphi(t)$ 是单调、可导函数，且 $\varphi'(t)\neq0$，又假设 $f[\varphi(t)]\varphi'(t)$ 具有原函数 $F(t)$，则

$$\int f(x)\,\mathrm{d}x = \int f[\varphi(t)]\varphi'(t)\,\mathrm{d}t = F(t)+C = F[\varphi^{-1}(x)]+C,$$

其中 $t=\varphi^{-1}(x)$ 是 $x=\varphi(t)$ 的反函数.

证明　由复合函数和反函数的求导法则得

$$\{F[\varphi^{-1}(x)]\}' = \frac{\mathrm{d}F}{\mathrm{d}t}\cdot\frac{\mathrm{d}t}{\mathrm{d}x} = f[\varphi(t)]\varphi'(t)\frac{1}{\varphi'(t)} = f[\varphi(t)] = f(x),$$

即 $F[\varphi^{-1}(x)]$ 是 $f(x)$ 的一个原函数, 从而定理得证.

例 10　求不定积分 $\displaystyle\int\frac{1}{1+\sqrt[3]{x+1}}\mathrm{d}x$.

解　令 $t=\sqrt[3]{x+1}$, 则 $x=t^3-1$, $\mathrm{d}x=3t^2\mathrm{d}t$,

$$\text{原式} = 3\int\frac{t^2}{1+t}\mathrm{d}t = 3\int\frac{t^2-1+1}{1+t}\mathrm{d}t$$

$$= 3\int\left(t-1+\frac{1}{1+t}\right)\mathrm{d}t$$

$$= \frac{3}{2}t^2-3t+3\ln|t+1|+C$$

$$= \frac{3}{2}\sqrt[3]{(x+1)^2}-3\sqrt[3]{x+1}+3\ln|\sqrt[3]{x+1}+1|+C.$$

例 11　求不定积分 $\displaystyle\int\frac{1}{\sqrt{x+1}+\sqrt[3]{x+1}}\mathrm{d}x$.

解　令 $t=\sqrt[6]{x+1}$, 则 $x=t^6-1$, $\mathrm{d}x=6t^5\mathrm{d}t$,

$$\text{原式} = 6\int\frac{t^5}{t^3+t^2}\mathrm{d}t = 6\int\frac{t^3}{t+1}\mathrm{d}t = 6\int\frac{t^3+1-1}{t+1}\mathrm{d}t$$

$$= 6\int\left(t^2-t+1-\frac{1}{t+1}\right)\mathrm{d}t$$

$$= 2t^3-3t^2+6t-6\ln|t+1|+C$$

$$= 2\sqrt{x+1}-3\sqrt[3]{x+1}+6\sqrt[6]{x+1}-6\ln|\sqrt[6]{x+1}+1|+C.$$

例 12　求不定积分 $\displaystyle\int\frac{1}{\sqrt{1+\mathrm{e}^x}}\mathrm{d}x$.

解　令 $t=\sqrt{1+\mathrm{e}^x}$, 则 $x=\ln(t^2-1)$, $\mathrm{d}x=\dfrac{2t}{t^2-1}\mathrm{d}t$,

$$\text{原式} = 2\int\frac{1}{t^2-1}\mathrm{d}t = \int\left(\frac{1}{t-1}-\frac{1}{t+1}\right)\mathrm{d}t$$

$$= \ln|t-1|-\ln|t+1|+C = \ln\left|\frac{t-1}{t+1}\right|+C$$

$$= \ln\frac{\sqrt{1+\mathrm{e}^x}-1}{\sqrt{1+\mathrm{e}^x}+1}+C$$

$$= 2\ln(\sqrt{1+\mathrm{e}^x}-1)-x+C.$$

如果被积函数中含有 x 的二次根式, 可以考虑利用三角恒等关系式代换来去掉根式.

例 13 求不定积分 $\int \sqrt{a^2-x^2}\,\mathrm{d}x$ （$a>0$）.

解 令 $x=a\sin t$，$t\in\left(-\dfrac{\pi}{2},\ \dfrac{\pi}{2}\right)$，则 $\mathrm{d}x=a\cos t\,\mathrm{d}t$，于是

$$原式 = \int a\cos t\cdot a\cos t\,\mathrm{d}t = a^2\int\cos^2 t\,\mathrm{d}t = a^2\int\frac{1+\cos 2t}{2}\,\mathrm{d}t$$

$$= \frac{a^2}{2}\left(t+\frac{\sin 2t}{2}\right)+C = \frac{a^2}{2}(t+\sin t\cos t)+C.$$

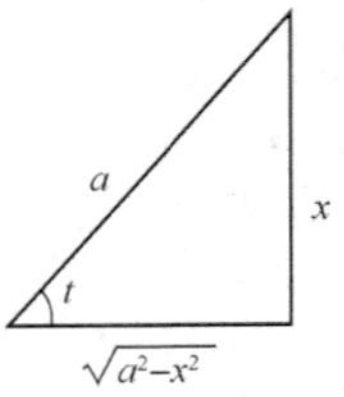

为了将原积分变量 x 代回，由 $x=a\sin t$ 作图 4.1 所示的直角三角形，

进而得到 $\cos t=\dfrac{\sqrt{a^2-x^2}}{a}$，代入上式得

图 4.1

$$原式 = \frac{a^2}{2}\left(\arcsin\frac{x}{a}+\frac{x}{a}\cdot\frac{\sqrt{a^2-x^2}}{a}\right)+C$$

$$= \frac{a^2}{2}\arcsin\frac{x}{a}+\frac{x}{2}\sqrt{a^2-x^2}+C.$$

例 14 求不定积分 $\int\dfrac{1}{\sqrt{x^2+a^2}}\,\mathrm{d}x$ （$a>0$）.

解 令 $x=a\tan t$，$t\in\left(-\dfrac{\pi}{2},\dfrac{\pi}{2}\right)$，则 $\mathrm{d}x=a\sec^2 t\,\mathrm{d}t$，于是

$$原式 = \int\frac{1}{\sqrt{a^2\tan^2 t+a^2}}\cdot a\sec^2 t\,\mathrm{d}t = \int\frac{1}{a\sec t}\cdot a\sec^2 t\,\mathrm{d}t$$

$$= \int\sec t\,\mathrm{d}t = \int\frac{\sec t(\sec t+\tan t)}{\sec t+\tan t}\,\mathrm{d}t = \int\frac{\sec^2 t+\sec t\tan t}{\sec t+\tan t}\,\mathrm{d}t$$

$$= \int\frac{1}{\sec t+\tan t}\,\mathrm{d}(\sec t+\tan t) = \ln|\sec t+\tan t|+C_1.$$

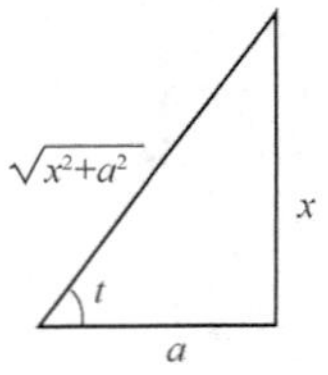

类似于例 13，为了将原积分变量 x 代回，由 $x=a\tan t$ 作图 4.2 所示的

直角三角形，进而得到 $\sec t=\dfrac{\sqrt{x^2+a^2}}{a}$，代入上式得

图 4.2

$$原式 = \ln\left|\frac{x}{a}+\frac{\sqrt{x^2+a^2}}{a}\right|+C_1 = \ln|x+\sqrt{x^2+a^2}|+C\quad(C=C_1-\ln a).$$

二、不定积分的分部积分法

在前面，由复合函数的求导法则，我们得到了不定积分的换元积分法. 而由两个函数乘积的求导法则，我们还可以得到另一个基本积分法——**分部积分法**.

设函数 $u=u(x)$，$v=v(x)$ 有连续导数，两个函数乘积的求导法则为

$$[u(x)v(x)]' = u'(x)v(x)+u(x)v'(x).$$

两边求积分后，移项得

$$\int u(x)v'(x)\,\mathrm{d}x = u(x)v(x)-\int u'(x)v(x)\,\mathrm{d}x \ 或 \int u\,\mathrm{d}v = uv-\int v\,\mathrm{d}u.$$

上式被称为**分部积分公式**. 我们称这种方法为**分部积分法**.

当被积函数为以下类型的两类不同函数的乘积时，我们通常使用分部积分法来求不定积分：幂函数和正弦函数或余弦函数的乘积；幂函数和指数函数的乘积；幂函数和对数函数的乘积；幂函数和反三角函数的乘积；指数函数和正弦函数或余弦函数的乘积. 下面将通过具体的例子来介绍分部积分法的应用.

分部积分公式中往往 $\int v\mathrm{d}u$ 容易求出，而 $\int u\mathrm{d}v$ 不易求出，所以选择好 u，v 非常关键. 处理形如

$$\int x^k \mathrm{e}^{ax}\mathrm{d}x,\ \int x^k \sin(ax)\mathrm{d}x,\ \int x^k \cos(ax)\mathrm{d}x(k\ \text{为正整数，}a\ \text{为常数})$$

的不定积分时，选择 $u=x^k$，且每应用一次分部积分公式，幂函数的次数降低一次.

例 15 求下列不定积分：

(1) $\int x\mathrm{e}^x\mathrm{d}x$; (2) $\int x\cos x\mathrm{d}x$.

解 (1) 令 $u=x$，$\mathrm{e}^x\mathrm{d}x=\mathrm{d}(\mathrm{e}^x)=\mathrm{d}v$，则

$$\int x\mathrm{e}^x\mathrm{d}x=\int x\mathrm{d}(\mathrm{e})^x=x\mathrm{e}^x-\int \mathrm{e}^x\mathrm{d}x=x\mathrm{e}^x-\mathrm{e}^x+C.$$

(2) 令 $u=x$，$\cos x\mathrm{d}x=\mathrm{d}(\sin x)=\mathrm{d}v$，则

$$\int x\cos x\mathrm{d}x=\int x\mathrm{d}(\sin x)=x\sin x-\int \sin x\mathrm{d}x=x\sin x-(-\cos x)+C=x\sin x+\cos x+C.$$

例 16 求不定积分 $\int x^2\mathrm{e}^x\mathrm{d}x$.

解 令 $u=x^2$，$\mathrm{e}^x\mathrm{d}x=\mathrm{d}(\mathrm{e}^x)=\mathrm{d}v$，则

$$\int x^2\mathrm{e}^x\mathrm{d}x=\int x^2\mathrm{d}(\mathrm{e}^x)=x^2\mathrm{e}^x-2\int x\mathrm{e}^x\mathrm{d}x.$$

由上例 $\int x\mathrm{e}^x\mathrm{d}x=x\mathrm{e}^x-\mathrm{e}^x+C$，故而

$$\int x^2\mathrm{e}^x\mathrm{d}x=x^2\mathrm{e}^x-2x\mathrm{e}^x+2\mathrm{e}^x+C.$$

处理形如

$$\int x^k \ln^m x\mathrm{d}x,\ \int x^k \arcsin(bx)\mathrm{d}x,\ \int x^k \arctan(bx)\mathrm{d}x(m,k\ \text{为正整数，}b\ \text{为常数})$$

的不定积分时，可设对数函数或者反三角函数为 u. 下面举例说明.

例 17 求下列不定积分：

(1) $\int x^2\ln x\mathrm{d}x$; (2) $\int x\arctan x\mathrm{d}x$.

解 (1) 令 $u=\ln x$，$x^2\mathrm{d}x=\mathrm{d}\left(\dfrac{x^3}{3}\right)=\mathrm{d}v$，则

$$\int x^2\ln x\mathrm{d}x=\frac{1}{3}\int \ln x\mathrm{d}(x^3)=\frac{1}{3}x^3\ln x-\frac{1}{3}\int x^3\mathrm{d}(\ln x)$$

$$=\frac{1}{3}x^3\ln x-\frac{1}{3}\int x^3\cdot\frac{1}{x}\mathrm{d}x=\frac{1}{3}x^3\ln x-\frac{1}{9}x^3+C.$$

（2）令 $u=\arctan x$，$x\mathrm{d}x=\mathrm{d}\left(\dfrac{x^2}{2}\right)=\mathrm{d}v$，则

$$
\begin{aligned}
\int x\arctan x\mathrm{d}x &= \frac{1}{2}\int \arctan x\mathrm{d}(x^2)=\frac{1}{2}x^2\arctan x-\frac{1}{2}\int x^2\mathrm{d}(\arctan x)\\
&= \frac{1}{2}x^2\arctan x-\frac{1}{2}\int x^2\cdot\frac{1}{1+x^2}\mathrm{d}x\\
&= \frac{1}{2}x^2\arctan x-\frac{1}{2}\int\left(1-\frac{1}{1+x^2}\right)\mathrm{d}x\\
&= \frac{1}{2}x^2\arctan x-\frac{1}{2}x+\frac{1}{2}\arctan x+C.
\end{aligned}
$$

处理形如 $\int \mathrm{e}^{ax}\sin(bx)\mathrm{d}x$，$\int \mathrm{e}^{ax}\cos(bx)\mathrm{d}x$ 的不定积分时，其中 a,b 为常数，$u,\mathrm{d}v$ 可任意选择，可经过两次分部积分后产生循环式，移项后得到所求积分. 不过要注意，在两次分部积分中，须选用相同类型的 u. 具体来讲，若第一次选取三角函数为 u，则第二次也必须选取三角函数为 u.

例 18 计算 $\int \mathrm{e}^x\cos x\mathrm{d}x$.

解 令 $u=\cos x$，$\mathrm{d}v=\mathrm{d}(\mathrm{e}^x)$，则

$$
\begin{aligned}
\int \mathrm{e}^x\cos x\mathrm{d}x &= \int\cos x\mathrm{d}(\mathrm{e}^x)=\cos x\cdot\mathrm{e}^x-\int\mathrm{e}^x\mathrm{d}(\cos x)\\
&= \cos x\cdot\mathrm{e}^x+\int\mathrm{e}^x\cdot\sin x\mathrm{d}x=\cos x\cdot\mathrm{e}^x+\int\sin x\mathrm{d}(\mathrm{e}^x)\\
&= \cos x\cdot\mathrm{e}^x+\sin x\cdot\mathrm{e}^x-\int\mathrm{e}^x\mathrm{d}(\sin x)\\
&= \cos x\cdot\mathrm{e}^x+\sin x\cdot\mathrm{e}^x-\int\mathrm{e}^x\cos x\mathrm{d}x.
\end{aligned}
$$

移项得

$$2\int\mathrm{e}^x\cos x\mathrm{d}x=(\cos x+\sin x)\mathrm{e}^x+C_1,$$

故而

$$\int\mathrm{e}^x\cos x\mathrm{d}x=\frac{1}{2}(\cos x+\sin x)\mathrm{e}^x+C.$$

例 19 若记 $I_n=\int\sin^n x\mathrm{d}x$，证明当 $n>1$ 时，I_n 满足关系式：

$$I_n=-\frac{1}{n}\cos x\,\sin^{n-1}x+\frac{n-1}{n}I_{n-2}.$$

证明 当 $n>1$ 时，利用分部积分法得

$$
\begin{aligned}
I_n &= \int\sin^{n-1}x\sin x\mathrm{d}x=-\int\sin^{n-1}x\mathrm{d}(\cos x)\\
&= -\cos x\cdot\sin^{n-1}x+\int\cos x\mathrm{d}(\sin^{n-1}x)\\
&= -\cos x\cdot\sin^{n-1}x+(n-1)\int\cos^2 x\cdot\sin^{n-2}x\mathrm{d}x
\end{aligned}
$$

$$= -\cos x \cdot \sin^{n-1} x + (n-1) \int (1 - \sin^2 x) \sin^{n-2} x \mathrm{d}x$$

$$= -\cos x \cdot \sin^{n-1} x + (n-1) \int \sin^{n-2} x \mathrm{d}x - (n-1) \int \sin^n x \mathrm{d}x$$

$$= -\cos x \cdot \sin^{n-1} x + (n-1) I_{n-2} - (n-1) I_n.$$

移项得

$$n I_n = -\cos x \sin^{n-1} x + (n-1) I_{n-2}.$$

上式两边同除以 n 得

$$I_n = -\frac{1}{n} \cos x \sin^{n-1} x + \frac{n-1}{n} I_{n-2}.$$

例 20 求不定积分 $I_n = \displaystyle\int \frac{\mathrm{d}x}{(x^2 + a^2)^n}$，其中 n 为正整数.

解 当 $n = 1$ 时，有

$$I_1 = \int \frac{\mathrm{d}x}{x^2 + a^2} = \frac{1}{a} \arctan \frac{x}{a} + C.$$

当 $n > 1$ 时，利用分部积分法可得

$$\int \frac{\mathrm{d}x}{(x^2 + a^2)^{n-1}} = \frac{x}{(x^2 + a^2)^{n-1}} + 2(n-1) \int \frac{x^2}{(x^2 + a^2)^n} \mathrm{d}x$$

$$= \frac{x}{(x^2 + a^2)^{n-1}} + 2(n-1) \int \left[\frac{1}{(x^2 + a^2)^{n-1}} - \frac{a^2}{(x^2 + a^2)^n} \right] \mathrm{d}x,$$

即

$$I_{n-1} = \frac{x}{(x^2 + a^2)^{n-1}} + 2(n-1)(I_{n-1} - a^2 I_n),$$

从而

$$I_n = \frac{1}{2a^2(n-1)} \left[\frac{x}{(x^2 + a^2)^{n-1}} + (2n-3) I_{n-1} \right].$$

由上面的递推关系式，可以通过 I_1 计算出 $I_n (n > 1)$.

直接积分法、第一类换元法、第二类换元法以及分部积分法都是求被积函数原函数的方法. 在计算不定积分时，经常要综合应用这些方法.

例 21 计算 $\displaystyle\int \mathrm{e}^{\sqrt{x+1}} \mathrm{d}x$.

解 设 $t = \sqrt{x+1}$，则 $x = t^2 - 1$，$\mathrm{d}x = 2t \mathrm{d}t$，从而

$$\int \mathrm{e}^{\sqrt{x+1}} \mathrm{d}x = 2 \int \mathrm{e}^t \cdot t \mathrm{d}t = 2 \int t \mathrm{d}(\mathrm{e}^t) = 2 \left(t \mathrm{e}^t - \int \mathrm{e}^t \mathrm{d}t \right)$$

$$= 2(t \mathrm{e}^t - \mathrm{e}^t) + C$$

$$= 2(\sqrt{x+1} - 1) \mathrm{e}^{\sqrt{x+1}} + C.$$

例 22 设 $f(x)$ 的一个原函数是 $x \ln x$，求 $\displaystyle\int x f(x) \mathrm{d}x$.

解 方法一：$x \ln x$ 是 $f(x)$ 的一个原函数，所以 $(x \ln x)' = f(x)$，从而

$$\int x f(x) \mathrm{d}x = \int x (x \ln x)' \mathrm{d}x = \int x \mathrm{d}(x \ln x)$$

$$= x \cdot x\ln x - \int x\ln x \mathrm{d}x = x^2\ln x - \frac{1}{2}\int \ln x \mathrm{d}(x^2)$$

$$= x^2\ln x - \frac{1}{2}\left[x^2\ln x - \int x^2 \mathrm{d}(\ln x)\right]$$

$$= x^2\ln x - \frac{1}{2}x^2\ln x + \frac{1}{2}\int x\mathrm{d}x$$

$$= \frac{1}{2}x^2\ln x + \frac{1}{4}x^2 + C.$$

方法二：$x\ln x$ 是 $f(x)$ 的一个原函数，所以
$$f(x) = (x\ln x)' = \ln x + 1.$$

从而
$$\int xf(x)\mathrm{d}x = \int x(\ln x + 1)\mathrm{d}x = \int x\ln x\mathrm{d}x + \int x\mathrm{d}x$$

$$= \frac{1}{2}\int \ln x\mathrm{d}(x^2) + \frac{1}{2}x^2 = \frac{1}{2}\left[x^2\ln x - \int x^2\mathrm{d}(\ln x)\right] + \frac{1}{2}x^2$$

$$= \frac{1}{2}\left(x^2\ln x - \frac{1}{2}x^2\right) + \frac{1}{2}x^2 + C = \frac{1}{2}x^2\ln x + \frac{1}{4}x^2 + C.$$

习题 4-2

1. 设 $\int f(x)\mathrm{d}x = x^2 + C$，求不定积分 $\int xf(1-x^2)\mathrm{d}x$.

2. 求下列不定积分：

(1) $\int \sin(x+5)\mathrm{d}x$；

(2) $\int \cos 3x\mathrm{d}x$；

(3) $\int \sin^2 x\cos x\mathrm{d}x$；

(4) $\int \cos^3 x\mathrm{d}x$；

(5) $\int 2x(x^2+2)^{15}\mathrm{d}x$；

(6) $\int (2x+3)(x^2+3x+4)^6\mathrm{d}x$；

(7) $\int \frac{4x^3}{(x^4-2)^5}\mathrm{d}x$；

(8) $\int \frac{1}{\sqrt{x}\,\mathrm{e}^{2\sqrt{x}}}\mathrm{d}x$；

(9) $\int \frac{\mathrm{d}x}{4+x^2}$；

(10) $\int \frac{\mathrm{e}^x}{1+\mathrm{e}^x}\mathrm{d}x$.

3. 求下列不定积分：

(1) $\int \frac{x}{\sqrt{2x+1}}\mathrm{d}x$；

(2) $\int \sqrt[3]{2-x}\,\mathrm{d}x$；

(3) $\int \frac{1}{\sqrt{(x-1)(2-x)}}\mathrm{d}x$；

(4) $\int \frac{\arctan\sqrt{x}}{\sqrt{x}(1+x)}\mathrm{d}x$；

(5) $\int \sqrt{1-x^2}\,\mathrm{d}x$；

(6) $\int \frac{1}{\sqrt{x^2+4}}\mathrm{d}x$.

4. 求下列不定积分：

(1) $\displaystyle\int \ln(x+1)\,\mathrm{d}x$；　　　　(2) $\displaystyle\int \arcsin x\,\mathrm{d}x$；　　　　(3) $\displaystyle\int x\sin 3x\,\mathrm{d}x$；

(4) $\displaystyle\int x\mathrm{e}^{-2x}\,\mathrm{d}x$；　　　　(5) $\displaystyle\int x^3\ln x\,\mathrm{d}x$；　　　　(6) $\displaystyle\int x^2\cos x\,\mathrm{d}x$；

(7) $\displaystyle\int \frac{\ln x}{x^2}\,\mathrm{d}x$；　　　　(8) $\displaystyle\int x\tan^2 x\,\mathrm{d}x$；　　　　(9) $\displaystyle\int \mathrm{e}^{-x}\sin x\,\mathrm{d}x$；

(10) $\displaystyle\int \sec^3 x\,\mathrm{d}x$.

5. 设 $\dfrac{\sin x}{x}$ 是 $f(x)$ 的一个原函数，求 $\displaystyle\int xf'(x)\,\mathrm{d}x$.

6. 设 $f'(x^2)=\ln x\,(x>0)$，求 $f(x)$.

 本章小结

4.4　本章小结

不定积分的 概念与性质	理解 原函数与不定积分的概念；
	了解 不定积分的性质；
	熟练 不定积分的基本公式
不定积分 的计算	掌握 不定积分的换元法（第一类换元法、第二类换元法）；
	掌握 不定积分的分部积分法

总复习题四

1. 求下列不定积分：

(1) $\displaystyle\int \frac{x^3+2x^2\mathrm{e}^x+3}{x^2}\,\mathrm{d}x$；　　　　(2) $\displaystyle\int \frac{2x-3}{x^2-3x+8}\,\mathrm{d}x$；

(3) $\displaystyle\int \frac{\mathrm{d}x}{2x+\sqrt{1-x^2}}$；　　　　(4) $\displaystyle\int \frac{\mathrm{d}x}{\sqrt[3]{(x+1)^2(x-1)^4}}$；

(5) $\displaystyle\int \ln(x+\sqrt{1+x^2})\,\mathrm{d}x$；　　　　(6) $\displaystyle\int \sin(\ln x)\,\mathrm{d}x$；

(7) $\displaystyle\int \frac{\arctan x}{x^2(1+x^2)}\,\mathrm{d}x$；　　　　(8) $\displaystyle\int \arctan\sqrt{x}\,\mathrm{d}x$；

(9) $\displaystyle\int \frac{\ln\sin x}{\sin^2 x}\,\mathrm{d}x$；　　　　(10) $\displaystyle\int \frac{x^2\mathrm{e}^x}{(x+2)^2}\,\mathrm{d}x$.

2. 一曲线通过点 $(\sqrt{3}, 5\sqrt{3})$，且在任一点处的切线斜率等于 $5x^2$，求该曲线的方程.

3. 设 $\ln(1+x^2)$ 为 $f(x)$ 的一个原函数，求 $\int xf'(2x)dx$.

4. 设 $f(x^2-1) = \ln\dfrac{x^2}{x^2-2}$，且 $f[\varphi(x)] = \ln x$，求 $\int \varphi(x)dx$.

5. 设 $f(x)$ 的一个原函数是 e^{x^2}，求 $\int xf''(x)dx$.

6. 设 $f(x)$ 的一个原函数 $F(x)$ 非负且 $F(0)=1$. 当 $x \geqslant 0$ 时，有 $F(x)>0$，$f(x)F(x) = \sin^2 2x$. 试求 $f(x)$.

7. 求不定积分 $\int |x| dx$.

8. 求不定积分 $\int x^n e^x dx$，n 是自然数.

9. 设 $I_n = \int \tan^n x dx$，证明 $I_n + I_{n-2} = \dfrac{1}{n-1}\tan^{n-1}x + C\ (n \geqslant 2)$.

10. 设 $f(x)$ 为单调连续函数，$f^{-1}(x)$ 为其反函数，且 $\int f(x)dx = F(x)+C$，求 $\int f^{-1}(x)dx$.

数学通识：微积分学的产生

　　恩格斯曾经说过："在一切理论成就中，未必再有什么像 17 世纪下半叶微积分的发现那样被看作人类精神的最高胜利了."微积分是数学上的伟大创造，它从生产技术和理论科学的需要中产生，又反过来广泛影响着生产技术和理论科学的发展. 如今，微积分已是广大科学工作者以及技术人员不可缺少的工具.

　　微积分学是微分学和积分学的总称. 微积分在 17 世纪成为一门学科，而微分和积分的思想在古代就已经产生了. 微积分学中发展得最早的是积分的思想，可以追溯到古希腊时期. 公元前 5 世纪，古希腊哲学家德谟克利特的"原子论"充分体现了近代积分的思想. 他认为：线段、面积和立体都是由一些不可再分的原子构成的，而计算面积、体积就是将这些原子累加起来. 这种不甚严格的推理方法已带有古朴的积分思想.

　　17 世纪下半叶，欧洲科学技术迅猛发展，由于生产力的提高和社会各方面的迫切需要，经各国科学家的努力与历史的积累，建立在函数与极限概念基础上的微积分理论应运而生. 在前人工作的基础上，英国科学家牛顿和德国数学家莱布尼茨分别在自己的国度里独自研究和完成了微积分的创立工作. 他们的最大功绩之一是把两个貌似毫不相关的问题（微分计算和积分计算）联系在一起，而在这以前，微分计算和积分计算作为两种数学运算、两类数学问题，是分别加以研究的.

　　牛顿从物理学的角度研究微积分. 1665 年 5 月 20 日，牛顿第一次提"流数术"（即微积分），后来世人就以这天作为"微积分诞生日". 牛顿第一次清楚地说明了求导数问题和求面积问题之间的互逆关系，也就是说牛顿确定的积分实际上是不定积分. 莱布尼茨从几何学的角度研究微积分，他指出作为求和过程的积分是微分之逆，实际上就是今天的定积分. 莱布尼茨是历史上最伟大的符号学者之一，他所创设的微积分符号，远远优于牛顿的符号，这对微积分的发展有极大的影响. 我们使用的微积分通用符号就是当时莱布尼茨选用的.

第五章　定积分及其应用

第一节　定积分的概念与性质

定积分源于求图形的面积和体积等实际问题，我国数学家刘徽的"割圆术"和数学家祖暅的"祖暅原理"都是定积分的雏形. 直到 17 世纪中叶，莱布尼茨提出了定积分的概念，并发现了积分与微分之间的内在联系，给出了计算定积分的一般方法，才使定积分成为解决工业革命时期关键问题的有力工具.

本章首先通过实际问题引入定积分的定义，然后介绍定积分的性质、计算方法及其广泛应用.

一、引例

1. 曲边梯形的面积

对于矩形、三角形、梯形等规则图形的面积计算，我们非常熟悉，但在实际生活中，经常会碰到计算不规则图形面积的问题，例如，图 5.1 中的稻田面积，它是由曲线 $y=f(x)(f(x)\geqslant 0)$ 与 $x=a$，$x=b$，$y=0$ 围成的平面图形，我们称其为**曲边梯形**.

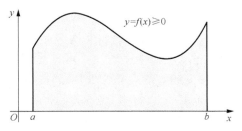

图 5.1

我们熟知矩形的面积＝底×高，那么能借助矩形面积公式来计算曲边梯形的面积吗?答案是肯定的. 我们发现 $f(x)$ 在区间 $[a,b]$ 上是连续变化的，在微小的区间上其变化也很小，那么我们将区间 $[a,b]$ 划分为若干个微小的区间，每个小区间所对应的小曲边梯形可近似看成小矩形，小矩形的底和高分别为小区间长度和小区间中某点处的函数值，此时小曲边梯形的面积可用小矩形的面积来近似. 若将区间 $[a,b]$ 无限细分，使得每个小区间的长度趋于 0，所有小矩形的面积和的极限即曲边梯形的面积. 通过以上的分析，我们按照以下 4 步计算曲边梯形的面积.

（1）分割.

在区间 $[a,b]$ 中**任意**插入 $n-1$ 个分点 $x_i(i=1,2,\cdots,n-1)$，使得：

$$a=x_0<x_1<x_2<\cdots<x_{n-1}<x_n=b,$$

则此时区间 $[a,b]$ 被分为 n 个小区间：$[x_0,x_1]$，$[x_1,x_2]$，$\cdots$，$[x_{n-1},x_n]$. 其长度为 $\Delta x_i=x_i-x_{i-1}(i=1,2,\cdots,n)$，我们记最大的区间长度为：

$$\lambda=\max_{1\leqslant i\leqslant n}\Delta x_i.$$

5.1　曲边梯形的面积

（2）近似.

过每个分点，作垂直于 x 轴的垂线段，将曲边梯形分为 n 个小曲边梯形（见图 5.2），则每个小曲边梯形的面积 $s_i(i=1,2,\cdots,n)$ 可由小矩形面积近似：

$$s_i \approx f(\xi_i)\Delta x_i,$$

其中 ξ_i 为区间 $[x_{i-1},x_i]$ 中**任意**一点.

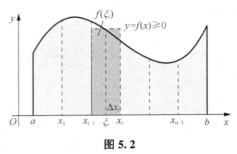

图 5.2

（3）求和.

因为曲边梯形的面积 $A=s_1+s_2+\cdots+s_n$，所以：

$$A \approx f(\xi_1)\Delta x_1 + f(\xi_2)\Delta x_2 + \cdots + f(\xi_n)\Delta x_n = \sum_{i=1}^{n} f(\xi_i)\Delta x_i.$$

（4）取极限.

当最大区间长度 λ 趋于 0 时，小区间越来越多，近似也越来越准确，若上述和式有极限，则此极限值为曲边梯形的面积，即

$$A = \lim_{\lambda \to 0} \sum_{i=1}^{n} f(\xi_i)\Delta x_i.$$

由上述计算过程可看出，我们采用了化整为零的思想，通过近似求和，最后利用极限求出了曲边梯形的面积.

2. 变速直线运动的路程

对于匀速直线运动的路程，我们很容易计算（路程＝速度×时间），那么对于变速直线运动在 $[T_1,T_2]$ 内的路程，能否借鉴上述求面积的方法来计算呢？我们知道变速直线运动的速度 $v(t)$ 是随时间连续变化的，那么在很短的一段时间内，其速度变化很小，则可近似看作匀速运动. 因此若将时间区间 $[T_1,T_2]$ 划分为若干小的时间区间，在每个小区间内，以匀速运动近似变速运动，可计算每个小区间的近似路程，再将这些路程求和，即为 $[T_1,T_2]$ 内变速直线运动的近似路程. 进一步，若将时间区间 $[T_1,T_2]$ 无限细分，使得每个小区间的长度趋于 0，则路程和的极限即变速直线运动的路程. 通过以上的分析，我们按照以下 4 步计算变速直线运动的路程.

（1）分割.

在区间 $[T_1,T_2]$ 中**任意**插入 $n-1$ 个分点 $t_i(i=1,2,\cdots,n-1)$，使得

$$T_1 = t_0 < t_1 < \cdots < t_{n-1} < t_n = T_2,$$

则此时区间 $[T_1,T_2]$ 被分为 n 个小区间：$[t_0,t_1],[t_1,t_2],\cdots,[t_{n-1},t_n]$. 其长度为 $\Delta t_i = t_i - t_{i-1}(i=1,2,\cdots,n)$，我们记最大的区间长度为：

$$\lambda = \max_{1 \leq i \leq n} \Delta t_i.$$

（2）近似.

在每个小区间 $[t_{i-1},t_i](i=1,2,\cdots,n)$ 内的路程可近似计算为

$$s_i \approx v(\tau_i)\Delta t_i,$$

其中 τ_i 为区间 $[t_{i-1},t_i]$ 中**任意**一点.

（3）求和.

因为变速直线运动的路程 $S=s_1+s_2+\cdots+s_n$，所以：

$$S \approx v(\tau_1)\Delta t_1 + v(\tau_2)\Delta t_2 + \cdots + v(\tau_n)\Delta t_n = \sum_{i=1}^{n} v(\tau_i)\Delta t_i.$$

(4)取极限.

当最大区间长度 λ 趋于 0 时，小区间越来越多，近似也越来越准确，若上述和式有极限，则此极限值为变速直线运动的路程，即

$$S = \lim_{\lambda \to 0} \sum_{i=1}^{n} v(\tau_i) \Delta t_i.$$

以上讨论的两个问题均源于实际生活，在科技、经济、金融等领域中也存在大量类似的问题，为了解决这类问题，我们可基于前述的 4 个求解步骤，抽象出定积分的定义.

二、定积分的定义

定义 5.1　设函数 $f(x)$ 在闭区间 $[a,b]$ 上有定义，那么有以下步骤.

(1)在闭区间 $[a,b]$ 内**任意**插入 $n-1$ 个分点：

$$a = x_0 < x_1 < x_2 < \cdots < x_{n-1} < x_n = b,$$

记第 i 个小区间长度为 $\Delta x_i = x_i - x_{i-1}(i = 1, 2, \cdots, n)$.

(2)对 $i = 1, 2, \cdots, n$，在第 i 个小区间内**任取**一点 $\xi_i \in [x_{i-1}, x_i]$，作乘积 $f(\xi_i)\Delta x_i$.

(3)作和式

$$I_n = \sum_{i=1}^{n} f(\xi_i) \Delta x_i,$$

称其为 $f(x)$ 在区间 $[a,b]$ 上的**积分和**或**黎曼和**.

(4)记 $\lambda = \max_{1 \leqslant i \leqslant n} \Delta x_i$，若当 λ 趋于 0 时，I_n 的极限存在，且此时的极限值与分点 x_i 的选取和 ξ_i 的取值无关，那么称极限 I 为 $f(x)$ 在闭区间 $[a,b]$ 上的**定积分**(definite integral)，记作

$$\int_a^b f(x)\,\mathrm{d}x = I = \lim_{\lambda \to 0} \sum_{i=1}^{n} f(\xi_i) \Delta x_i,$$

其中 $f(x)$ 称为被积函数，$f(x)\,\mathrm{d}x$ 称为被积表达式，x 称为积分变量，$[a,b]$ 称为积分区间，a 称为积分下限，b 称为积分上限.

由定积分的定义，我们可将两个引例用定积分表示为如下形式.

(1)曲边梯形的面积 A 是非负函数 $f(x)$ 在 $[a,b]$ 上的定积分：

$$A = \int_a^b f(x)\,\mathrm{d}x.$$

(2)变速直线运动的路程 S 是速度函数 $v(t)$ 在 $[T_1, T_2]$ 上的定积分：

$$S = \int_{T_1}^{T_2} v(t)\,\mathrm{d}t.$$

对于定积分的定义，需要注意以下几点.

(1)定积分 $\int_a^b f(x)\,\mathrm{d}x$ 的值是一个常数，其大小只与被积函数 $f(x)$ 和积分区间 $[a,b]$ 有关，而与积分变量的符号无关，即

$$\int_a^b f(x)\,\mathrm{d}x = \int_a^b f(t)\,\mathrm{d}t = \int_a^b f(v)\,\mathrm{d}v.$$

(2)若 $f(x)$ 在 $[a,b]$ 上的定积分存在，我们称 $f(x)$ 在 $[a,b]$ 上**可积**，否则称其**不可积**.

我们给出常见的两类可积函数.

①若函数 $f(x)$ 在 $[a,b]$ 上连续，则 $f(x)$ 在 $[a,b]$ 上**可积**.

②若函数 $f(x)$ 在 $[a,b]$ 上有界，且仅有有限个间断点，则 $f(x)$ 在 $[a,b]$ 上**可积**.

（3）由定积分的定义可得，

$$\int_a^b f(x)\,\mathrm{d}x = \begin{cases} -\int_b^a f(x)\,\mathrm{d}x, & a \neq b, \\ 0, & a = b. \end{cases}$$

三、定积分的几何意义

（1）如果 $f(x)$ 在 $[a,b]$ 上非负，则定积分 $\int_a^b f(x)\,\mathrm{d}x$ 表示曲边梯形的面积 A.

（2）如果 $f(x)$ 在 $[a,b]$ 上为负，则定积分 $\int_a^b f(x)\,\mathrm{d}x$ 表示曲边梯形面积的相反数 $-A$.

（3）如果 $f(x)$ 在 $[a,b]$ 上连续且既有正值也有负值，

则定积分 $\int_a^b f(x)\,\mathrm{d}x$ 表示各曲边梯形面积的代数和 $-A_1 + A_2$ $-A_3$（见图 5.3）.

图 5.3

四、定积分的性质

由定积分的定义与极限的运算法则和性质，可得到下列定积分的基本性质和积分中值定理.

1. 定积分基本性质

性质 1 $\int_a^b [f(x) \pm g(x)]\,\mathrm{d}x = \int_a^b f(x)\,\mathrm{d}x \pm \int_a^b g(x)\,\mathrm{d}x$，该性质对有限个函数亦成立：

$$\int_a^b [f_1(x) \pm f_2(x) \pm \cdots \pm f_n(x)]\,\mathrm{d}x = \int_a^b f_1(x)\,\mathrm{d}x \pm \int_a^b f_2(x)\,\mathrm{d}x \pm \cdots \pm \int_a^b f_n(x)\,\mathrm{d}x.$$

性质 2 若 k 为常数，则

$$\int_a^b kf(x)\,\mathrm{d}x = k\int_a^b f(x)\,\mathrm{d}x.$$

性质 3 区间可加性：

$$\int_a^b f(x)\,\mathrm{d}x = \int_a^c f(x)\,\mathrm{d}x + \int_c^b f(x)\,\mathrm{d}x.$$

性质 4 若在区间 $[a,b]$ 上满足 $f(x) \leqslant g(x)$，则

$$\int_a^b f(x)\,\mathrm{d}x \leqslant \int_a^b g(x)\,\mathrm{d}x.$$

性质 5（估值定理） 若函数 $f(x)$ 在 $[a,b]$ 上有最大值 M 和最小值 m，则

$$m(b-a) \leqslant \int_a^b f(x)\,\mathrm{d}x \leqslant M(b-a),$$

即

$$m \leqslant \frac{\int_a^b f(x)\,\mathrm{d}x}{b-a} \leqslant M.$$

2. 积分中值定理

定理 5.1　设函数 $f(x)$ 在闭区间 $[a,b]$ 上连续，则 $f(x)$ 在闭区间 $[a,b]$ 上可积且至少存在一点 $\xi \in [a,b]$，使得

$$\int_a^b f(x)\mathrm{d}x = f(\xi)(b-a).$$

注意　积分中值定理在几何上表示在 $[a,b]$ 上至少存在一点 ξ，使得以 $[a,b]$ 为底、以 $f(x)$ 为曲边的曲边梯形的面积等于底边为 $(b-a)$ 且高为 $f(\xi)$ 的矩形面积. 而且数值 $\dfrac{1}{b-a}\int_a^b f(x)\mathrm{d}x$ 表示连续曲线 $f(x)$ 在区间 $[a,b]$ 上的平均高度，我们称其为函数 $f(x)$ 在区间 $[a,b]$ 上的平均值，这一概念是对有限个数的平均值概念的拓展.

下面我们举例说明定积分性质的一些应用.

例 1　比较以下两个定积分的大小：

$$\int_{-2}^0 \mathrm{e}^x \mathrm{d}x \ \ 与 \int_{-2}^0 x\mathrm{d}x.$$

解　由于 $x \in [-2,0]$ 时，$x < \mathrm{e}^x$，所以由性质 4 可知，

$$\int_{-2}^0 x\mathrm{d}x < \int_{-2}^0 \mathrm{e}^x \mathrm{d}x.$$

例 2　求 $f(x) = x^2$ 在 $[0,1]$ 上的平均值.

解　由积分中值定理可知平均值为：

$$f(\xi) = \frac{1}{1-0}\int_0^1 x^2\mathrm{d}x = \int_0^1 x^2\mathrm{d}x = \frac{1}{3}.$$

注意　最后的定积分值可由定积分定义求得，也可由本章第二节中的牛顿–莱布尼茨公式求得.

例 3　估计积分 $\int_0^{\frac{\pi}{2}} \mathrm{e}^{-\sin x}\mathrm{d}x$ 的大小.

解　设 $f(x) = \mathrm{e}^{-\sin x}$，$x \in \left[0,\dfrac{\pi}{2}\right]$，则

$$f'(x) = -\cos x\,\mathrm{e}^{-\sin x}.$$

在 $\left[0,\dfrac{\pi}{2}\right]$ 上，$f'(x) \leqslant 0$，即 $f(x)$ 为减函数，那么它在闭区间的端点处取得最大值和最小值：

$$M = f(0) = \mathrm{e}^{-\sin 0} = 1, \ \ m = f\left(\frac{\pi}{2}\right) = \mathrm{e}^{-\sin\frac{\pi}{2}} = \mathrm{e}^{-1}.$$

则由性质 5 可知，

$$\mathrm{e}^{-1}\left(\frac{\pi}{2} - 0\right) \leqslant \int_0^{\frac{\pi}{2}} \mathrm{e}^{-\sin x}\mathrm{d}x \leqslant 1\left(\frac{\pi}{2} - 0\right),$$

即

$$\int_0^{\frac{\pi}{2}} \mathrm{e}^{-\sin x}\mathrm{d}x \in \left[\frac{\pi}{2\mathrm{e}}, \frac{\pi}{2}\right].$$

习题 5-1

1. 利用定积分的几何意义，证明下列等式：

(1) $\int_0^1 2x\,\mathrm{d}x = 1$；

(2) $\int_0^1 \sqrt{1-x^2}\,\mathrm{d}x = \dfrac{\pi}{4}$；

(3) $\int_{-\pi}^{\pi} \sin x\,\mathrm{d}x = 0$；

(4) $\int_{-\frac{\pi}{2}}^{\frac{\pi}{2}} \cos x\,\mathrm{d}x = 2\int_0^{\frac{\pi}{2}} \cos x\,\mathrm{d}x$.

2. 比较下列各组积分值的大小：

(1) $I_1 = \int_1^2 \dfrac{1}{x}\,\mathrm{d}x$ 与 $I_2 = \int_1^2 \dfrac{1}{x^2}\,\mathrm{d}x$；

(2) $I_1 = \int_0^{\frac{\pi}{2}} \sin x\,\mathrm{d}x$ 与 $I_2 = \int_0^{\frac{\pi}{2}} \sin^2 x\,\mathrm{d}x$；

(3) $I_1 = \int_{-\frac{\pi}{2}}^0 \sin x\,\mathrm{d}x$ 与 $I_2 = \int_0^{\frac{\pi}{2}} \sin x\,\mathrm{d}x$；

(4) $I_1 = \int_0^1 x^2\,\mathrm{d}x$ 与 $I_2 = \int_0^1 x^3\,\mathrm{d}x$；

(5) $I_1 = \int_0^{\frac{\pi}{2}} x\,\mathrm{d}x$ 与 $I_2 = \int_0^{\frac{\pi}{2}} \sin x\,\mathrm{d}x$；

(6) $I_1 = \int_0^1 e^x\,\mathrm{d}x$ 与 $I_2 = \int_0^1 (1+x)\,\mathrm{d}x$.

3. 利用定积分性质估计下列积分的值：

(1) $\int_1^2 e^{x^2}\,\mathrm{d}x$；

(2) $\int_1^2 (2x^3 - 3x^4)\,\mathrm{d}x$；

(3) $\int_4^3 (6x - x^2)\,\mathrm{d}x$；

(4) $\int_0^{\frac{\pi}{2}} (1 + \sin^2 x)\,\mathrm{d}x$；

(5) $\int_0^1 \ln(1 + x^2)\,\mathrm{d}x$；

(6) $\int_1^4 (x^2 - 4x)\,\mathrm{d}x$.

第二节　微积分基本定理

在求解定积分的过程中，如果按照其定义计算，则会十分困难和烦琐. 因此，一种计算定积分的有效方法便成为解决问题的关键. 通过第四章的学习，我们知道不定积分用于求解被积函数的原函数，它与定积分是完全不同的两个概念，但牛顿和莱布尼茨发现了这两者之间的内在关系，即"微积分基本定理"，并由此开辟了求解定积分的新途径——牛顿-莱布尼茨公式. 我们将在本节中详细阐述这个重要定理，并给出定积分计算的新方法.

一、积分上限函数与原函数存在定理

设函数 $f(x)$ 在区间 $[a,b]$ 上连续，对 $x \in [a,b]$，那么

$$\Phi(x) = \int_a^x f(t)\,\mathrm{d}t.$$

所定义的函数称为**积分上限函数**（integral with variable upper bound）. 关于函数 $\Phi(x)$ 的可导性，我们有以下定理.

定理 5.2（原函数存在定理） 设函数 $f(x)$ 在 $[a,b]$ 上连续，则积分上限函数

5.2　积分上限函数

$$\Phi(x) = \int_a^x f(t)\,\mathrm{d}t, \ x \in [a,b]$$

在$[a,b]$上可导，且

$$\Phi'(x) = \frac{\mathrm{d}}{\mathrm{d}x}\int_a^x f(t)\,\mathrm{d}t = f(x), \ x \in [a,b].$$

注意 定理 5.2 的证明省略，其证明可由导数的定义，结合积分中值定理得到.

定理 5.2 一方面揭示了某区间上连续函数的原函数的存在性，另一方面揭示了定积分与原函数的内在联系，即 $\Phi(x)$ 是 $f(x)$ 在 $[a,b]$ 上的一个原函数！

对于一般形式的积分上限函数的导数，我们有以下定理.

定理 5.3 设函数 $f(x)$ 在 $[a,b]$ 上连续，$\varphi(x)$ 在 $[a,b]$ 上可导，且 $a \leqslant \varphi(x) \leqslant b$，$x \in [a,b]$，那么

$$\frac{\mathrm{d}}{\mathrm{d}x}\int_a^{\varphi(x)} f(t)\,\mathrm{d}t = f[\varphi(x)] \cdot \varphi'(x).$$

例 1 求下列函数的导数：

$(1)\ G(x) = \int_1^x t\sin t\,\mathrm{d}t$；$\qquad (2)\ \Phi(x) = \int_1^{x^3} \mathrm{e}^{t^2}\,\mathrm{d}t.$

解 由定理 5.3 可得：

$(1)\ G'(x) = x\sin x$；$\qquad (2)\ \Phi'(x) = \mathrm{e}^{(x^3)^2}(x^3)' = 3x^2\mathrm{e}^{x^6}.$

二、牛顿-莱布尼茨公式

由定理 5.2 可得出以下牛顿-莱布尼茨公式.

定理 5.4 若 $F(x)$ 是连续函数 $f(x)$ 在区间 $[a,b]$ 上的一个原函数，则

$$\int_a^b f(x)\,\mathrm{d}x = F(b) - F(a). \tag{5.1}$$

(5.1)式称为**牛顿-莱布尼茨公式**，也称为**微积分基本公式**.

证明 连续函数 $f(x)$ 的两个原函数至多相差一个常数，即

$$\int_a^x f(t)\,\mathrm{d}t - F(x) = C.$$

将 $x=a$ 代入，得 $C=-F(a)$，那么

$$\int_a^x f(t)\,\mathrm{d}t = F(x) - F(a).$$

将 $x=b$ 代入，得

$$\int_a^b f(t)\,\mathrm{d}t = F(b) - F(a).$$

由于 $f(x)$ 的原函数 $F(x)$ 一般可通过不定积分求得，因此，牛顿-莱布尼茨公式巧妙地将定积分的计算与不定积分联系起来，转化为求被积函数 $f(x)$ 的一个原函数 $F(x)$ 在区间 $[a,b]$ 上的增量 $F(b)-F(a)$.

例 2 求下列函数的定积分：

$(1)\ \int_1^2 x^2\,\mathrm{d}x$；$\qquad (2)\ \int_1^3 \left(\frac{1}{x} + \mathrm{e}^x\right)\mathrm{d}x$；$\qquad (3)\ \int_{-2}^3 |t-2|\,\mathrm{d}t.$

解 （1）原式 $=\dfrac{1}{3}x^3\Big|_1^2=\dfrac{7}{3}$；

（2）原式 $=(\ln|x|+\mathrm{e}^x)\Big|_1^3=\ln3+\mathrm{e}^3-\mathrm{e}$；

（3）原式 $=\displaystyle\int_{-2}^2(2-t)\,\mathrm{d}t+\int_2^3(t-2)\,\mathrm{d}t=\left(2t-\dfrac{t^2}{2}\right)\Big|_{-2}^2+\left(\dfrac{t^2}{2}-2t\right)\Big|_2^3=\dfrac{17}{2}$.

习题 5-2

1. 求下列各导数值：

（1）$\dfrac{\mathrm{d}}{\mathrm{d}x}\displaystyle\int_0^x\dfrac{t+4}{t^2+t+1}\mathrm{d}t$；

（2）$\dfrac{\mathrm{d}}{\mathrm{d}x}\displaystyle\int_0^x\sin\sqrt{t}\,\mathrm{d}t$；

（3）$\dfrac{\mathrm{d}}{\mathrm{d}x}\displaystyle\int_0^{x^2}\dfrac{1}{1+t^3}\mathrm{d}t$；

（4）$\dfrac{\mathrm{d}}{\mathrm{d}x}\displaystyle\int_a^{\cos x}\dfrac{1}{\sqrt{1+t^2}}\mathrm{d}t$.

2. 求函数 $F(x)=\displaystyle\int_0^x(t-3)^2(t-1)\,\mathrm{d}t$ 的单调区间.

3. 设 $f(x)=\displaystyle\int_2^x\ln t\,\mathrm{d}t$，求 $f''(x)$.

4. 求下列极限：

（1）$\displaystyle\lim_{x\to0}\dfrac{\displaystyle\int_0^x\cos^2t\,\mathrm{d}t}{x}$；

（2）$\displaystyle\lim_{x\to0}\dfrac{\displaystyle\int_0^x\arctan t\,\mathrm{d}t}{x^2}$；

（3）$\displaystyle\lim_{x\to0}\dfrac{\displaystyle\int_0^x\sin^2t\,\mathrm{d}t}{x^3}$；

（4）$\displaystyle\lim_{x\to1}\dfrac{\displaystyle\int_1^x\tan(t^2-1)\,\mathrm{d}t}{(x-1)^2}$.

5. 计算下列定积分：

（1）$\displaystyle\int_1^2\dfrac{1}{\sqrt{x}}\mathrm{d}x$；

（2）$\displaystyle\int_0^{\sqrt{3}}\dfrac{1}{1+x^2}\mathrm{d}x$；

（3）$\displaystyle\int_0^{\frac{\pi}{4}}\tan^2x\,\mathrm{d}x$；

（4）$\displaystyle\int_0^2|x-1|\,\mathrm{d}x$；

（5）$\displaystyle\int_{-1}^0\dfrac{3x^4+3x^2+1}{x^2+1}\mathrm{d}x$；

（6）$\displaystyle\int_0^4\sqrt{x}(1+x)\,\mathrm{d}x$.

6. 设 $f(x)=\begin{cases}x+1,&x>1,\\\mathrm{e}^x,&x\leqslant1,\end{cases}$ 求 $\displaystyle\int_0^2f(x)\,\mathrm{d}x$.

7. 求函数 $F(x)=\displaystyle\int_0^x t(t-4)\,\mathrm{d}t$ 在 $[-1,5]$ 上的最大值和最小值.

第三节　定积分的计算

一、换元积分法

在不定积分的计算中，我们学习了换元法，这种方法可以借鉴到定积分的计算中，从而建立定积分的换元法.

定理 5.5　设函数 $f(x)$ 在闭区间 $[a,b]$ 上连续，且函数 $x=\varphi(t)$ 满足条件：

(1) $\varphi(\alpha)=a$，$\varphi(\beta)=b$，且 $a\leqslant\varphi(t)\leqslant b$，

(2) $\varphi(t)$ 在 $[\alpha,\beta]$ 上具有连续导数 $\varphi'(t)$，

则有定积分的**换元公式**

$$\int_a^b f(x)\,\mathrm{d}x = \int_\alpha^\beta f[\varphi(t)]\varphi'(t)\,\mathrm{d}t.$$

定积分的换元公式与不定积分的换元公式有一定的相似性，但需要注意以下两点：

(1) 用 $x=\varphi(t)$ 将原变量 x 换成新变量 t 时，积分限也要换成相应新变量 t 的积分限，且上、下限均要对应. 我们可将此步骤概括为：**换元必换限！**

(2) 求出 $f[\varphi(t)]\varphi'(t)$ 的一个原函数 $\Phi(t)$ 后，不必像计算不定积分那样再把 $\Phi(t)$ 变换成原变量 x 的函数，只需直接求出 $\Phi(t)$ 在新变量 t 的积分区间上的增量即可.

例 1　求定积分 $\displaystyle\int_e^{e^2}\frac{\ln x}{x}\,\mathrm{d}x.$

解　原式 $=\displaystyle\int_e^{e^2}\ln x\,\frac{\mathrm{d}x}{x}=\int_e^{e^2}\ln x\,\mathrm{d}(\ln x)=\frac{1}{2}(\ln x)^2\Big|_e^{e^2}=\frac{1}{2}(2^2-1^2)=\frac{3}{2}.$

由例 1 可看出，借用不定积分的第一类换元法的思想计算定积分时，可不必设中间变量. 由于在积分过程中没有进行变量代换，因此积分上、下限不用改变.

例 2　求定积分 $\displaystyle\int_1^5\frac{1}{1+\sqrt{x-1}}\,\mathrm{d}x.$

解　令 $t=\sqrt{x-1}$，则 $x=t^2+1$，由于 $x\in[1,5]$，所以对应的新变量 $t\in[0,2]$，且 $\mathrm{d}x=2t\mathrm{d}t$.

$$原式 = \int_0^2\frac{1}{1+t}2t\mathrm{d}t = 2\int_0^2\frac{t}{1+t}\mathrm{d}t = 2\int_0^2\left(1-\frac{1}{1+t}\right)\mathrm{d}t$$

$$= 2[t-\ln(1+t)]\Big|_0^2 = 2(2-\ln 3).$$

最后，我们给出定积分计算中常用的重要定理.

定理 5.6　设 $f(x)$ 在 $[-a,a]$ 上连续，则有以下结论.

(1) 若 $f(x)$ 为偶函数，则

$$\int_{-a}^a f(x)\,\mathrm{d}x = 2\int_0^a f(x)\,\mathrm{d}x.$$

(2) 若 $f(x)$ 为奇函数，则

$$\int_{-a}^a f(x)\,\mathrm{d}x = 0.$$

二、分部积分法

设函数 $u=u(x)$，$v=v(x)$ 在区间 $[a,b]$ 上具有连续导数，则 $\mathrm{d}(uv)=u\mathrm{d}v+v\mathrm{d}u$.

移项可得 $u\mathrm{d}v=\mathrm{d}(uv)-v\mathrm{d}u$，等式两边在 $[a,b]$ 上求定积分，则有

$$\int_a^b u\mathrm{d}v = \int_a^b \mathrm{d}(uv) - \int_a^b v\mathrm{d}u,$$

即

$$\int_a^b u\mathrm{d}v = uv\,\Big|_a^b - \int_a^b v\mathrm{d}u.$$

这就是定积分的**分部积分公式**，它与不定积分的分部积分公式不同的是，这里可将原函数已经积出的部分 uv 先用上、下限代入.

例3 求定积分 $\int_1^e \ln x\mathrm{d}x$.

解 原式 $= x\ln x\,\Big|_1^e - \int_1^e x\mathrm{d}(\ln x) = \mathrm{e} - \int_1^e x\cdot\dfrac{1}{x}\mathrm{d}x = \mathrm{e} - x\,\Big|_1^e = 1$.

例4 求定积分 $\int_0^1 \arctan x\mathrm{d}x$.

解 原式 $= x\arctan x\,\Big|_0^1 - \int_0^1 x\mathrm{d}(\arctan x) = \dfrac{\pi}{4} - \int_0^1 x\cdot\dfrac{1}{1+x^2}\mathrm{d}x$

$= \dfrac{\pi}{4} - \dfrac{1}{2}\int_0^1 \dfrac{1}{1+x^2}\mathrm{d}(1+x^2) = \dfrac{\pi}{4} - \dfrac{1}{2}\ln(1+x^2)\,\Big|_0^1 = \dfrac{\pi}{4} - \dfrac{1}{2}\ln 2$.

例5 求定积分 $\int_0^1 x\mathrm{e}^{-x}\mathrm{d}x$.

解 原式 $= -\int_0^1 x\mathrm{d}(\mathrm{e}^{-x}) = -\left(x\mathrm{e}^{-x}\,\Big|_0^1 - \int_0^1 \mathrm{e}^{-x}\mathrm{d}x\right) = -(x\mathrm{e}^{-x}+\mathrm{e}^{-x})\,\Big|_0^1 = 1-\dfrac{2}{\mathrm{e}}$.

习题 5-3

1. 计算下列定积分：

(1) $\int_0^3 \mathrm{e}^{\frac{x}{3}}\mathrm{d}x$；

(2) $\int_0^{3\sqrt{3}} \dfrac{1}{9+x^2}\mathrm{d}x$；

(3) $\int_0^1 \dfrac{x}{1+x^4}\mathrm{d}x$；

(4) $\int_1^2 \dfrac{\mathrm{e}^{\frac{1}{x}}}{x^2}\mathrm{d}x$；

(5) $\int_e^{e^2} \dfrac{1}{x\ln x}\mathrm{d}x$；

(6) $\int_0^1 \dfrac{\ln(2x+1)}{2x+1}\mathrm{d}x$；

(7) $\int_{-1}^0 (\mathrm{e}^{-x}-\mathrm{e}^x)\mathrm{d}x$；

(8) $\int_0^{\frac{\pi}{2}} \sin x\cos^3 x\mathrm{d}x$.

2. 计算下列定积分：

(1) $\int_0^4 \dfrac{1}{1+\sqrt{x}}\mathrm{d}x$

(2) $\int_0^3 \dfrac{x}{1+\sqrt{1+x}}\mathrm{d}x$；

（3）$\displaystyle\int_{-5}^{1}\frac{x+1}{\sqrt{5-4x}}\mathrm{d}x$；　　　　　　（4）$\displaystyle\int_{1}^{4}\frac{\sqrt{x-1}}{x}\mathrm{d}x$.

3. 计算下列定积分：

（1）$\displaystyle\int_{0}^{1}\sqrt{4-x^{2}}\,\mathrm{d}x$；　　　　　　（2）$\displaystyle\int_{0}^{\sqrt{2}}x\sqrt{2-x^{2}}\,\mathrm{d}x$；

（3）$\displaystyle\int_{0}^{1}x^{2}\sqrt{1-x^{2}}\,\mathrm{d}x$；　　　　　（4）$\displaystyle\int_{0}^{1}(1+x^{2})^{-\frac{3}{2}}\mathrm{d}x$.

4. 设 $\displaystyle\int_{0}^{x}f(t)\,\mathrm{d}t=\frac{x^{4}}{2}$，求 $\displaystyle\int_{0}^{4}\frac{1}{\sqrt{x}}f(\sqrt{x})\,\mathrm{d}x$.

5. 设 $f(x)$ 是连续函数，证明：

（1）$\displaystyle\int_{1}^{2}f(3-x)\,\mathrm{d}x=\int_{1}^{2}f(x)\,\mathrm{d}x$；　　（2）$\displaystyle\int_{-a}^{a}f(x)\,\mathrm{d}x=\int_{0}^{a}[f(x)+f(-x)]\,\mathrm{d}x$.

6. 计算下列定积分：

（1）$\displaystyle\int_{0}^{\frac{\pi}{2}}x\sin x\mathrm{d}x$；　　　　　　（2）$\displaystyle\int_{0}^{1}x\mathrm{e}^{-x}\mathrm{d}x$；

（3）$\displaystyle\int_{1}^{\mathrm{e}}x\ln x\mathrm{d}x$；　　　　　　（4）$\displaystyle\int_{0}^{\frac{\sqrt{3}}{2}}\arccos x\mathrm{d}x$.

7. 设 $f(2x+1)=x\mathrm{e}^{x}$，求 $\displaystyle\int_{3}^{5}f(x)\,\mathrm{d}x$.

第四节　反常积分

前面探讨的都是在有界区间上的积分，被积函数也是有界的. 然而在一些实际问题中，我们会遇到积分区间是无穷的，或者被积函数是无界的积分问题. 这就是反常积分，又称为广义积分. 下面我们将利用极限的思想将定积分中的有界情况推广到无界情况.

我们将分别介绍区间无界和函数无界两种情况.

一、无穷限的反常积分

定义 5.2　设函数 $f(x)$ 在无穷区间 $[a,+\infty)$ 上连续，定义其在 $[a,+\infty)$ 上的**反常积分**(improper integral)为

$$\int_{a}^{+\infty}f(x)\,\mathrm{d}x=\lim_{b\rightarrow+\infty}\int_{a}^{b}f(x)\,\mathrm{d}x,$$

5.3　无穷限的
反常积分

若此极限存在，则称该反常积分收敛. 反之，则称该反常积分发散. 我们称 $+\infty$ 为该反常积分的奇点.

类似地，我们也可以定义函数 $f(x)$ 在无穷区间 $(-\infty,b]$ 上的反常积分. 定义积分上限和积分下限都是无穷的反常积分为

$$\int_{-\infty}^{+\infty}f(x)\,\mathrm{d}x=\int_{-\infty}^{a}f(x)\,\mathrm{d}x+\int_{a}^{+\infty}f(x)\,\mathrm{d}x.$$

若上式右边两个反常积分分别收敛，则称该反常积分收敛，且其中分点 a 不影响左边

反常积分的敛散性.

以上定义统称为**无穷限的反常积分**. 下面我们给出一些简单的例题, 利用反常积分的定义来判断其敛散性.

例 1 计算反常积分 $\int_1^{+\infty} \dfrac{1}{x^2}\mathrm{d}x$.

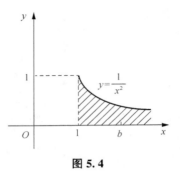

图 5.4

解 对任意的 $b>1$, 如图 5.4 所示,

$$F(b) = \int_1^b \frac{1}{x^2}\mathrm{d}x = -\frac{1}{x}\bigg|_1^b = -\frac{1}{b} + 1.$$

令 $b \to +\infty$, 则 $\displaystyle\lim_{b\to+\infty} F(b) = \lim_{b\to+\infty}\left(-\frac{1}{b}+1\right) = 1.$

例 2 下面给出一个反常积分发散的例子. 用定义判断反常积分 $\int_1^{+\infty} \dfrac{1}{x}\mathrm{d}x$ 发散.

解 原式 $= \displaystyle\lim_{b\to+\infty}\int_1^b \frac{1}{x}\mathrm{d}x = \lim_{b\to+\infty} \ln x \,\big|_1^b = \lim_{b\to+\infty} \ln b = +\infty$.

若 $F(x)$ 是 $f(x)$ 的一个原函数, 记

$$F(+\infty) = \lim_{x\to+\infty} F(x), \quad F(-\infty) = \lim_{x\to-\infty} F(x).$$

有如下反常积分的**牛顿-莱布尼茨公式**：

$$\int_a^{+\infty} f(x)\mathrm{d}x = F(x)\,\big|_a^{+\infty} = F(+\infty) - F(a),$$

$$\int_{-\infty}^b f(x)\mathrm{d}x = F(x)\,\big|_{-\infty}^b = F(b) - F(-\infty),$$

$$\int_{-\infty}^{+\infty} f(x)\mathrm{d}x = F(x)\,\big|_{-\infty}^{+\infty} = F(+\infty) - F(-\infty).$$

左边反常积分收敛当且仅当右边的极限存在.

例 3 计算反常积分 $\int_{-\infty}^{+\infty} \dfrac{1}{1+x^2}\mathrm{d}x$.

解 $\displaystyle\int_{-\infty}^{+\infty} \frac{1}{1+x^2}\mathrm{d}x = \arctan x\,\big|_{-\infty}^{+\infty} = \lim_{x\to+\infty}\arctan x - \lim_{x\to-\infty}\arctan x = \frac{\pi}{2} - \left(-\frac{\pi}{2}\right) = \pi.$

二、无界函数的反常积分

类似地, 我们可以给出有界区间上无界函数的反常积分的定义.

定义 5.3 设函数 $f(x)$ 在区间 $(a,b]$ 上连续, 且 $\displaystyle\lim_{x\to a^+} f(x) = \infty$, 定义其在 $(a,b]$ 上的**反常积分**为

$$\int_a^b f(x)\mathrm{d}x = \lim_{\varepsilon\to 0^+}\int_{a+\varepsilon}^b f(x)\mathrm{d}x,$$

其中任取 $\varepsilon>0$. 若右边极限存在, 则称该反常积分收敛; 反之, 则称该反常积分发散. 我们称 a 为该反常积分的唯一奇点.

类似地, 若有 $\displaystyle\lim_{x\to b^-} f(x) = \infty$, 我们也可以定义函数 $f(x)$ 在区间 $[a,b)$ 上的反常积分. 又

若函数 $f(x)$ 在区间 $[a,b]$ 上除了点 c 处连续，其中 $a<c<b$，且 $\lim\limits_{x\to c}f(x)=\infty$，则其在区间 $[a,b]$ 上的反常积分为

$$\int_a^b f(x)\,\mathrm{d}x = \int_a^c f(x)\,\mathrm{d}x + \int_c^b f(x)\,\mathrm{d}x.$$

当且仅当右边两个积分都收敛时，称反常积分 $\int_a^b f(x)\,\mathrm{d}x$ 收敛；

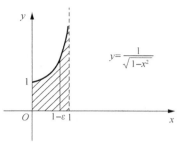

图 5.5

反之，称该反常积分发散. 此时，c 为该反常积分的唯一奇点.

例 4　计算反常积分 $\int_0^1 \dfrac{1}{\sqrt{1-x^2}}\mathrm{d}x$.

解　因 $\lim\limits_{x\to 1^-}\dfrac{1}{\sqrt{1-x^2}}=+\infty$，故 1 为唯一奇点（见图 5.5）.

原式 $=\lim\limits_{\varepsilon\to 0^+}\int_0^{1-\varepsilon}\dfrac{1}{\sqrt{1-x^2}}\mathrm{d}x=\lim\limits_{\varepsilon\to 0^+}\arcsin x\,\big|_0^{1-\varepsilon}=\lim\limits_{\varepsilon\to 0^+}\arcsin(1-\varepsilon)=\dfrac{\pi}{2}$.

类似地，若 a 为该反常积分的唯一奇点，我们有如下无界函数的反常积分的**牛顿–莱布尼茨公式**：

$$\int_a^b f(x)\,\mathrm{d}x = F(b) - F(a^+).$$

其中，$F(x)$ 是 $f(x)$ 的一个原函数，且 $F(a^+)=\lim\limits_{x\to a^+}F(x)$，左边反常积分收敛当且仅当右边的极限存在. 当奇点在区间右端或者区间中间时有类似的结论.

例 5　说明反常积分 $\int_0^1 \dfrac{1}{x^p}\mathrm{d}x$ 的敛散性.

解　$x=0$ 是唯一奇点.

当 $p=1$ 时，有

$$原式 = \int_0^1 \dfrac{1}{x}\mathrm{d}x = \ln x\,\big|_0^1 = +\infty.$$

当 $p\neq 1$ 时，有

$$原式 = \int_0^1 \dfrac{1}{x^p}\mathrm{d}x = \dfrac{x^{1-p}}{1-p}\bigg|_0^1 = \begin{cases} +\infty, & p>1, \\ \dfrac{1}{1-p}, & 0<p<1. \end{cases}$$

综上所述，当 $0<p<1$ 时原反常积分收敛；当 $p\geqslant 1$ 时原反常积分发散.

<h2 style="text-align:center">习题 5–4</h2>

计算下列反常积分：

(1) $\int_{-\infty}^0 \mathrm{e}^x \mathrm{d}x$；

(2) $\int_0^{+\infty} \cos x\,\mathrm{d}x$；

(3) $\int_{-\infty}^{+\infty} \dfrac{1}{x^2+4x+5}\mathrm{d}x$；

(4) $\int_0^1 \dfrac{x}{\sqrt{1-x^2}}\mathrm{d}x$；

(5) $\displaystyle\int_0^{+\infty}\frac{x}{(1+x^2)^2}\mathrm{d}x$;　　　(6) $\displaystyle\int_e^{+\infty}\frac{1}{x\ln^2x}\mathrm{d}x$;

(7) $\displaystyle\int_0^{+\infty}\frac{\arctan x}{1+x^2}\mathrm{d}x$;　　　(8) $\displaystyle\int_{-\infty}^{+\infty}\frac{x^2}{1+x^6}\mathrm{d}x$;

(9) $\displaystyle\int_0^{+\infty}\frac{1}{(1+x)\sqrt{x}}\mathrm{d}x$;　　　(10) $\displaystyle\int_0^{+\infty}xe^{-2x}\mathrm{d}x$;

(11) $\displaystyle\int_1^e\frac{1}{x\sqrt{1-\ln^2x}}\mathrm{d}x$;　　　(12) $\displaystyle\int_1^2\frac{x}{\sqrt{x-1}}\mathrm{d}x$.

第五节　定积分的几何应用

定积分利用微元法，在求某种总量的过程中先分割、求和，再求极限. 这种方法可以应用于几何学、物理学、经济学等领域中. 本节将介绍定积分在几何学中的应用.

一、平面图形的面积计算

由定积分的几何意义知，当函数 $f(x)\geqslant 0$ 时，我们用定积分 $\displaystyle\int_a^bf(x)\mathrm{d}x$ 表示曲线 $y=f(x)$ 和 $y=0$，$x=a$，$x=b$ 所围成的曲边梯形的面积.

5.4　平面图形
的面积计算

(1) 若函数 $y=f(x)$ 在区间 $[a,b]$ 上变号，定积分 $\displaystyle\int_a^bf(x)\mathrm{d}x$ 表示图形在 x 轴上方的部分面积减去图形在 x 轴下方的部分面积. 则所围成的面积(见图5.6)为 $\displaystyle\int_a^b|f(x)|\mathrm{d}x$.

(2) 区间 $[a,b]$ 上的两个连续函数 $y=f_1(x)$，$y=f_2(x)$ 与 $x=a$，$x=b$ 所围成的图形的面积(见图5.7)为 $\displaystyle\int_a^b|f_1(x)-f_2(x)|\mathrm{d}x$.

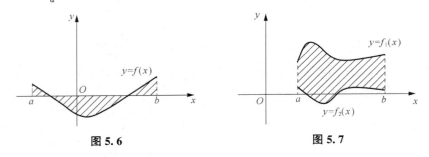

图5.6　　　　　　　　　　　图5.7

类似地，我们可以计算曲线与 y 轴所围图形的面积.

(3) 连续函数 $x=g(y)$ 与 y 轴，$y=c$，$y=d$ 所围图形的面积(见图5.8)为 $\displaystyle\int_c^d|g(y)|\mathrm{d}y$.

(4) 两个连续函数 $x=g_1(y)$，$x=g_2(y)$ 与 $y=c$，$y=d$ 所围成的图形的面积(见图5.9)为 $\displaystyle\int_c^d|g_1(y)-g_2(y)|\mathrm{d}y$.

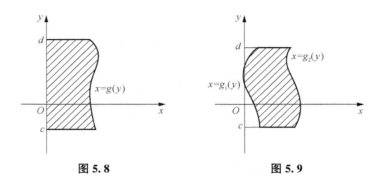

图 5.8   图 5.9

例1 求曲线 $y=x^2$ 和 $y=x$ 所围图形的面积.

解 如图 5.10 所示,曲线 $y=x^2$ 和 $y=x$ 的交点为 $(0,0)$ 和 $(1,1)$. 选择 x 作为积分变量,则所求面积为

$$\int_0^1 (x-x^2)\,dx = \left(\frac{1}{2}x^2 - \frac{1}{3}x^3\right)\bigg|_0^1 = \frac{1}{6}.$$

例2 求曲线 $y=\sin x$ 和 $y=\cos x$ 在 $[0,2\pi]$ 上所围图形的面积.

解 如图 5.11 所示,曲线 $y=\sin x$ 和 $y=\cos x$ 在 $[0,2\pi]$ 上相交于点 $\left(\frac{\pi}{4},\frac{\sqrt{2}}{2}\right)$ 和 $\left(\frac{5\pi}{4},-\frac{\sqrt{2}}{2}\right)$.

则所求面积为

$$\left(\int_0^{\frac{\pi}{4}} + \int_{\frac{5\pi}{4}}^{2\pi}\right)(\cos x - \sin x)\,dx + \int_{\frac{\pi}{4}}^{\frac{5\pi}{4}}(\sin x - \cos x)\,dx,$$

由对称性得面积为

$$2\int_{\frac{\pi}{4}}^{\frac{5\pi}{4}}(\sin x - \cos x)\,dx = 2(-\cos x - \sin x)\bigg|_{\frac{\pi}{4}}^{\frac{5\pi}{4}} = 4\sqrt{2}.$$

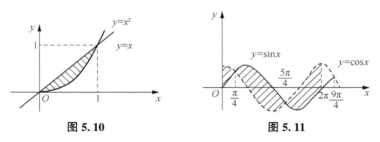

图 5.10   图 5.11

例3 求曲线 $2y^2=x+4$ 和 $y^2=x$ 所围成的图形的面积.

解 如图 5.12 所示,曲线 $2y^2=x+4$ 和 $y^2=x$ 的交点为 $(4,2)$ 和 $(4,-2)$. 可以看到图形关于 x 轴对称,故仅求上半部分即可.

方法一: 将 x 看成积分变量,则面积为

$$2\int_{-4}^4 \left(\sqrt{\frac{x+4}{2}} - \sqrt{x}\right)dx = 2\left(\int_{-4}^4 \sqrt{\frac{x+4}{2}}\,dx - \int_0^4 \sqrt{x}\,dx\right) = 2\left(\int_{-4}^4 2\sqrt{\frac{x+4}{2}}\,d\frac{x+4}{2} - \int_0^4 \sqrt{x}\,dx\right)$$

$$= 2\left[2\cdot\frac{2}{3}\cdot\left(\frac{x+4}{2}\right)^{\frac{3}{2}}\bigg|_{-4}^4 - \frac{2}{3}x^{\frac{3}{2}}\bigg|_0^4\right] = \frac{32}{3}.$$

方法二：将 y 看成积分变量，则面积为

$$2\int_0^2 \left[y^2 - (2y^2 - 4) \right] \mathrm{d}y = 2\int_0^2 (-y^2 + 4)\,\mathrm{d}y$$

$$= 2\left(-\frac{1}{3}y^3 \Big|_0^2 + 8 \right) = \frac{32}{3}.$$

由此可以看出，有时选择不同的积分变量，其对应的积分计算的复杂度是有明显差别的.

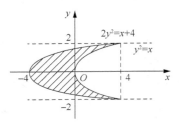

图 5.12

二、已知截面面积的立体体积计算

对于一般的立体的体积计算问题，我们将放到多元微分学的部分解决. 这里，我们将利用一元函数的定积分处理其中一种简单的情况.

设几何体夹在平面 $x=a$ 以及 $x=b$ 之间，且在区间 $[a,b]$ 内，我们可以用过点 $x \in [a,b]$、垂直于 x 轴的截面去截该立体，如图 5.13 所示. 我们可以计算出该截面的面积为 $A=A(x)$，并且假设 $A(x)$ 是关于 x 的连续函数.

5.5 已知截面面积的立体体积计算

利用微元法，划分区间 $[a,b]$，任取其中一个微元为 $[x,x+\mathrm{d}x]$，体积微元可以近似为以 $A(x)$ 为底面、以 $\mathrm{d}x$ 为高的柱体. 则体积微元为

$$\mathrm{d}V = A(x)\,\mathrm{d}x,$$

故该几何体的体积为

$$V = \int_a^b A(x)\,\mathrm{d}x.$$

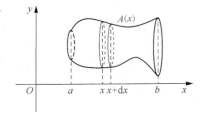

图 5.13

例 4 一平面经过半径为 R 的圆柱体的底面中心，并与底面形成夹角 α. 计算该平面截圆柱体所得立体的体积.

解 如图 5.14 所示，取该平面与圆柱体的底面的交线为 x 轴，底面上过圆中心，且垂直于 x 轴的直线为 y 轴，则底面圆方程可表示为 $x^2+y^2=R^2$. 该立体中过点 x 且垂直于 x 轴的截面是一个直角三角形，它的两条直角边的长分别为 y 以及 $y\tan\alpha$，即 $\sqrt{R^2-x^2}$，$\sqrt{R^2-x^2}\tan\alpha$. 则截面的面积为

$$A(x) = \frac{1}{2}(R^2-x^2)\tan\alpha,$$

则所截立体的体积为

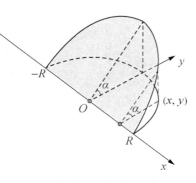

图 5.14

$$V = \int_{-R}^R A(x)\,\mathrm{d}x = \int_{-R}^R \frac{1}{2}(R^2 - x^2)\tan\alpha\,\mathrm{d}x$$

$$= \frac{1}{2}\left(R^2 x - \frac{1}{3}x^3 \right) \Big|_{-R}^R \tan\alpha$$

$$= \frac{2}{3}R^3 \tan\alpha.$$

三、旋转体的体积计算

5.6　旋转体的
体积计算

我们称由一个平面图形绕该平面上某一条直线旋转一周而形成的立体为**旋转体**. 旋转体可以归为已知截面面积的立体来求体积. 我们将分成以下几种情况来介绍旋转体体积的计算.

（1）由连续曲线段 $y=f(x)\geqslant0$，与直线 $y=0$，$x=a$，$x=b$ 所围成的曲边梯形绕 x 轴旋转一周所得到的旋转体如图 5.15 和图 5.16 所示.

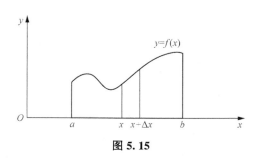

图 5.15

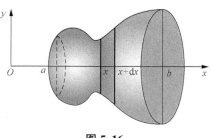

图 5.16

其截面是半径为 $f(x)$ 的圆，故该旋转体的体积为

$$V = \pi\int_a^b f^2(x)\,\mathrm{d}x.$$

类似地，我们还可以得到如下结果.

（2）由连续曲线段 $x=g(y)\geqslant0$，与直线 $x=0$，$y=c$，$y=d$ 所围成的曲边梯形绕 y 轴旋转一周所得到的旋转体如图 5.17 和图 5.18 所示. 其体积为

$$V = \pi\int_c^d g^2(y)\,\mathrm{d}y.$$

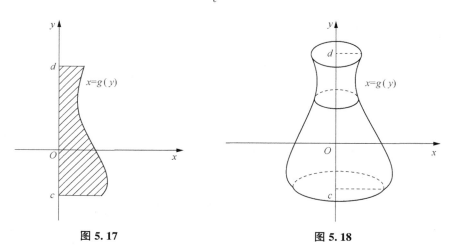

图 5.17　　　　　　　　　　　图 5.18

例 5　计算由椭圆 $\dfrac{x^2}{a^2}+\dfrac{y^2}{b^2}=1\,(a>b>0)$ 所围图形绕 x 轴旋转而成的椭球体的体积.

解　将椭圆方程改写成 y 关于 x 的函数 $y=f(x)=b\sqrt{1-\dfrac{x^2}{a^2}}$，则椭球体的体积为

$$V = \pi \int_{-a}^{a} f^2(x) \, dx = 2\pi \int_{0}^{a} b^2 \left(1 - \frac{x^2}{a^2} \right) dx$$

$$= 2\pi b^2 \left(x - \frac{x^3}{3a^2} \right) \Big|_{0}^{a}$$

$$= \frac{4}{3} \pi ab^2.$$

例 6 抛物线 $y = 2x^2$ 在 $0 \leqslant x \leqslant 1$ 上构成如下两个图形（见图 5.19）：

$$D_x = \{ (x,y) \mid 0 \leqslant x \leqslant 1, 0 \leqslant y \leqslant 2x^2 \},$$

$$D_y = \left\{ (x,y) \mid 0 \leqslant y \leqslant 2, 0 \leqslant x \leqslant \sqrt{\frac{y}{2}} \right\}.$$

求 D_x、D_y 分别绕 x 轴、y 轴旋转一周所得旋转体的体积.

解 D_x 绕 x 轴旋转一周所得旋转体的体积为

$$V_x = 4\pi \int_{0}^{1} x^4 \, dx = \frac{4}{5} \pi.$$

D_y 绕 y 轴旋转一周所得旋转体的体积为

$$V_y = \pi \int_{0}^{2} \left(\sqrt{\frac{y}{2}} \right)^2 dy = \pi.$$

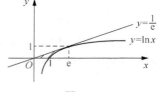

图 5.19

例 7 过坐标原点作曲线 $y = \ln x$ 的切线，记该切线与曲线 $y = \ln x$ 及 x 轴围成的平面图形为 D，如图 5.20 所示. 求 D 分别绕 x 轴以及 y 轴旋转一周所得旋转体的体积.

解 设所求切线与曲线的切点为 $(x_0, \ln x_0)$，则切线方程为

$$y - \ln x_0 = \frac{1}{x_0} (x - x_0).$$

将 $(0,0)$ 点代入方程得 $x_0 = e$，则切点为 $(e, 1)$. 切线方程为

$$y - 1 = \frac{1}{e}(x - e) = \frac{1}{e} x - 1,$$

即

$$y = \frac{1}{e} x.$$

（1）先求 D 绕 x 轴旋转一周所得旋转体的体积. 其可以看作切线与 x 轴以及直线 $x = e$ 所围图形绕 x 轴旋转一周所得的立体的体积 V_1，减去曲线 $y = \ln x$ 与 x 轴以及直线 $x = e$ 所围图形绕 x 轴旋转一周所得的立体的体积 V_2，则

$$V = V_1 - V_2 = \pi \int_{0}^{e} \left(\frac{1}{e} x \right)^2 dx - \pi \int_{1}^{e} \ln^2 x \, dx$$

$$= \pi \left[\frac{x^3}{3e^2} \Big|_{0}^{e} - (x \ln^2 x - 2x \ln x + 2x) \Big|_{1}^{e} \right]$$

$$= \left(-\frac{2}{3} e + 2 \right) \pi.$$

（2）将 y 看成积分变量来求 D 绕 y 轴旋转一周所得旋转体的体积. 其可以看作曲线 $x=e^y$ 与 y 轴以及直线 $y=1$ 所围图形绕 y 轴旋转一周所得的立体的体积 V_1，减去切线 $x=ey$ 与 y 轴以及直线 $y=1$ 所围图形绕 y 轴旋转一周所得的立体的体积 V_2，则

$$V = V_1 - V_2 = \pi \int_0^1 \left[(e^y)^2 - (ey)^2 \right] dy$$
$$= \pi \left(\frac{1}{2}e^{2y} - \frac{1}{3}e^2 y^3 \right) \Big|_0^1$$
$$= \frac{1}{6}\pi e^2 - \frac{1}{2}\pi.$$

习题 5-5

1. 求由下列给定曲线所围成平面图形的面积：

（1）$y=\dfrac{1}{x}$，$y=x$，$x=2$；　　　　　　（2）$y=\sqrt{x}$，$y=x$；

（3）$y=e^x$，$y=e^{-x}$，$x=1$；　　　　　　（4）$y=x^3-4x$，$y=0$；

（5）$y=x^2$，$y=x$，$y=2x$；　　　　　　（6）$y^2=x$，$y^2=-x+4$；

（7）$y=\sin x$，$y=1$，$x=0\left(0<x<\dfrac{\pi}{2}\right)$；

（8）$y=\ln x$，$y=\ln a$，$y=\ln b$，$x=0(b>a>0)$.

2. 求由下列平面图形分别绕 x 轴和 y 轴旋转所得的旋转体体积 V_x，V_y：

（1）$y=x^3$，$y=\sqrt{x}$；

（2）$y=\sqrt{x}$，$y=0$，$x=1$，$x=4$；

（3）$y=\ln x$，$y=0$，$x=1$，$x=e$；

（4）$xy=1$，$x=2$，$y=3$.

3. 设平面图形由曲线 $y=e^x$ 及直线 $y=e$，$x=0$ 所围成.

求：（1）该平面图形的面积 A；

（2）该平面图形绕 x 轴旋转所得旋转体的体积 V_x.

4. 设平面图形由曲线 $x=0$，$x=2$，$y=0$ 及 $y=-x^2+1$ 所围成.

求：（1）该平面图形的面积 A；

（2）该平面图形绕 x 轴旋转所得旋转体的体积 V_x.

5. 设直线 $y=ax+b$，$x=0$，$x=1$ 及 $y=0$ 所围成的梯形面积等于 A，试求 $a,b(a\geq 0,b>0)$ 使这个梯形绕 x 轴旋转所得旋转体的体积最小.

本章小结

5.7 本章小结

定积分的概念 与性质	理解 定积分的定义； 理解 定积分的几何意义； 了解 定积分的基本性质和积分中值定理
定积分的 计算	熟练 积分上限函数的定义及求导方法； 熟练 微积分基本公式（牛顿–莱布尼茨公式）； 掌握 定积分的换元积分法； 掌握 定积分的分部积分法
反常积分	了解 无穷限和无界函数两类反常积分的定义； 熟练 反常积分的计算方法
定积分的 几何应用	掌握 利用定积分求平面图形面积； 掌握 利用定积分求旋转体体积

总复习题五

1. 设 $f(x)$ 为连续函数，且存在常数 a，满足 $\int_a^{x^3} f(t)\,dt = x^5 + 1$，求 $f(x)$ 与常数 a.

2. 设 $\int_0^y t^2\,dt + \int_0^{x^2} \dfrac{\sin t}{\sqrt{t}}\,dt = 1$，求 $\dfrac{dy}{dx}$.

3. 设函数 $f(x)$ 在 $[0,1]$ 上连续，且 $f(x)<1$，求证：$F(x) = 2x - \int_0^x f(t)\,dt - 1$ 在 $(0,1)$ 内有且仅有一个零点.

4. 求下列极限：

(1) $\lim\limits_{x\to 0} \dfrac{1}{x^3} \int_0^x (\sqrt{1+t^2} - \sqrt{1-t^2})\,dt$；

(2) $\lim\limits_{x\to\infty} \dfrac{1}{x^4} \int_1^{x^2} \sqrt{1+t^2}\,dt$.

5. 计算下列定积分：

(1) $\int_{-2}^2 \min\{2, x^2\}\,dx$；

(2) $\int_0^{\frac{\pi}{2}} \dfrac{\cos x}{1 + \sin^2 x}\,dx$；

(3) $\int_0^2 \dfrac{1}{2 + \sqrt{4 - x^2}}\,dx$；

(4) $\int_0^1 \dfrac{x^2}{(1 + x^2)^2}\,dx$；

$(5) \int_{\frac{1}{e}}^{e} |\ln x| \, \mathrm{d}x ;$ $(6) \int_{1}^{e} (\ln x)^{2} \mathrm{d}x ;$

$(7) \int_{0}^{\frac{\pi}{2}} x^{2} \cos 2x \mathrm{d}x ;$ $(8) \int_{0}^{\frac{\pi}{2}} \mathrm{e}^{x} \sin x \mathrm{d}x ;$

$(9) \int_{0}^{\frac{\pi^{2}}{4}} \cos \sqrt{x} \, \mathrm{d}x ;$ $(10) \int_{1}^{4} \frac{\ln x}{\sqrt{x}} \mathrm{d}x .$

6. 已知 $f(0) = 1$, $f(2) = 4$, $f'(2) = 2$, 求 $\int_{0}^{1} x f''(2x) \, \mathrm{d}x$.

7. 设 $f(x)$ 为连续函数, 满足 $\int_{0}^{\pi} f(x) \sin x \mathrm{d}x + \int_{0}^{\pi} f''(x) \sin x \mathrm{d}x = 5$, 且 $f(\pi) = 2$, 求 $f(0)$.

8. 计算 $\int_{-\frac{\pi}{2}}^{\frac{\pi}{2}} \cos x \, (x + \cos x)^{2} \mathrm{d}x$.

9. 求 $f(x) = \int_{0}^{x} (1 + t) \arctan t \mathrm{d}t$ 的极值.

10. 设 $f(x) = \tan^{2} x$, 计算 $\int_{0}^{\frac{\pi}{4}} f'(x) f''(x) \, \mathrm{d}x$.

11. 求 c 的值, 使 $\lim\limits_{x \to +\infty} \left(\dfrac{x+c}{x-c} \right)^{x} = \int_{-\infty}^{c} x \mathrm{e}^{2x} \mathrm{d}x$.

12. 设 $f(x)$ 在 $[a, b]$ 上连续, 且严格单调增加, 证明:
$$(a + b) \int_{a}^{b} f(x) \, \mathrm{d}x < 2 \int_{a}^{b} x f(x) \, \mathrm{d}x.$$

13. 求曲线 $y = \ln x$ 在 $(0, 6)$ 内的一条切线, 使得该切线与直线 $x = 2$, $x = 6$ 及曲线 $y = \ln x$ 所围面积最小.

14. 已知曲线 $y = 1 - x^{2} (0 \leqslant x \leqslant 1)$ 与 x 轴、y 轴所围区域被曲线 $y = ax^{2} (a > 0)$ 分为面积相等的两部分, 求 a 的值.

15. 求曲线 $y = x^{3} - 3x + 2$ 与它的左极值点处的切线所围平面区域的面积.

16. 求圆 $16 = x^{2} + (y - 5)^{2}$ 绕 x 轴旋转一周所得旋转体的体积.

17. 设抛物线 $y = ax^{2} + bx + c$ 通过原点 $(0, 0)$, 且当 $x \in [0, 1]$ 时, $y \geqslant 0$. 试确定 a, b, c 的值, 使抛物线 $y = ax^{2} + bx + c$ 与直线 $x = 1$, $y = 0$ 所围平面图形的面积为 $\dfrac{4}{9}$, 且使此平面图形绕 x 轴旋转一周所得旋转体的体积最小.

数学通识：祖暅原理

祖暅（456—536 年），一作祖暅之，字景烁，范阳郡遒县（今河北涞水）人，中国南北朝时期数学家、天文学家，祖冲之之子. 他同父亲祖冲之一起圆满解决了球面积的计算问题，得到了正确的体积公式，并据此提出了著名的"祖暅原理".

祖暅原理，又名等幂等积定理，是一个涉及几何求积的著名命题.《缀术》是中国南北朝时期的一部算经，汇集了祖冲之和祖暅之父子的数学研究成果. 祖暅之在《缀术》有云：
"缘幂势既同，则积不容异". 其详细解释是：夹在两个平行平面间的两个几何体，被平行于这两个平行平面的任何平面所截，如果截得两个截面的面积总相等，那么这两个几何体的体积相等.

如图 5.21 所示，夹在 α，β 两个平行平面中的两个物体，若被任一平行于 α，β 的平面所截，得到的两个截面积 P，Q 总相等，那么这两个物体的体积相等. 以定积分形式来表达祖暅原理，即

$$V = \int_a^b S(x)\,\mathrm{d}x,$$

其中 $S(x)$ 为截面积函数，$[a,b]$ 为积分区间.

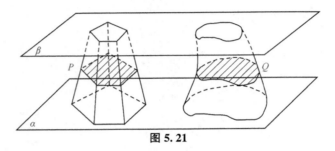

图 5.21

祖暅原理主要应用于计算一些复杂几何体的体积. 在西方，直到 17 世纪，这一原理才由意大利数学家卡瓦列里(Cavalieri，1598—1647 年)发现. 其在于 1635 年出版的《连续不可分几何》中提出了等积原理，所以西方人称之为"卡瓦列里原理". 其实，他的发现要比我国的祖暅晚 1100 多年.

第六章　二元函数微积分初步

在之前的章节中，我们都围绕着一元函数 $y=f(x)$ 在讨论. 但在很多实际问题中往往需要考虑多方面的因素，反映在数学上，就是函数依赖于多个变量的情形，这就需要提出多元函数的概念以及相应的多元函数微积分. 接下来我们将在一元函数微积分学的基础上，介绍二元函数微积分学的部分重要概念和简单应用，所得到的概念、性质以及结论等可以推广到二元以上的多元函数.

通过对本章的学习我们可以发现二元函数微积分学是在一元函数微积分学基础上的拓展，它的一些重要概念和性质、处理问题的方法与一元函数微积分学有很多相似之处. 此外，由于变量数量的增多，二元函数微积分学的内容更加丰富，其应用范围也更加广泛.

第一节　空间解析几何

在一元函数的微积分中，平面解析几何起到了十分重要的作用. 因此，在讨论二元函数微积分之前，首先要简单地介绍空间解析几何.

6.1 空间直角坐标系

一、空间直角坐标系

过空间一个定点 O，作 3 条两两互相垂直的数轴，O 点为 3 条数轴的原点，这 3 条数轴分别称为 x 轴（或横轴）、y 轴（或纵轴）、z 轴（或竖轴），并按右手法则规定 3 条数轴的正方向，即将右手伸直，大拇指所指方向为 z 轴的正方向，其余 4 指的指向为 x 轴的正方向，4 指弯曲 $90°$ 后的指向为 y 轴的正方向（见图 6.1）. 这样就构造了一个**空间直角坐标系**（rectangular coordinate system in space），记为 $O\text{-}xyz$，点 O 称为**坐标原点**（origin）.

对于空间中任意一点 P，过 P 点作 3 个平面，分别垂直于 x 轴、y 轴和 z 轴，且与这 3 个轴分别交于 A,B,C 这 3 点，点 A,B,C 分别称为点 P 在 x 轴、y 轴和 z 轴上的正投影，如图 6.2 所示. 设这 3 点在 x 轴、y 轴和 z 轴上的坐标依次为 a,b,c，那么点 P 唯一确定了一个三元有序数组 (a, b,c)；反之，对任意给定的一个三元有序数组 (a,b,c)，可以在 x 轴上取坐标为 a 的点 A，在 y 轴上取坐标为 b 的点 B，在 z 轴上取坐标为 c 的点 C，然后过 A,B,C 这 3 点分别作垂

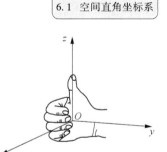

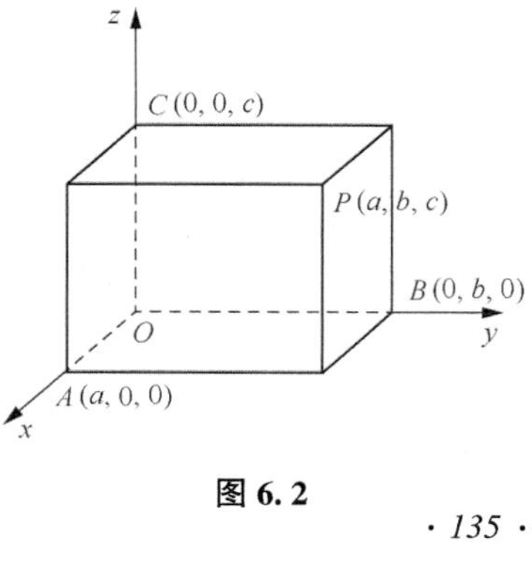

图 6.1

图 6.2

直于 x 轴、y 轴和 z 轴的 3 个平面，这 3 个平面的交点 P 就是由三元有序数组 (a,b,c) 确定的唯一的点. 这样，空间任意一点 P 就与一个三元有序数组 (a,b,c) 建立了一一对应关系. 这个三元有序数组称为点 P 的坐标，记作 $P(a,b,c)$. 显然，坐标原点 O 的坐标为 $(0,0,0)$，而 x 轴、y 轴及 z 轴上点的坐标分别为 $(x,0,0)$，$(0,y,0)$ 及 $(0,0,z)$.

3 条坐标轴中每两条可以确定一个平面，称为**坐标面**. 由 x 轴和 y 轴确定的坐标面称为 xOy 面，其上点的坐标为 $(x,y,0)$；由 y 轴和 z 轴确定的坐标面称为 yOz 面，其上点的坐标为 $(0,y,z)$；由 x 轴和 z 轴确定的坐标面称为 xOz 面，其上点的坐标为 $(x,0,z)$.

这 3 个坐标面将空间分成 8 个部分，称为 8 个卦限. 8 个卦限分别用罗马数字 I，II，…，VIII 表示. 第一、二、三、四卦限均在 xOy 面的上方，按逆时针方向排定，其中 $x>0$，$y>0$，$z>0$ 的那个部分叫作第一卦限；第五、六、七、八卦限均在 xOy 面的下方，也按逆时针方向排定，它们分别在第一至四卦限的下方，如图 6.3 所示.

设 $A(x_1,y_1,z_1)$，$B(x_2,y_2,z_2)$ 为空间中任意两点，过 A，B 两点各作 3 个平面分别垂直于 3 个坐标轴，这 6 个平面形成一个以 AB 为对角线的长方体，如图 6.4 所示. 它的各棱与坐标轴平行，其长度分别为 $|x_2-x_1|$，$|y_2-y_1|$，$|z_2-z_1|$. 因此，A，B **两点间的距离公式**为

$$|AB| = \sqrt{(x_2-x_1)^2+(y_2-y_1)^2+(z_2-z_1)^2}.$$

点 $P(x,y,z)$ 与原点 O 的距离为

$$|OP| = \sqrt{x^2+y^2+z^2}.$$

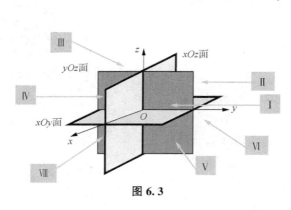

图 6.3

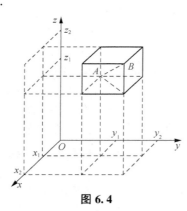

图 6.4

二、空间曲面及其方程

对于空间直角坐标系中的任意一动点 $P(x,y,z)$，在一定条件下，其运动轨迹构成空间中的一个曲面. 一般来讲，每一曲面都有对应的曲面方程.

定义 6.1 如果曲面 S 上任意一点的坐标都满足方程 $F(x,y,z)=0$，而不在曲面 S 上的点的坐标都不满足方程 $F(x,y,z)=0$，那么方程 $F(x,y,z)=0$ 称为曲面 S 的方程，而曲面 S 称为方程 $F(x,y,z)=0$ 的图形，如图 6.5 所示.

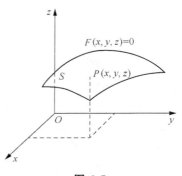

图 6.5

例 1 求球心在点 $M_0(x_0, y_0, z_0)$、半径为 R 的球面的方程.

解 设球面上任意一点为 $P(x, y, z)$，那么 $|PM_0| = R$，由点 P 到点 M_0 的距离公式得

$$|PM_0| = \sqrt{(x-x_0)^2 + (y-y_0)^2 + (z-z_0)^2} = R,$$

于是点 P 满足

$$(x-x_0)^2 + (y-y_0)^2 + (z-z_0)^2 = R^2,$$

反之，不满足上式的点不在球面上，因此上式为**球面**的方程(称为球面方程的标准式).

半径为 R、球心在原点的球面方程为

$$x^2 + y^2 + z^2 = R^2.$$

$z = \sqrt{R^2 - x^2 - y^2}$ 表示球面的上半部，称为上半球面，如图 6.6(a) 所示；$z = -\sqrt{R^2 - x^2 - y^2}$ 表示球面的下半部，称为下半球面，如图 6.6(b) 所示.

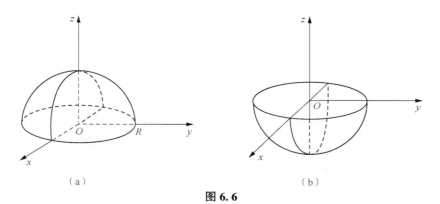

（a）　　　　　　　　　　（b）

图 6.6

一般地，设有三元二次方程

$$x^2 + y^2 + z^2 + Ax + By + Cz + D = 0,$$

这个方程的特点是缺交叉项 xy，yz，zx，且平方项系数相同，它是球面方程的一般式，通过配方可化为球面方程标准式.

例 2 求过 z 轴上点 $(0, 0, c)$(c 为常数)，且垂直于 z 轴的平面方程.

解 由于过点 $(0, 0, c)$ 且垂直于 z 轴的平面与 xOy 面平行，因此，该平面上任意一点 (x, y, z) 到 xOy 面的距离都为 c，所以 $z = c$ 就是该平面的方程，如图 6.7 所示.

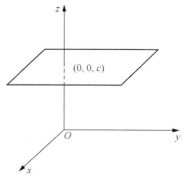

图 6.7

同理可得，$x = a$，$y = b$ 分别表示过点 $(a, 0, 0)$ 且平行于 yOz 面的平面和过点 $(0, b, 0)$ 且平行于 xOz 面的平面. 而 xOy 面的方程为 $z = 0$，yOz 面的方程为 $x = 0$，xOz 面的方程为 $y = 0$.

例 3 设点 $A(1, -3, 3)$ 和 $B(2, -1, 4)$，求线段 AB 的垂直平分面的方程.

解 设 $M(x, y, z)$ 为所求平面上任意一点，则

$$|AM| = \sqrt{(x-1)^2 + (y+3)^2 + (z-3)^2},$$

$$|BM| = \sqrt{(x-2)^2+(y+1)^2+(z-4)^2}.$$

因为 M 到点 A 和到点 B 的距离相等，所以

$$\sqrt{(x-1)^2+(y+3)^2+(z-3)^2} = \sqrt{(x-2)^2+(y+1)^2+(z-4)^2},$$

即 $M(x,y,z)$ 满足方程

$$2x+4y+2z-2=0.$$

这是一个空间平面方程，当 $x=0$，$y=0$ 时，$z=1$，平面与 z 轴的交点是 $(0,0,1)$. 同理可得平面与 x 轴的交点是 $(1,0,0)$；平面与 y 轴的交点是 $\left(0,\dfrac{1}{2},0\right)$. 由这 3 点所确定的平面如图 6.8 所示.

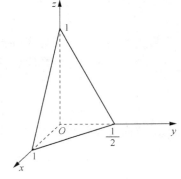

图 6.8

空间直角坐标系中的平面方程一般可表示为：

$$Ax+By+Cz+D=0.$$

当 $D=0$ 时，平面 $Ax+By+Cz=0$ 通过原点；

当 $A=0$ 时，平面 $By+Cz+D=0$ 平行于 x 轴；

当 $B=0$ 时，平面 $Ax+Cz+D=0$ 平行于 y 轴；

当 $C=0$ 时，平面 $Ax+By+D=0$ 平行于 z 轴；

当 $A=0$，$B=0$ 时，平面 $Cz+D=0$ 垂直于 z 轴，平行于 xOy 面；

当 $B=0$，$C=0$ 时，平面 $Ax+D=0$ 垂直于 x 轴，平行于 yOz 面；

当 $A=0$，$C=0$ 时，平面 $By+D=0$ 垂直于 y 轴，平行于 xOz 面.

类似于平面解析几何中的直线，通常情况下我们把上述平面称为一次曲面. 那么与平面解析几何中的二次曲线类似，我们把三元二次方程

$$Ax^2+By^2+Cz^2+Dxy+Eyz+Fzx+Gx+Hy+Iz+J=0(二次项系数不全为 0)$$

称为二次曲面. 例 1 中介绍的球面，其实就是一个二次曲面. 接下来我们简单介绍其他几种常见二次曲面的标准方程.

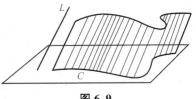

图 6.9

1. 柱面

平行于定直线 L（一般为坐标轴），并沿定曲线 C 移动的动直线 k 的轨迹称为**柱面**（cylinder），如图 6.9 所示. 动直线 k 称为柱面的母线，定曲线 C 称为柱面的准线.

（1）椭圆柱面

由方程

$$\frac{x^2}{a^2}+\frac{y^2}{b^2}=1 \quad (a>0,b>0)$$

表示的曲面称为**椭圆柱面**，其形状如图 6.10 所示.

当 $a=b$ 时，$x^2+y^2=a^2$ 称为**圆柱面**.

（2）抛物柱面

由方程

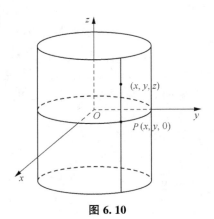

图 6.10

$$x^2 = 2z$$

表示的曲面称为**抛物柱面**，其形状如图 6.11 所示.

（3）双曲柱面

由方程

$$\frac{y^2}{b^2} - \frac{x^2}{a^2} = 1 \quad (a>0, b>0)$$

表示的曲面称为**双曲柱面**，其形状如图 6.12 所示.

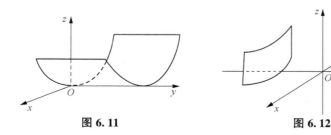

图 6.11　　　　　　　图 6.12

一般地，在空间直角坐标系中，

方程 $F(x,y) = 0$ 表示母线平行于 z 轴，准线在 xOy 面上的柱面；

方程 $G(x,z) = 0$ 表示母线平行于 y 轴，准线在 xOz 面上的柱面；

方程 $H(y,z) = 0$ 表示母线平行于 x 轴，准线在 yOz 面上的柱面.

2. 椭球面

由方程

$$\frac{x^2}{a^2} + \frac{y^2}{b^2} + \frac{z^2}{c^2} = 1 (a>0, b>0, c>0)$$

表示的曲面称为**椭球面**（ellipsoid），其中 a, b, c 为椭球面的半轴.

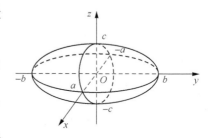

由方程 $\frac{x^2}{a^2} + \frac{y^2}{b^2} + \frac{z^2}{c^2} = 1$ 知 $\frac{x^2}{a^2} \leq 1, \frac{y^2}{b^2} \leq 1, \frac{z^2}{c^2} \leq 1$，即 $|x| \leq a, |y| \leq b, |z| \leq c$，这说明椭球面位于 $x = \pm a$，$y = \pm b, z = \pm c$ 所围成的长方体内.

可以画出椭球面的图形. 显然，椭球面关于坐标面、坐标轴和坐标原点都是对称的，其形状如图 6.13 所示.

图 6.13

如果 $a = b$，则方程 $\frac{x^2}{a^2} + \frac{y^2}{b^2} + \frac{z^2}{c^2} = 1$ 变为

$$\frac{x^2 + y^2}{a^2} + \frac{z^2}{c^2} = 1.$$

它表示 xOz 面上的椭圆 $\frac{x^2}{a^2} + \frac{z^2}{c^2} = 1$ 或 yOz 面上的椭圆 $\frac{y^2}{a^2} + \frac{z^2}{c^2} = 1$ 绕 z 轴旋转一周而形成的旋转椭球面.

如果 $a=b=c$，则方程 $\dfrac{x^2}{a^2}+\dfrac{y^2}{b^2}+\dfrac{z^2}{c^2}=1$ 变为 $x^2+y^2+z^2=a^2$，它表示球心在原点、半径为 a 的球面. 因此，球面是旋转椭球面的一种特殊情形，旋转椭球面是椭球面的特殊情形.

3. 锥面

由方程

$$\frac{x^2}{a^2}+\frac{y^2}{b^2}-\frac{z^2}{c^2}=0\,(a>0,\ b>0,\ c>0)$$

表示的曲面称为**椭圆锥面**（conical surface），其形状如图 6.14 所示.

当 $a=b$ 时，$\dfrac{x^2}{a^2}+\dfrac{y^2}{a^2}-\dfrac{z^2}{c^2}=0$ 称为**圆锥面**.

曲面 $z=\sqrt{x^2+y^2}$ 的图形为上半圆锥面，其形状如图 6.15 所示.

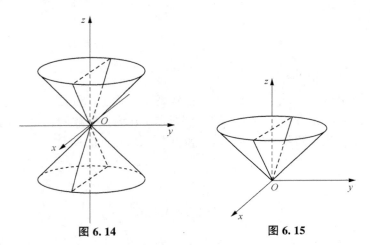

图 6.14　　　　　图 6.15

4. 椭圆抛物面

由方程

$$\frac{x^2}{a^2}+\frac{y^2}{b^2}=z\quad(a>0,b>0)$$

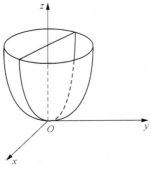

表示的曲面称为**椭圆抛物面**（elliptic paraboloid），形状如图 6.16 所示.

当 $a=b$ 时，方程 $\dfrac{x^2}{a^2}+\dfrac{y^2}{a^2}=z$ 称为**旋转抛物面**. 它可以看成由 xOz 面上的抛物线 $\dfrac{x^2}{a^2}=z$ 或 yOz 面上的抛物线 $\dfrac{y^2}{a^2}=z$ 绕 z 轴旋转一周而形成的旋转抛物面.

图 6.16

三、空间曲线及其方程

1. 空间曲线的一般方程

一般而言，空间曲线可看作两个空间曲面的交线. 设 $F(x,y,z)=0$ 和 $G(x,y,z)=0$ 是

两个空间曲面，它们的交线为 C，则

$$\begin{cases} F(x,y,z)=0, \\ G(x,y,z)=0, \end{cases}$$

即空间曲线 C 的一般方程.

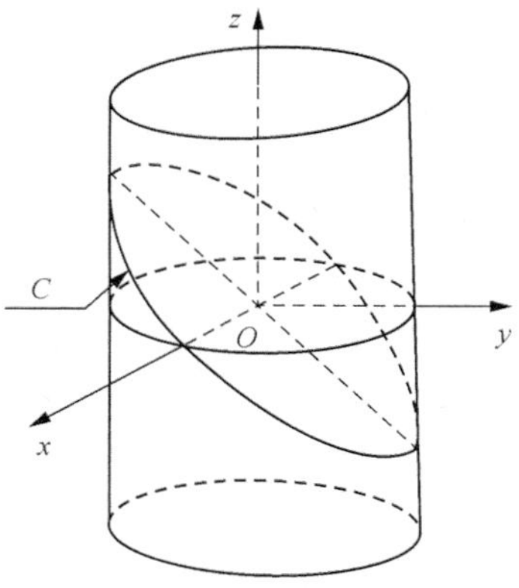

例 4　方程组 $\begin{cases} x^2+y^2=R^2, \\ z=-y \end{cases}$ 在空间表示怎样的曲线？

解　方程组中第一个方程 $x^2+y^2=R^2$ 表示母线平行于 z 轴、准线在 xOy 面上的圆柱面，第二个方程 $z=-y$ 表示通过 x 轴的平面. 方程组就表示该平面与圆柱面的交线，即一个椭圆，其形状如图 6.17 所示.

2. 空间曲线在坐标面上的投影

设空间曲线 C 的一般方程为

$$\begin{cases} F(x,y,z)=0, \\ G(x,y,z)=0, \end{cases}$$

消去方程组中的变量 z，得母线平行于 z 轴的投影柱面方程 $Q(x,y)=0$，与 xOy 面方程 $z=0$ 联立，即 xOy 面上的投影曲线 L 的方程为

$$\begin{cases} G(x,y)=0, \\ z=0. \end{cases}$$

同理，消去方程组中的变量 x，得母线平行于 x 轴的投影柱面方程 $R(y,z)=0$，与 yOz 面方程 $x=0$ 联立，即 yOz 面上的投影曲线方程为

$$\begin{cases} R(y,z)=0, \\ x=0. \end{cases}$$

消去方程组中的变量 y，得母线平行于 y 轴的投影柱面方程 $T(x,z)=0$，与 xOz 面方程 $y=0$ 联立，即 xOz 面上的投影曲线方程为

$$\begin{cases} T(x,z)=0, \\ y=0. \end{cases}$$

例 5　求空间曲线 $C:\begin{cases} x^2+y^2+z^2=R^2, \\ x^2+y^2=z^2 \end{cases}$ 在 xOy 面上的投影曲线方程.

解　从方程组中消去变量 z，得母线平行于 z 轴的投影柱面方程

$$x^2+y^2=\frac{R^2}{2},$$

于是，所求的投影曲线 L 的方程为

$$\begin{cases} x^2+y^2=\dfrac{R^2}{2}, \\ z=0. \end{cases}$$

在 xOy 面上的投影曲线是一个以原点为圆心、以 $\dfrac{R}{\sqrt{2}}$ 为半径的圆，其形状如图 6.18 所示.

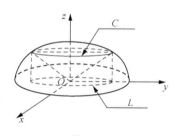
图 6.18

图 6.17

习题 6-1

1. 求点 $P(1,2,3)$ 到各坐标面、各坐标轴及原点的距离.

2. 已知空间两点 $P_1(1,2,-1)$ 和 $P_2(2,0,1)$，求 $|P_1P_2|$.

3. 已知空间中某一动点 P 到原点的距离等于 2，求动点 P 的运动轨迹的方程.

4. 求下列球面的球心和半径：

$(1) x^2+y^2+z^2+2x-4y+6z=0$；

$(2) x^2+y^2+z^2+4y-2z=0$.

5. 求满足下列条件的空间平面方程：

(1) 平行于 xOz 面且经过点 $(3,-5,2)$；

(2) 通过 x 轴和点 $(-3,1,-2)$.

6. 指出下列方程所表示的空间曲面：

$(1) \dfrac{x^2}{4}+\dfrac{y^2}{9}=z$；　　　$(2) 36x^2+9y^2+4z^2=72$；

$(3) x^2+y^2=\dfrac{z^2}{3}$；　　　$(4) z=1-x^2-y^2$.

7. 求下列空间曲线在 xOy 面、yOz 面及 xOz 面上的投影曲线方程：

$(1) \begin{cases} x^2+y^2-z=1, \\ z=x+1; \end{cases}$　　　$(2) \begin{cases} z=x^2+y^2, \\ y=x. \end{cases}$

第二节　二元函数的基本概念

一、平面区域及其相关概念

在第一章中介绍一元函数的概念时，我们曾经介绍了一元函数的定义域，它们通常由数轴上的区间构成，区间分为开区间、闭区间和半开半闭区间. 然而对于我们将要介绍的二元函数，由于自变量有两个，函数的定义域自然要在平面上进行研究，因此，首先要介绍平面区域和平面上点的邻域等概念.

定义 6.2　由平面上一条曲线或几条曲线所围成的部分称为**平面区域**. 用来围成平面区域的曲线称为区域的**边界**. 不包含边界的区域称为**开区域**(open region)，包含所有边界的区域称为**闭区域**(closed region)，包括部分边界的区域称为**半开半闭区域**.

定义 6.3　如果一个区域可以被包含在以原点为圆心的某一圆内，称这个区域为**有界区域**(bounded region)，否则称为**无界区域**(unbounded region).

例如，xOy 面上以原点为中心、以 a 为半径的圆的圆周及内部区域是一个有界闭区域（见图 6.19），而 xOy 面上满足 $y<2x+1$ 的点 (x,y) 所构成的区域是一个无界开区域（见图 6.20）.

在图 6.20 中，虚线表示该区域不包含边界.

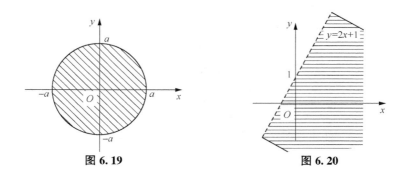

图 6.19　　　　　　　　　　　图 6.20

定义 6.4　设 $P_0(x_0,y_0)$ 为 xOy 面上一定点，δ 为正数，则以 P_0 为圆心、以 δ 为半径的圆形开区域称为**点 P_0 的 δ 邻域**，记为 $U(P_0,\delta)$，即

$$U(P_0,\delta)=\{(x,y)\mid(x-x_0)^2+(y-y_0)^2<\delta^2\}.$$

而 $U(P_0,\delta)$ 去掉点 P_0 称为**点 P_0 的去心 δ 邻域**，记为 $\overset{\circ}{U}(P_0,\delta)$，即

$$\overset{\circ}{U}(P_0,\delta)=U(P_0,\delta)-P_0=\{(x,y)\mid0<(x-x_0)^2+(y-y_0)^2<\delta^2\}.$$

二、二元函数的概念

类似一元函数的概念，我们给出二元函数的概念.

定义 6.5　设有 3 个变量 x,y,z，如果当变量 x，y 在某一平面区域 D 内任取一组值时，变量 z 按照一定的法则 f 都有唯一确定的数值与之对应，则称 f 是定义在 D 上的**二元函数**（function of two variables），记为

$$z=f(x,y),\quad(x,y)\in D,$$

其中变量 x，y 称为**自变量**，变量 z 称为**因变量**，x,y 的取值区域 D 称为二元函数 f 的**定义域**.

如同一元函数，二元函数的定义域是指使函数关系式有意义的所有点组成的一个平面区域.

对于 D 上任意一点 (x_0,y_0)，对应的因变量 z 的取值 $z_0=f(x_0,y_0)$ 称为函数 f 在点 (x_0,y_0) 处的**函数值**，函数值的全体称为该二元函数的**值域**.

类似地，可以定义有 3 个自变量 x,y,z 和 1 个因变量 u 的三元函数 $u=f(x,y,z)$ 以及三元以上的函数. 一般地，我们将二元及二元以上的函数统称为**多元函数**（function of several variables）.

例 1　求下列函数的定义域：

（1）$z=\sqrt{a^2-x^2-y^2}\ (a>0)$；

（2）$z=\ln(1+2x-y)$.

解　（1）因为 $a^2-x^2-y^2\geq0$，即 $x^2+y^2\leq a^2$，所以函数的定义域为

$$D=\{(x,y)\mid x^2+y^2\leq a^2\},$$

它表示 xOy 面上以原点为圆心、半径为 a 的圆周和圆内区域，如图 6.19 所示.

（2）因为 $1+2x-y>0$，即 $y<1+2x$，所以函数的定义域为

$$D = \{(x,y) \mid y < 1 + 2x\},$$

它是 xOy 面上在直线 $y=1+2x$ 下方，但不含此直线的开区域，如图 6.20 所示.

一元函数 $y=f(x)$ 在几何上通常是平面直角坐标系中的一条曲线. 二元函数 $z=f(x,y)$ 在几何上通常是空间直角坐标系中的一个曲面，这个曲面称为二元函数 $z=f(x,y)$ 的图形，而函数 $z=f(x,y)$ 的定义域 D 恰好就是这个曲面在 xOy 面上的投影，如图 6.21 所示.

例如，函数 $z=\sqrt{a^2-x^2-y^2}$ 的图形就是空间直角坐标系中的一个曲面，是球心在坐标原点、半径为 a 的上半球面，而定义域 $D=\{(x,y) \mid x^2+y^2 \leqslant a^2\}$ 恰好就是这个上半球面在 xOy 面上的投影，如图 6.22 所示.

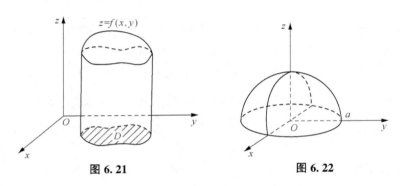

图 6.21   图 6.22

三、二元函数的极限

类似一元函数的极限，下面我们来研究当动点 $P(x,y)$ 趋向于点 $P_0(x_0,y_0)$ 时，二元函数 $z=f(x,y)$ 的变化趋势.

定义 6.6 设二元函数 $z=f(x,y)$ 在点 $P_0(x_0,y_0)$ 的某个去心邻域内有定义，如果当该去心邻域中任意一点 $P(x,y)$ 以任何方式趋向于点 $P_0(x_0,y_0)$ 时，函数对应值 $z=f(x,y)$ 趋近于一个确定的常数 A，则称 A 是函数 $f(x,y)$ 当 $P(x,y) \to P_0(x_0,y_0)$ 时的**极限**，记作

$$\lim_{\substack{x \to x_0 \\ y \to y_0}} f(x,y) = A,$$

或

$$\lim_{(x,y) \to (x_0,y_0)} f(x,y) = A.$$

二元函数的极限称为**二重极限**(double limit).

在这里，所谓的 $P(x,y) \to P_0(x_0,y_0)$，指的是点 P 到点 P_0 的距离趋于 0，即

$$\sqrt{(x-x_0)^2+(y-y_0)^2} \to 0.$$

定义 6.6 中点 $P(x,y)$ 趋向于点 $P_0(x_0,y_0)$ 的方式是任意的，当点 $P(x,y)$ 仅仅按某些特殊方式趋向于点 $P_0(x_0,y_0)$ 时，函数 $f(x,y)$ 趋于某个确定值，并不能说明函数 $f(x,y)$ 在点 $P_0(x_0,y_0)$ 处的极限存在.

例 2 证明函数 $z=\dfrac{xy}{x^2+y^2}$ 在点 $(0,0)$ 处的极限不存在.

证明 因为点 (x,y) 趋向于点 $(0,0)$ 时，可以有无数个不同方向，当点 (x,y) 沿直线 $y=kx$ 趋向于点 $(0,0)$ 时

$$\lim_{\substack{y=kx\\x\to0}}\frac{xy}{x^2+y^2}=\lim_{x\to0}\frac{xkx}{x^2+k^2x^2}=\frac{k}{1+k^2}.$$

极限值随着 k 值的不同而改变，所以极限 $\lim_{\substack{x\to0\\y\to0}}\frac{xy}{x^2+y^2}$ 不存在.

二元函数的极限运算法则与一元函数的极限运算法则类似. 有时也可以用变量代换方法将二元函数的极限运算问题转化为一元函数的极限运算问题.

例 3　求 $\lim\limits_{\substack{x\to0\\y\to0}}\dfrac{x^2y^2}{x^2+y^2}$.

解　因为 $0\leqslant\dfrac{x^2y^2}{x^2+y^2}\leqslant\dfrac{\left(\frac{x^2+y^2}{2}\right)^2}{x^2+y^2}=\dfrac{x^2+y^2}{4}$，且 $\lim\limits_{\substack{x\to0\\y\to0}}(x^2+y^2)=0$，所以 $\lim\limits_{\substack{x\to0\\y\to0}}\dfrac{x^2y^2}{x^2+y^2}=0$.

例 4　求 $\lim\limits_{\substack{x\to0\\y\to0}}\dfrac{\sqrt{xy+1}-1}{xy}$.

解　$\lim\limits_{\substack{x\to0\\y\to0}}\dfrac{\sqrt{xy+1}-1}{xy}=\lim\limits_{\substack{x\to0\\y\to0}}\dfrac{1}{\sqrt{xy+1}+1}=\dfrac{1}{2}$.

例 5　求 $\lim\limits_{\substack{x\to0\\y\to0}}\dfrac{x+y}{\sin(2x+2y)}$.

解　$\lim\limits_{\substack{x\to0\\y\to0}}\dfrac{x+y}{\sin(2x+2y)}\overset{x+y=t}{=}\lim\limits_{t\to0}\dfrac{t}{\sin2t}=\dfrac{1}{2}$.

例 6　求 $\lim\limits_{\substack{x\to0\\y\to0}}xy\sin\dfrac{1}{x^2+y^2}$.

解　由于 $\lim\limits_{\substack{x\to0\\y\to0}}xy=0$，而 $\left|\sin\dfrac{1}{x^2+y^2}\right|\leqslant1$，所以 $\lim\limits_{\substack{x\to0\\y\to0}}xy\sin\dfrac{1}{x^2+y^2}=0$.

四、二元函数的连续性

类似于一元函数连续的概念，可以给出二元函数连续的定义.

定义 6.7　设二元函数 $z=f(x,y)$ 在点 $P_0(x_0,y_0)$ 的某个邻域内有定义，如果满足
$$\lim_{\substack{x\to x_0\\y\to y_0}}f(x,y)=f(x_0,y_0),$$
则称函数 $f(x,y)$ 在点 $P_0(x_0,y_0)$ 处**连续**，点 $P_0(x_0,y_0)$ 称为函数 $f(x,y)$ 的**连续点**.

如果函数 $f(x,y)$ 在点 $P_0(x_0,y_0)$ 处不连续，则称点 $P_0(x_0,y_0)$ 为函数 $f(x,y)$ 的**间断点**.

例 7　设 $f(x,y)=\begin{cases}\dfrac{xy}{x^2+y^2},&x^2+y^2\neq0,\\0,&x^2+y^2=0,\end{cases}$ 试判断函数 $f(x,y)$ 在点 $(0,0)$ 处是否连续.

解　由例 2 知 $\lim\limits_{\substack{x\to0\\y\to0}}\dfrac{xy}{x^2+y^2}$ 不存在，所以函数 $f(x,y)$ 在点 $(0,0)$ 处不连续.

例 8 设 $f(x,y)=\begin{cases} \dfrac{x^2y^2}{x^2+y^2}, & x^2+y^2\neq 0, \\ 0, & x^2+y^2=0, \end{cases}$ 试判断函数 $f(x,y)$ 在点 $(0,0)$ 处是否连续.

解 由例 3 知 $\lim\limits_{\substack{x\to 0\\y\to 0}}\dfrac{x^2y^2}{x^2+y^2}=0=f(0,0)$，所以函数 $f(x,y)$ 在点 $(0,0)$ 处连续.

如果函数 $f(x,y)$ 在平面区域 D 内每一点处都连续，则称 $f(x,y)$ **在 D 内连续**，也称函数 $f(x,y)$ 是 D 内的连续函数.

与一元连续函数相似，二元连续函数的和、差、积、商（分母不为 0）仍为连续函数；二元连续函数的复合函数也是连续函数. 因此二元初等函数在其定义域内总是连续的. 计算二元初等函数在其定义域内某一点 $P_0(x_0,y_0)$ 处的极限值，只需求它在该点处的函数值即可.

与闭区间上一元连续函数的性质相似，有界闭区域上的二元连续函数具有如下性质.

性质 1(有界定理) 有界闭区域 D 上的二元连续函数是 D 上的有界函数.

性质 2(最值定理) 有界闭区域 D 上的二元连续函数在 D 上存在最大值和最小值.

性质 3(介值定理) 有界闭区域 D 上的二元连续函数必取得介于最大值和最小值之间的任何值.

习题 6-2

1. 求下列函数的定义域：

(1) $z=x+\sqrt{y}$；　　　　　　　(2) $z=\sqrt{1-x^2}+\sqrt{y^2-1}$；

(3) $z=\ln(2x+3y+4)$；　　　　(4) $z=\dfrac{1}{1-x^2-y^2}$；

(5) $z=1+\sqrt{y-x}$；　　　　　(6) $z=\sqrt{4-x^2-y^2}+\ln(y-x^2)$.

2. 设函数 $f(x,y)=e^x(x^2+y^2+2y+3)$，求 $f(-1,0)$，$f(0,-1)$.

3. 设函数 $f(x+y,xy)=\dfrac{xy}{x^2+y^2}$，求 $f(x,y)$.

4. 设函数 $f\left(x+y,\dfrac{y}{x}\right)=x^2-y^2$，求 $f(x,y)$.

5. 求下列极限：

(1) $\lim\limits_{\substack{x\to 1\\y\to 3}}\dfrac{xy}{\sqrt{1+xy}-1}$；　　　　(2) $\lim\limits_{\substack{x\to 0\\y\to 0}}\left(x\sin\dfrac{1}{y}+y\sin\dfrac{1}{x}\right)$；

(3) $\lim\limits_{\substack{x\to 0\\y\to 0}}\dfrac{\sqrt{4+xy}-2}{xy}$；　　　　(4) $\lim\limits_{\substack{x\to 0\\y\to 1}}\left[\dfrac{\sin(xy)}{x}+(x+y)^2\right]$.

6. 设 $f(x,y)=\begin{cases} xy\sin\dfrac{1}{x^2+y^2}, & x^2+y^2\neq 0, \\ 0, & x^2+y^2=0, \end{cases}$ 判断函数 $f(x,y)$ 在点 $(0,0)$ 处是否连续.

第三节　二元函数的偏导数及其应用

在一元函数微分学中，为描绘因变量对自变量的变化率问题我们引入了导数，即因变量的增量 Δy 与自变量的增量 Δx 之比的极限 $\lim\limits_{\Delta x \to 0} \dfrac{\Delta y}{\Delta x}$. 对于二元函数来说，由于自变量不止一个，因此因变量与自变量的关系比一元函数要复杂得多. 为了反映因变量依赖于某个自变量的变化情况，通常要将其他自变量都看作常量，这样就得到了偏导数的概念.

一、二元函数偏导数的定义与计算

1. 二元函数偏导数的定义

定义 6.8　设函数 $z=f(x,y)$ 在点 $P_0(x_0,y_0)$ 的某一邻域内有定义，当 y 固定在 y_0，而 x 从 x_0 改变到 $x_0+\Delta x(\Delta x \neq 0)$ 时，相应的函数值 $z=f(x,y)$ 的改变量 $\Delta_x z$ 为

$$\Delta_x z = f(x_0+\Delta x, y_0) - f(x_0, y_0).$$

如果极限

$$\lim_{\Delta x \to 0} \frac{f(x_0+\Delta x, y_0) - f(x_0, y_0)}{\Delta x}$$

存在，则称此极限值为**函数** $z=f(x,y)$ **在点** (x_0,y_0) **处关于** x **的偏导数**(partial derivative)，记为

$$f'_x(x_0, y_0), \quad \text{或} \ z'_x \Big|_{\substack{x=x_0 \\ y=y_0}}, \quad \text{或} \ \frac{\partial f}{\partial x}\Big|_{\substack{x=x_0 \\ y=y_0}}, \quad \text{或} \ \frac{\partial z}{\partial x}\Big|_{\substack{x=x_0 \\ y=y_0}}.$$

类似地，当 x 固定在 x_0，而 y 从 y_0 改变到 $y_0+\Delta y(\Delta y \neq 0)$ 时，相应的函数 $z=f(x,y)$ 的改变量 $\Delta_y z$ 为

$$\Delta_y z = f(x_0, y_0+\Delta y) - f(x_0, y_0).$$

如果极限

$$\lim_{\Delta y \to 0} \frac{f(x_0, y_0+\Delta y) - f(x_0, y_0)}{\Delta y}$$

存在，则称此极限值为**函数** $z=f(x,y)$ **在点** (x_0,y_0) **处关于** y **的偏导数**，记为

$$f'_y(x_0, y_0), \quad \text{或} \ z'_y \Big|_{\substack{x=x_0 \\ y=y_0}}, \quad \text{或} \ \frac{\partial f}{\partial y}\Big|_{\substack{x=x_0 \\ y=y_0}}, \quad \text{或} \ \frac{\partial z}{\partial y}\Big|_{\substack{x=x_0 \\ y=y_0}}.$$

由上述定义可以看到，$f'_x(x_0,y_0)$ 实际上就是关于 x 的一元函数 $f(x,y_0)$ 在 x_0 点的导数，$f'_y(x_0,y_0)$ 就是关于 y 的一元函数 $f(x_0,y)$ 在 y_0 点的导数.

如果函数 $z=f(x,y)$ 在区域 D 上每一点 (x,y) 处关于 x 的偏导数都存在，则这个偏导数仍是区域 D 上的一个二元函数，称它为**函数** $z=f(x,y)$ **关于** x **的偏导函数**，记作

6.2　二元函数偏导数的几何意义

$$f'_x(x,y), \quad \text{或} \ z'_x, \quad \text{或} \ \frac{\partial f}{\partial x}, \quad \text{或} \ \frac{\partial z}{\partial x}.$$

类似地，可以定义**函数 $z=f(x,y)$ 关于 y 的偏导函数**，记作

$$f_y'(x,y)，\text{或 } z_y'，\text{或 } \frac{\partial f}{\partial y}，\text{或 } \frac{\partial z}{\partial y}.$$

一般地，偏导函数简称为偏导数. 类似地，可以定义更多元函数的偏导数.

2. 二元函数偏导数的计算

由定义 6.8 可知，在求函数 $z=f(x,y)$ 对某一自变量的偏导数时，只要把其他的自变量看成常量，用一元函数求导法则即可求得.

例 1 设 $z=2x^2+4xy+5y^3$，求 $\dfrac{\partial z}{\partial x}$，$\dfrac{\partial z}{\partial y}$.

解 把 y 看成常量，对 x 求导，得

$$\frac{\partial z}{\partial x}=4x+4y,$$

把 x 看成常量，对 y 求导，得

$$\frac{\partial z}{\partial y}=4x+15y^2.$$

例 2 设 $z=x^y(x>0，x\neq1，y$ 为任意实数)，求 $\dfrac{\partial z}{\partial x}$，$\dfrac{\partial z}{\partial y}$.

解 把 y 看成常量，此时 $z=x^y$ 是 x 的幂函数，对 x 求导，得

$$\frac{\partial z}{\partial x}=yx^{y-1},$$

把 x 看成常量，此时 $z=x^y$ 是 y 的指数函数，对 y 求导，得

$$\frac{\partial z}{\partial y}=x^y\ln x.$$

例 3 设 $f(x,y)=y\ln(y+\ln x)$，求 $f_x'(e,1)$，$f_y'(e,1)$.

解 把 y 看成常量，对 x 求导，得

$$f_x'(x,y)=y\cdot\frac{1}{y+\ln x}\cdot\frac{1}{x}=\frac{y}{xy+x\ln x},$$

将 $(e,1)$ 代入，得

$$f_x'(e,1)=\frac{1}{1\cdot e+e\ln e}=\frac{1}{2e}.$$

把 x 看成常量，对 y 求导，得

$$f_y'(x,y)=\ln(y+\ln x)+\frac{y}{y+\ln x},$$

将 $(e,1)$ 代入，得

$$f_y'(e,1)=\ln(1+\ln e)+\frac{1}{1+\ln e}=\ln2+\frac{1}{2}.$$

例 4 设 $f(x,y)=\begin{cases}\dfrac{xy}{x^2+y^2}, & x^2+y^2\neq0, \\ 0, & x^2+y^2=0,\end{cases}$ 求函数 $f(x,y)$ 在点 $(0,0)$ 处的偏导数 $f_x'(0,0)$，$f_y'(0,0)$.

解 由偏导数的定义得

$$f_x'(0,0) = \lim_{\Delta x \to 0} \frac{f(0+\Delta x,0) - f(0,0)}{\Delta x}$$

$$= \lim_{\Delta x \to 0} \frac{\frac{(0+\Delta x) \cdot 0}{(0+\Delta x)^2 + 0^2} - 0}{\Delta x} = 0,$$

$$f_y'(0,0) = \lim_{\Delta y \to 0} \frac{f(0,0+\Delta y) - f(0,0)}{\Delta y}$$

$$= \lim_{\Delta y \to 0} \frac{\frac{0 \cdot (0+\Delta x)}{0^2 + (0+\Delta x)^2} - 0}{\Delta y} = 0.$$

二、二元函数偏导数存在与连续的关系

我们知道，对一元函数而言，可导必连续，即如果一元函数在某一点处的导数存在，则函数在该点处一定连续. 但对二元函数来说，如果它在某一点处的偏导数存在，并不能保证它在该点连续. 因为偏导数存在只能保证点 $P(x,y)$ 沿着平行于相应坐标轴的方向趋向于点 $P(x_0,y_0)$ 时，函数值 $f(x,y)$ 趋近于 $f(x_0,y_0)$，但不能保证点 $P(x,y)$ 以任何方式趋向于点 $P(x_0,y_0)$ 时，函数值 $f(x,y)$ 都趋近于 $f(x_0,y_0)$.

例 5 设 $f(x,y) = \begin{cases} \dfrac{xy}{x^2+y^2}, & x^2+y^2 \neq 0, \\ 0, & x^2+y^2 = 0, \end{cases}$ 求 $f(x,y)$ 在点 $(0,0)$ 处的偏导数 $f_x'(0,0)$，$f_y'(0,0)$，并判断 $f(x,y)$ 在点 $(0,0)$ 处的连续性.

解 由例 4 知 $f_x'(0,0) = 0$，$f_y'(0,0) = 0$，即函数 $f(x,y)$ 在点 $(0,0)$ 处的偏导数存在；又由第二节例 2 知 $\lim\limits_{\substack{x \to 0 \\ y \to 0}} \dfrac{xy}{x^2+y^2}$ 不存在，故函数 $f(x,y)$ 在点 $(0,0)$ 处不连续.

此例说明对二元函数而言，某一点处偏导数存在并不能保证函数在该点连续.

三、二元函数的高阶偏导数

设函数 $z = f(x,y)$ 在区域 D 内具有偏导数

$$\frac{\partial z}{\partial x} = f_x'(x,y), \quad \frac{\partial z}{\partial y} = f_y'(x,y),$$

通常它们在区域 D 内还是 x，y 的函数.

定义 6.9 如果这两个函数的偏导数也存在，则称它们是函数 $z = f(x,y)$ 的**二阶偏导数**（second order partial derivative）. 其中：

$\dfrac{\partial z}{\partial x} = f_x'(x,y)$ 关于 x 的偏导数称为**函数** $z = f(x,y)$ **关于** x **的二阶偏导数**，记作 $f_{xx}''(x,y)$，或 z_{xx}''，或 $\dfrac{\partial^2 f}{\partial x^2}$，或 $\dfrac{\partial^2 z}{\partial x^2}$，即 $\dfrac{\partial^2 z}{\partial x^2} = \dfrac{\partial}{\partial x}\left(\dfrac{\partial z}{\partial x}\right)$；

$\dfrac{\partial z}{\partial y} = f'_y(x, y)$ 关于 y 的偏导数称为**函数 $z = f(x, y)$ 关于 y 的二阶偏导数**，记作 $f''_{yy}(x, y)$，或 z''_{yy}，或 $\dfrac{\partial^2 f}{\partial y^2}$，或 $\dfrac{\partial^2 z}{\partial y^2}$，即 $\dfrac{\partial^2 z}{\partial y^2} = \dfrac{\partial}{\partial y}\left(\dfrac{\partial z}{\partial y}\right)$；

$\dfrac{\partial z}{\partial x} = f'_x(x, y)$ 关于 y 的偏导数称为**函数 $z = f(x, y)$ 先关于 x 后关于 y 的二阶混合偏导数**，记作 $f''_{xy}(x, y)$，或 z''_{xy}，或 $\dfrac{\partial^2 f}{\partial x \partial y}$，或 $\dfrac{\partial^2 z}{\partial x \partial y}$，即 $\dfrac{\partial^2 z}{\partial x \partial y} = \dfrac{\partial}{\partial y}\left(\dfrac{\partial z}{\partial x}\right)$；

$\dfrac{\partial z}{\partial y} = f'_y(x, y)$ 关于 x 的偏导数称为**函数 $z = f(x, y)$ 先关于 y 后关于 x 的二阶混合偏导数**，记作 $f''_{yx}(x, y)$，或 z''_{yx}，或 $\dfrac{\partial^2 f}{\partial y \partial x}$，或 $\dfrac{\partial^2 z}{\partial y \partial x}$，即 $\dfrac{\partial^2 z}{\partial y \partial x} = \dfrac{\partial}{\partial x}\left(\dfrac{\partial z}{\partial y}\right)$.

类似地，可定义三阶和更高阶的偏导数.

例 6 设 $z = 2x^2 y^3 + 3x^3 y^2 + 4\mathrm{e}^{xy}$，求二阶偏导数 z''_{xx}，z''_{xy}，z''_{yx}，z''_{yy}.

解 一阶偏导数为

$$z'_x = 4xy^3 + 9x^2 y^2 + 4y\mathrm{e}^{xy},$$
$$z'_y = 6x^2 y^2 + 6x^3 y + 4x\mathrm{e}^{xy},$$

二阶偏导数为

$$z''_{xx} = (4xy^3 + 9x^2 y^2 + 4y\mathrm{e}^{xy})'_x = 4y^3 + 18xy^2 + 4y^2\mathrm{e}^{xy},$$
$$z''_{xy} = (4xy^3 + 9x^2 y^2 + 4y\mathrm{e}^{xy})'_y = 12xy^2 + 18x^2 y + 4\mathrm{e}^{xy} + 4xy\mathrm{e}^{xy},$$
$$z''_{yx} = (6x^2 y^2 + 6x^3 y + 4x\mathrm{e}^{xy})'_x = 12xy^2 + 18x^2 y + 4\mathrm{e}^{xy} + 4xy\mathrm{e}^{xy},$$
$$z''_{yy} = (6x^2 y^2 + 6x^3 y + 4x\mathrm{e}^{xy})'_y = 12x^2 y + 6x^3 + 4x^2\mathrm{e}^{xy}.$$

在例 6 中，两个二阶混合偏导数是相等的，即二阶混合偏导数的值与求导次序无关. 对一般二元函数而言，在某一点处的两个二阶混合偏导数是否一定相等呢？我们有如下定理.

定理 6.1 若函数 $z = f(x, y)$ 的两个二阶混合偏导数在点 (x, y) 处连续，则在该点有

$$\frac{\partial^2 z}{\partial x \partial y} = \frac{\partial^2 z}{\partial y \partial x}.$$

此定理说明，二阶混合偏导数在连续的条件下与求导次序无关. 进一步推广：高阶混合偏导数在连续的条件下与求导次序无关.

本章所讨论的二元函数一般都满足定理 6.1 的条件.

例 7 设 $z = x^2 y\mathrm{e}^y$，求 $z''_{xx}(1, 0)$，$z''_{xy}(1, 0)$，$z''_{yy}(1, 0)$.

解 一阶偏导数为

$$z'_x = 2xy\mathrm{e}^y, \quad z'_y = x^2(1 + y)\mathrm{e}^y,$$

二阶偏导数为

$$z''_{xx} = (2xy\mathrm{e}^y)'_x = 2y\mathrm{e}^y, \quad z''_{xy} = 2x(1 + y)\mathrm{e}^y = z''_{yx}, \quad z''_{yy} = [x^2(1 + y)\mathrm{e}^y]'_y = x^2(2 + y)\mathrm{e}^y,$$

所以

$$z''_{xx}(1, 0) = 2y\mathrm{e}^y \big|_{(1,0)} = 0,$$
$$z''_{xy}(1, 0) = 2x(1 + y)\mathrm{e}^y \big|_{(1,0)} = 2,$$
$$z''_{yy}(1, 0) = x^2(2 + y)\mathrm{e}^y \big|_{(1,0)} = 2.$$

四、二元函数偏导数在经济分析中的应用

由于在很多实际问题中往往需要考虑多方面的因素，因此我们引入了二元函数及其偏导数的概念，接下来我们介绍二元函数偏导数在经济分析中的一些简单应用.

1. 联合成本函数的分析

设某单位生产甲、乙两种产品，产量分别为 x 和 y 时的成本函数为 $C=C(x,y)$，称其为**联合成本函数**.

当乙产品的产量保持不变，甲产品的产量 x 取得增量 Δx 时，成本函数 $C(x,y)$ 对于产量 x 的增量为 $C(x+\Delta x,y)-C(x,y)$，于是得成本 $C(x,y)$ 对 x 的变化率为

$$C'_x(x,y)=\lim_{\Delta x \to 0}\frac{C(x+\Delta x,y)-C(x,y)}{\Delta x}.$$

类似地，当甲产品的产量保持不变时，成本函数 $C(x,y)$ 对乙产品的产量 y 的变化率为

$$C'_y(x,y)=\lim_{\Delta y \to 0}\frac{C(x,y+\Delta y)-C(x,y)}{\Delta y}.$$

$C'_x(x,y)$ 称为**关于甲产品的边际成本**，它的经济意义是：当乙产品的产量在 y 处固定不变、甲产品的产量在 x 的基础上再多一个单位时成本所增加的数额.

同样地，$C'_y(x,y)$ 称为**关于乙产品的边际成本**，它的经济意义是：当甲产品的产量在 x 处固定不变、乙产品的产量在 y 的基础上再多一个单位时成本所增加的数额.

例 8 设甲、乙两种产品的产量分别为 x 和 y 时的成本为

$$C(x,y)=x^3+2xy+\frac{1}{3}y^2+600.$$

求：(1) $C(x,y)$ 关于甲、乙两种产品产量的边际成本；

(2) 当 $x=10$，$y=10$ 时，$C(x,y)$ 关于甲、乙两种产品产量的边际成本，并说明它们的经济意义.

解 (1) 成本 $C(x,y)$ 关于甲、乙两种产品产量的边际成本分别为

$$C'_x(x,y)=3x^2+2y,$$

$$C'_y(x,y)=2x+\frac{2}{3}y.$$

(2) 当 $x=10$，$y=10$ 时，$C(x,y)$ 关于甲、乙两种产品产量的边际成本为

$$C'_x(10,10)=3\times10^2+2\times10=320,$$

$$C'_y(10,10)=2\times10+\frac{2}{3}\times10=\frac{80}{3}.$$

这说明，当乙产品的产量保持在 10 个单位水平时，甲产品产量从 10 个单位增加到 11 个单位时总成本增加 320 个单位，而当甲产品的产量保持在 10 个单位水平时，乙产品产量从 10 个单位增加到 11 个单位时总成本增加 $\frac{80}{3}$ 个单位.

2. 需求函数的边际分析

设 Q_1 和 Q_2 分别为两种相关商品甲、乙的需求量，P_1 和 P_2 为商品甲、乙的价格. 需

求函数可表示为

$$Q_1 = Q_1(P_1, P_2), \quad Q_2 = Q_2(P_2, P_1),$$

则需求量 Q_1 和 Q_2 关于价格 P_1 和 P_2 的偏导数分别为

$$\frac{\partial Q_1}{\partial P_1}, \ \frac{\partial Q_1}{\partial P_2}, \ \frac{\partial Q_2}{\partial P_1}, \ \frac{\partial Q_2}{\partial P_2}.$$

其中 $\dfrac{\partial Q_1}{\partial P_1}$ 称为**商品甲的需求函数关于 P_1 的边际需求**，它表示当商品乙的价格 P_2 固定时，商品甲的价格变化一个单位时商品甲的需求量的改变量，$\dfrac{\partial Q_1}{\partial P_2}$ 称为**商品甲的需求函数关于 P_2 的边际需求**，它表示当商品甲的价格 P_1 固定时，商品乙的价格变化一个单位时商品甲的需求量的改变量.

对其余的偏导数可给出类似的解释.

在一般情况下，当 P_2 固定而 P_1 上升时，商品甲的需求量 Q_1 将减少，于是有 $\dfrac{\partial Q_1}{\partial P_1} < 0$.

类似地，有 $\dfrac{\partial Q_2}{\partial P_2} < 0$. 但是 $\dfrac{\partial Q_1}{\partial P_2}$ 和 $\dfrac{\partial Q_2}{\partial P_1}$ 可以是正的，也可以是负的.

如果

$$\frac{\partial Q_1}{\partial P_2} > 0, \quad \frac{\partial Q_2}{\partial P_1} > 0,$$

则称商品甲和商品乙为**互相竞争的商品**（或**互相替代的商品**）.

例如，夏天的西瓜（商品甲）和冷饮（商品乙）就是互相竞争的两种商品. 当西瓜价格 P_1 固定不变时，冷饮价格 P_2 的上涨将引起西瓜需求量 Q_1 增加，所以 $\dfrac{\partial Q_1}{\partial P_2} > 0$.

同理，固定冷饮价格 P_2，当西瓜价格 P_1 上涨时，也将使冷饮需求量 Q_2 增加，所以 $\dfrac{\partial Q_2}{\partial P_1} > 0$.

如果

$$\frac{\partial Q_1}{\partial P_2} < 0, \quad \frac{\partial Q_2}{\partial P_1} < 0,$$

则称商品甲和乙是**互相补充的商品**.

例如，汽车（商品甲）和汽油（商品乙）就是互相补充的两种商品. 当汽车价格 P_1 固定时，汽油价格 P_2 的上涨，使开车的费用随之增加，因而汽车的需求量 Q_1 将会减少，所以 $\dfrac{\partial Q_1}{\partial P_2} < 0$. 同理，$\dfrac{\partial Q_2}{\partial P_1} < 0$.

例 9 设某两种商品的价格分别为 P_1 和 P_2，这两种相关商品的需求函数分别为

$$Q_1 = e^{3P_2 - 2P_1}, \quad Q_2 = e^{3P_1 - 2P_2},$$

求边际需求函数.

解　边际需求函数为

$$\frac{\partial Q_1}{\partial P_1} = -2\mathrm{e}^{3P_2-2P_1}, \quad \frac{\partial Q_1}{\partial P_2} = 3\mathrm{e}^{3P_2-2P_1},$$

$$\frac{\partial Q_2}{\partial P_2} = -2\mathrm{e}^{3P_1-2P_2}, \quad \frac{\partial Q_2}{\partial P_1} = 3\mathrm{e}^{3P_1-2P_2}.$$

因为 $\dfrac{\partial Q_1}{\partial P_2} > 0$，$\dfrac{\partial Q_2}{\partial P_1} > 0$，所以这两种商品为互相竞争（或互相替代）的商品.

3. 需求函数的偏弹性

与一元函数中弹性的概念类似，我们还可以给出多元函数的偏弹性概念.

(1) 需求对自身（直接）价格偏弹性

设商品 A 的需求函数为 $Q_A = f(P_A, P_B)$，当 P_B 保持不变而 P_A 发生变化时，需求量 Q_A 的相对改变量与自变量 P_A 的相对改变量之比的极限，称为**需求对自身（直接）价格偏弹性**，记为 E_{AA}，即

$$E_{AA} = \lim_{\Delta P_A \to 0} \frac{\dfrac{\Delta Q_A}{Q_A}}{\dfrac{\Delta P_A}{P_A}} = \frac{P_A}{Q_A} \cdot \frac{\partial Q_A}{\partial P_A}.$$

一般情况下，由于 $\dfrac{\partial Q_A}{\partial P_A} < 0$，因此 $E_{AA} < 0$.

(2) 需求对交叉价格偏弹性

设商品 A 的需求函数为 $Q_A = f(P_A, P_B)$，当 P_A 保持不变而 P_B 发生变化时，需求量 Q_A 的相对改变量与自变量 P_B 的相对改变量之比的极限，称为**需求对交叉价格偏弹性**，记为 E_{AB}，即

$$E_{AB} = \lim_{\Delta P_B \to 0} \frac{\dfrac{\Delta Q_A}{Q_A}}{\dfrac{\Delta P_B}{P_B}} = \frac{P_B}{Q_A} \cdot \frac{\partial Q_A}{\partial P_B}.$$

当 A 和 B 是互相竞争（或互相替代）的商品时，由于 $\dfrac{\partial Q_A}{\partial P_B} > 0$，因此 $E_{AB} > 0$；当 A 和 B 是互相补充的商品时，由于 $\dfrac{\partial Q_A}{\partial P_B} < 0$，因此 $E_{AB} < 0$，反之亦然.

例 10　设需求函数为 $Q_A = f(P_A, P_B) = 14 - 2P_A + 5P_B$，求当 $P_A = 4$，$P_B = 2$ 时 E_{AA}，E_{AB} 的值.

解　因为

$$E_{AA} = \frac{P_A}{Q_A} \cdot \frac{\partial Q_A}{\partial P_A} = -2 \cdot \frac{P_A}{Q_A},$$

$$E_{AB} = \frac{P_B}{Q_A} \cdot \frac{\partial Q_A}{\partial P_B} = 5 \cdot \frac{P_B}{Q_A},$$

所以

$$E_{AA} \big|_{(4,2)} = -2 \cdot \frac{4}{16} = -\frac{1}{2},$$

$$E_{AB}\mid_{(4,2)}=5\cdot\frac{2}{16}=\frac{5}{8},$$

由于 $E_{AB}\mid_{(4,2)}=\frac{5}{8}>0$，说明商品 A 和 B 是互相竞争（或互相替代）的商品.

习题 6-3

1. 求下列函数的一阶偏导数：

（1）$z=x^3y-xy^3$；

（2）$z=\frac{x^3}{y}$；

（3）$z=y^x$；

（4）$z=(x-5y)^3$；

（5）$z=e^{3x+2y}\cdot\sin(x-y)$；

（6）$z=(1+xy)^y$.

2. 求下列函数在指定点处的一阶偏导数：

（1）$z=\arctan\frac{y}{x}$，在点 $(1,-1)$；

（2）$z=\ln\left(x+\frac{y}{x}\right)$，在点 $(1,0)$.

3. 求下列函数的二阶偏导数：

（1）$z=x^4+y^4-x^2y^2$；

（2）$z=\ln(x+2y)$；

（3）$z=x\sin(x+y)$；

（4）$z=y\ln(xy)$；

（5）$z=x^y$；

（6）$z=\arctan\frac{y}{x}$.

4. 设 $r=\sqrt{x^2+y^2}$，证明：

（1）$\left(\frac{\partial r}{\partial x}\right)^2+\left(\frac{\partial r}{\partial y}\right)^2=1$；

（2）$\frac{\partial^2 r}{\partial x^2}+\frac{\partial^2 r}{\partial y^2}=\frac{1}{r}$.

5. 求下列成本函数 C 关于甲、乙两种产品（产量分别为 x 和 y）的边际成本：

（1）$C(x,y)=x^3\ln(y+10)$；

（2）$C(x,y)=x^5+5y^2-2xy+35$.

6. 设两种相关商品的需求函数分别为

$$Q_1=20-2P_1-P_2,\quad Q_2=9-P_1-2P_2,$$

求边际需求函数，并说明这两种商品是互补商品还是替代商品.

7. 设 $Q_1=CP_1^{-\alpha}P_2^{\beta}$，其中 Q_1，P_1 分别为某商品的需求量及价格，P_2 为相关商品的价格，C，α，β 为正常数，求需求对自身价格偏弹性 E_{11} 及需求对交叉价格偏弹性 E_{12}.

第四节　二元函数的全微分

我们知道，对于一元函数 $y=f(x)$ 来说，微分 $\mathrm{d}y$ 是当自变量有增量 Δx 时因变量增量 Δy 的近似值，它是函数增量的线性主要部分. 对于二元函数 $z=f(x,y)$，因变量的增量 Δz 是否与两个自变量的增量 Δx，Δy 也存在类似的关系呢？

一、二元函数全微分的概念

类似于一元函数的微分概念，我们引入二元函数的全微分（total differential）概念.

定义 6.10 设二元函数 $z=f(x,y)$ 在点 $M_0(x_0,y_0)$ 的某邻域内有定义，自变量 x，y 在点 $M_0(x_0,y_0)$ 处取得改变量 Δx，Δy，函数 $z=f(x,y)$ 在点 $M_0(x_0,y_0)$ 处的改变量

$$\Delta z=f(x_0+\Delta x,y_0+\Delta y)-f(x_0,y_0),$$

可表示为

$$\Delta z=A\Delta x+B\Delta y+o(\rho),$$

其中 A，B 仅与 x_0,y_0 有关，而与 Δx，Δy 无关，$\rho=\sqrt{(\Delta x)^2+(\Delta y)^2}$，$o(\rho)$ 是当 $\rho\to 0$ 时比 ρ 高阶的无穷小量，则称函数 $z=f(x,y)$ 在点 $M_0(x_0,y_0)$ 处**可微**，并称 $A\Delta x+B\Delta y$ 为函数 $z=f(x,y)$ 在点 (x_0,y_0) 处的**全微分**，记作 $\mathrm{d}z\Big|_{\substack{x=x_0\\y=y_0}}$，即 $\mathrm{d}z\Big|_{\substack{x=x_0\\y=y_0}}=A\Delta x+B\Delta y$.

由 $\Delta z=A\Delta x+B\Delta y+o(\rho)$ 可知，当 $\Delta x\to 0$，$\Delta y\to 0$ 时，必有 $\Delta z\to 0$. 所以，如果二元函数 $f(x,y)$ 在点 (x_0,y_0) 处可微，则必在该点连续，即二元函数连续是可微的必要条件.

二、二元函数全微分与偏导数的关系

在一元函数中，可导的充分必要条件是可微，那么对二元函数而言，可微与偏导数存在之间有什么关系呢？这个问题由下面的定理来回答.

定理 6.2 若二元函数 $z=f(x,y)$ 在点 (x_0,y_0) 处可微，则在该点偏导数 $f'_x(x_0,y_0)$，$f'_y(x_0,y_0)$ 都存在，且

$$A=f'_x(x_0,y_0)，B=f'_y(x_0,y_0)，$$

即 $\mathrm{d}z\Big|_{\substack{x=x_0\\y=y_0}}=f'_x(x_0,y_0)\cdot\Delta x+f'_y(x_0,y_0)\cdot\Delta y.$

证明 由于 $z=f(x,y)$ 在点 (x_0,y_0) 处可微，即有

$$\Delta z=A\Delta x+B\Delta y+o(\rho).$$

令 $\Delta y=0$，此时 $\rho=|\Delta x|$，$\Delta z=f(x_0+\Delta x,y_0)-f(x_0,y_0)$，且 $\Delta z=A\Delta x+o(|\Delta x|)$，所以

$$\lim_{\Delta x\to 0}\frac{\Delta z}{\Delta x}=\lim_{\Delta x\to 0}\frac{f(x_0+\Delta x,y_0)-f(x_0,y_0)}{\Delta x}=\lim_{\Delta x\to 0}\frac{A\Delta x+o(|\Delta x|)}{\Delta x}=A,$$

即 $A=f'_x(x_0,y_0)$.

同理可证 $B=f'_y(x_0,y_0)$.

由于 $\mathrm{d}x=\Delta x$，$\mathrm{d}y=\Delta y$，因此 $f(x,y)$ 在点 (x_0,y_0) 处的全微分可写成

$$\mathrm{d}z\big|_{(x_0,y_0)}=f'_x(x_0,y_0)\mathrm{d}x+f'_y(x_0,y_0)\mathrm{d}y.$$

定理 6.2 说明了二元函数 $z=f(x,y)$ 可微是偏导数存在的充分条件.

由本章第三节例 5，可知函数

$$f(x,y)=\begin{cases}\dfrac{xy}{x^2+y^2}, & x^2+y^2\neq 0,\\ 0, & x^2+y^2=0\end{cases}$$

在点 $(0,0)$ 处的偏导数 $f'_x(0,0)=0$，$f'_y(0,0)=0$ 都存在，但在点 $(0,0)$ 处不连续，从而

$f(x,y)$ 在点 $(0,0)$ 处不可微.

所以，二元函数偏导数存在是可微的必要条件，但不是充分条件.

定理 6.3 如果函数 $z=f(x,y)$ 的偏导数 $f'_x(x,y)$，$f'_y(x,y)$ 在点 (x_0,y_0) 处连续，则函数 $z=f(x,y)$ 在点 (x_0,y_0) 处可微.

定理 6.3 给出了二元函数可微的充分条件，证明略.

如果函数 $z=f(x,y)$ 在区域 D 内每一点处都可微，则称 $z=f(x,y)$ **在区域 D 内可微**. 其全微分为

$$dz=f'_x(x,y)dx+f'_y(x,y)dy.$$

例 1 求函数 $z=4x^2+2x^3y^2+3y^3$ 在点 $(-1,1)$ 处的全微分.

解 因为

$$f'_x(x,y)=8x+6x^2y^2,\ f'_y(x,y)=4x^3y+9y^2,$$

所以

$$f'_x(-1,1)=8\times(-1)+6\times(-1)^2\times1^2=-2,$$
$$f'_y(-1,1)=4\times(-1)^3\times1+9=5,$$

故

$$dz\Big|_{\substack{x=-1\\y=1}}=f'_x(-1,1)dx+f'_y(-1,1)dy=-2dx+5dy.$$

例 2 求下列函数的全微分：

$(1)z=\arctan\dfrac{x}{y}$; $\qquad\qquad(2)z=\sin3x\cdot e^{xy}$.

解 （1）因为

$$\frac{\partial z}{\partial x}=\frac{1}{1+\left(\frac{x}{y}\right)^2}\cdot\frac{\partial}{\partial x}\left(\frac{x}{y}\right)=\frac{1}{1+\left(\frac{x}{y}\right)^2}\cdot\frac{1}{y}=\frac{y}{x^2+y^2},$$

$$\frac{\partial z}{\partial y}=\frac{1}{1+\left(\frac{x}{y}\right)^2}\cdot\frac{\partial}{\partial y}\left(\frac{x}{y}\right)=\frac{1}{1+\left(\frac{x}{y}\right)^2}\cdot\left(-\frac{x}{y^2}\right)=-\frac{x}{x^2+y^2},$$

所以

$$dz=\frac{y}{x^2+y^2}dx-\frac{x}{x^2+y^2}dy.$$

（2）因为

$z'_x=(\sin3x)'_x\cdot e^{xy}+\sin3x\cdot(e^{xy})'_x=3\cos3x\cdot e^{xy}+\sin3x\cdot ye^{xy}=(3\cos3x+y\sin3x)e^{xy}$,

$z'_y=\sin3x\cdot(e^{xy})'_y=x\sin3x\cdot e^{xy}$,

所以

$$dz=(3\cos3x+y\sin3x)e^{xy}dx+x\sin3x\cdot e^{xy}dy.$$

习题 6-4

1. 求下列函数的全微分：

$(1)z=x^2-2y$; $\qquad\qquad(2)z=e^{\frac{x}{y}}$;

（3）$z=\arctan(xy)$；　　　　　　　（4）$z=\ln(3x^2-2y)$；

（5）$z=x\sin(x-2y)$；　　　　　　　（6）$z=x^y$.

2. 设函数 $z=\ln(1+2x^2+3y^2)$，求 $\mathrm{d}z\big|_{(1,2)}$.

第五节　二元函数的极值、最值及其应用

在经济管理、工程技术等的许多实际问题中，常常需要求一个二元函数的最大值或最小值，它们统称为最值. 与一元函数的情形类似，二元函数的最值也与其极值密切相关. 下面我们首先讨论二元函数的极值问题，然后介绍二元函数的最值问题，最后进一步介绍其在一些经济问题中的应用.

一、二元函数的极值

定义 6.11　设函数 $z=f(x,y)$ 在点 (x_0,y_0) 的某个邻域内有定义，如果对于该邻域内异于点 (x_0,y_0) 的任何点 (x,y)，都有

$$f(x,y)\leqslant f(x_0,y_0),$$

则称函数 $f(x,y)$ 在点 (x_0,y_0) 处有**极大值** $f(x_0,y_0)$，点 (x_0,y_0) 称为函数 $f(x,y)$ 的**极大值点**；如果对于该邻域内异于点 (x_0,y_0) 的任何点 (x,y)，都有

$$f(x,y)\geqslant f(x_0,y_0),$$

则称函数 $f(x,y)$ 在点 (x_0,y_0) 处有**极小值** $f(x_0,y_0)$，点 (x_0,y_0) 称为函数 $f(x,y)$ 的**极小值点**. 极大值和极小值统称为**极值**，使函数取极值的点 (x_0,y_0) 称为**极值点**.

与一元函数的极值相似，二元函数的极值也是二元函数的一种局部性质.

例1　根据定义，分析下列函数在 $(0,0)$ 处的极值情况：

（1）$z=x^2+y^2$；　　　（2）$z=-\sqrt{x^2+y^2}$；　　　（3）$z=xy$.

解　（1）函数 $z=x^2+y^2$ 在点 $(0,0)$ 处有极小值. 因为点 $(0,0)$ 的任一邻域内异于 $(0,0)$ 的点的函数值都为正，而在点 $(0,0)$ 处的函数值为 0. 从几何上看，这是显然的，因为点 $(0,0,0)$ 是开口朝上的旋转抛物面 $z=x^2+y^2$ 的底点.

（2）函数 $z=-\sqrt{x^2+y^2}$ 在点 $(0,0)$ 处有极大值. 因为点 $(0,0)$ 的任一邻域内异于 $(0,0)$ 的点的函数值都为负，而在点 $(0,0)$ 处的函数值为 0. 从几何上看，这是显然的，因为点 $(0,0,0)$ 是位于 xOy 面下方的圆锥面 $z=-\sqrt{x^2+y^2}$ 的顶点.

（3）函数 $z=xy$ 在点 $(0,0)$ 处取不到极值. 因为在点 $(0,0)$ 处的函数值为 0，而在点 $(0,0)$ 的任一邻域内，有使函数值为正的点（第一、第三象限中的点），也有使函数值为负的点（第二、第四象限中的点）.

下面运用二元函数的一阶偏导数和二阶偏导数给出极值存在的必要条件和充分条件.

定理 6.4（二元函数极值存在的必要条件）　设函数 $z=f(x,y)$ 在点 (x_0,y_0) 处存在偏导数，且函数在点 (x_0,y_0) 处有极值，则

$$f'_x(x_0,y_0)=0,\ f'_y(x_0,y_0)=0.$$

证明　由于 $z=f(x,y)$ 在点 (x_0,y_0) 处有极值，因此当 $y=y_0$ 时，一元函数 $z=f(x,y_0)$ 在

$x=x_0$ 处有极值. 根据一元函数极值存在的必要条件, 有

$$\frac{\partial z}{\partial x}\bigg|_{\substack{x=x_0\\y=y_0}}=f'_x(x_0,y_0)=0,$$

同理, 有

$$\frac{\partial z}{\partial y}\bigg|_{\substack{x=x_0\\y=y_0}}=f'_y(x_0,y_0)=0.$$

使偏导数 $f'_x(x_0,y_0)=0$, $f'_y(x_0,y_0)=0$ 同时成立的点 (x_0,y_0) 称为函数 $f(x,y)$ 的**驻点**.

类似于一元函数的极值, 二元函数的极值只可能在其驻点和偏导数不存在的点处取得.

定理 6.5(二元函数极值存在的充分条件) 设函数 $z=f(x,y)$ 在点 (x_0,y_0) 的邻域内有连续的二阶偏导数, 且点 (x_0,y_0) 为函数 $z=f(x,y)$ 的驻点, 记

$$A=f''_{xx}(x_0,y_0),\ B=f''_{xy}(x_0,y_0),\ C=f''_{yy}(x_0,y_0),$$

则

(1)当 $AC-B^2>0$ 时, $f(x_0,y_0)$ 是函数 $f(x,y)$ 的极值, 且当 $A<0$ 时, $f(x_0,y_0)$ 是极大值, 当 $A>0$ 时, $f(x_0,y_0)$ 是极小值;

(2)当 $AC-B^2<0$ 时, $f(x_0,y_0)$ 不是函数 $f(x,y)$ 的极值.

定理 6.5 并没有给出当 $AC-B^2=0$ 时的结论, 这时 $f(x_0,y_0)$ 是否为函数的极值还需要通过其他方法进一步讨论.

利用上面两个定理, 对于具有二阶连续偏导数的函数 $z=f(x,y)$, 求极值的步骤如下:

(1)求驻点, 即解方程组 $\begin{cases}f'_x(x,y)=0,\\f'_y(x,y)=0\end{cases}$;

(2)对于每个驻点 (x_0,y_0), 求出二阶偏导数的值 A,B,C;

(3)由 $AC-B^2$ 的符号, 判断是否取极值, 由 A 的符号判定是极大值还是极小值;

(4)求出极值.

例2 求函数 $f(x,y)=y^3-x^2+6x-12y+5$ 的极值.

解 解方程组 $\begin{cases}f'_x(x,y)=-2x+6=0,\\f'_y(x,y)=3y^2-12=0,\end{cases}$

得驻点 $(3,2)$, $(3,-2)$.

由于

$$f''_{xx}(x,y)=-2,\ f''_{xy}(x,y)=0,\ f''_{yy}(x,y)=6y,$$

列表讨论(见表 6.1).

表 6.1

(x_0,y_0)	A	B	C	$AC-B^2$	判断 $f(x_0,y_0)$
$(3,2)$	-2	0	12	-24	$f(3,2)$ 不是极值
$(3,-2)$	-2	0	-12	24	$f(3,-2)=30$ 为极大值

二、二元函数的最值及其应用

定义 6.12 设函数 $z=f(x,y)$ 在某区域 D 上有定义, 对于该区域 D 上的任何点 (x,y),

如果都有
$$f(x,y)\leqslant f(x_0,y_0),$$
则称 $f(x_0,y_0)$ 为函数 $f(x,y)$ 在区域 D 上的**最大值**；如果有
$$f(x,y)\geqslant f(x_0,y_0),$$
则称 $f(x_0,y_0)$ 为函数 $f(x,y)$ 在区域 D 上的**最小值**.

最大值和最小值统称为**最值**，使函数取最值的点 (x_0,y_0) 称为**最值点**.

由本章第二节二元连续函数的性质我们知道，当函数 $f(x,y)$ 在有界闭区域 D 上连续时，函数 $f(x,y)$ 在 D 上必有最大值和最小值. 关于在有界闭区域 D 上连续函数 $f(x,y)$ 的最大（小）值法与闭区间上连续函数 $f(x)$ 的最大（小）值求法类似：先求出 $f(x,y)$ 在 D 内所有驻点处的、偏导数不存在点处的函数值（即可能极值点处的函数值），再求出 $f(x,y)$ 在 D 的边界上的极大（小）值，其中最大（小）值就是所求最大（小）值. 在实际问题中，如果根据问题的性质知道 $f(x,y)$ 的最大（小）值一定在 D 的内部取得，并且 $f(x,y)$ 在 D 内具有唯一的驻点，那么可以断定这个唯一的驻点处的函数值就是 $f(x,y)$ 在 D 上的最大（小）值.

例 3 某工厂生产 A、B 两种产品，销售单价分别是 10 千元与 9 千元，生产 x 单位的 A 产品与生产 y 单位的 B 产品的总费用（单位为千元）是
$$400+2x+3y+0.01(3x^2+xy+3y^2).$$
求：当 A、B 产品的产量分别为多少时，能使获得的总利润最大？并求最大总利润.

解 设 $L(x,y)$ 为产品 A、B 分别生产 x 和 y 单位时所得的总利润.

因为总利润 = 总收入−总费用，所以
$$\begin{aligned}L(x,y)&=10x+9y-[400+2x+3y+0.01(3x^2+xy+3y^2)]\\&=8x+6y-0.01(3x^2+xy+3y^2)-400,\end{aligned}$$
由
$$\begin{cases}L'_x(x,y)=8-0.06x-0.01y=0,\\L'_y(x,y)=6-0.01x-0.06y=0,\end{cases}$$
得唯一驻点 $(120,80)$.

由于该实际问题有最大值，因此当 A 产品生产 120 个单位、B 产品生产 80 个单位时，所得总利润最大，最大总利润为 $L(120,80)=320$（千元）.

例 4 设 Q_1,Q_2 分别为商品 A，B 的需求量，它们的需求函数为
$$Q_1=8-P_1+2P_2,\quad Q_2=10+2P_1-5P_2,$$
总成本函数为
$$C=3Q_1+2Q_2,$$
其中 P_1 和 P_2 为商品 A 和 B 的价格（单位为万元），试问：价格 P_1 和 P_2 取何值时可使总利润最大？并求最大总利润.

解 据题意，总收益函数为
$$R=P_1Q_1+P_2Q_2,$$
总利润函数为
$$\begin{aligned}L=R-C&=P_1Q_1+P_2Q_2-(3Q_1+2Q_2)\\&=(P_1-3)Q_1+(P_2-2)Q_2\\&=(P_1-3)(8-P_1+2P_2)+(P_2-2)(10+2P_1-5P_2),\end{aligned}$$

由
$$
\begin{cases}
\dfrac{\partial L}{\partial P_1} = (8 - P_1 + 2P_2) + (P_1 - 3) \cdot (-1) + 2(P_2 - 2) = 0, \\
\dfrac{\partial L}{\partial P_2} = 2(P_1 - 3) + (10 + 2P_1 - 5P_2) + (P_2 - 2) \cdot (-5) = 0,
\end{cases}
$$
即
$$
\begin{cases}
-2P_1 + 4P_2 + 7 = 0, \\
4P_1 - 10P_2 + 14 = 0,
\end{cases}
$$
解得唯一的驻点 (P_1, P_2) 为 $\left(\dfrac{63}{2}, 14\right)$.

由于实际问题存在最大总利润，因此当取价格 $P_1 = \dfrac{63}{2}$（万元），$P_2 = 14$（万元）时可获得最大总利润，$L_{\max} = 164.25$（万元）.

三、条件极值

在实际问题中我们常常遇到这样的极值问题：求函数 $f(x, y)$ 在条件 $\varphi(x, y) = 0$ 下的极值. 例如，求矩形的周长为给定的常数 l 时其面积的最大值，就是求 $f(x, y) = xy$ 在条件 $2(x + y) = l$ 下的极大值. 又如，在求连续函数 $f(x, y)$ 在有界闭区域 D 上的最大（小）值过程中，要考虑求出 $f(x, y)$ 在 D 的边界上的极大（小）值. 而 $f(x, y)$ 在 D 的边界上（假设 D 的边界方程为 $\varphi(x, y) = 0$）的极值就是 $f(x, y)$ 在条件 $\varphi(x, y) = 0$ 下的极值.

如果对自变量除限定在定义域内取值外，还需满足附加条件，这类极值问题称为**条件极值**问题. 前面在讨论函数极值时，对自变量除限定在定义域内取值外，并无其他附加条件，这类极值问题称为**无条件极值**，简称极值.

求解条件极值问题有两种方法，其一是：若由 $\varphi(x, y) = 0$ 能解出显函数 $x = x(y)$ 或 $y = y(x)$，将其代入 $f(x, y)$ 中就得到了一元函数，从而问题转化成了求解一元函数的极值问题；其二就是下面将介绍的求条件极值的常用方法——**拉格朗日乘数法**（Lagrange multiplier method）.

下面我们来寻求函数 $z = f(x, y)$ 在条件 $\varphi(x, y) = 0$ 下取得极值的必要条件.

假设点 (x_0, y_0) 为函数 $z = f(x, y)$ 在条件 $\varphi(x, y) = 0$ 下的极值点，且 $\varphi(x, y) = 0$ 可以确定隐函数 $y = y(x)$，则 $x = x_0$ 是一元函数 $z = f[x, y(x)]$ 的极值点. 于是由一元可导函数取极值的必要条件得

$$
\left.\frac{\mathrm{d}z}{\mathrm{d}x}\right|_{x=x_0} = f'_x(x_0, y_0) + f'_y(x_0, y_0) \left.\frac{\mathrm{d}y}{\mathrm{d}x}\right|_{x=x_0} = 0,
$$

考虑隐函数在 $x = x_0$ 点处的导数为

$$
\left.\frac{\mathrm{d}y}{\mathrm{d}x}\right|_{x=x_0} = -\frac{\varphi'_x(x_0, y_0)}{\varphi'_y(x_0, y_0)},
$$

故

$$
f'_x(x_0, y_0) \varphi'_y(x_0, y_0) - f'_y(x_0, y_0) \varphi'_x(x_0, y_0) = 0,
$$

令 $\dfrac{f'_y(x_0, y_0)}{\varphi'_y(x_0, y_0)} = -\lambda$，于是极值点 $P_0(x_0, y_0)$ 需要满足 3 个条件：

$$\begin{cases} f'_x(x_0,y_0)+\lambda\varphi'_x(x_0,y_0)=0, \\ f'_y(x_0,y_0)+\lambda\varphi'_y(x_0,y_0)=0, \\ \varphi(x_0,y_0)=0. \end{cases}$$

因此，若引进辅助函数

$$F(x,y,\lambda)=f(x,y)+\lambda\varphi(x,y),$$

则前面 3 个条件变成了求辅助函数的驻点，即

$$\begin{cases} F'_x(x_0,y_0,\lambda)=f'_x(x_0,y_0)+\lambda\varphi'_x(x_0,y_0)=0, \\ F'_y(x_0,y_0,\lambda)=f'_y(x_0,y_0)+\lambda\varphi'_y(x_0,y_0)=0, \\ F'_\lambda(x_0,y_0,\lambda)=\varphi(x_0,y_0)=0. \end{cases}$$

函数 $F(x,y,\lambda)$ 称为**拉格朗日函数**，参数 λ 称为**拉格朗日乘数**(是一个待定常数).

利用**拉格朗日乘数法**求函数 $z=f(x,y)$ 在条件 $\varphi(x,y)=0$ 下的可能极值点的一般步骤如下.

(1)构造拉格朗日函数

$$F(x,y,\lambda)=f(x,y)+\lambda\varphi(x,y),$$

其中 λ 为拉格朗日乘数.

(2)求 $F(x,y,\lambda)$ 对 x,y,λ 的 3 个一阶偏导数，并令它们为 0，即得方程组

$$\begin{cases} F'_x=f'_x(x,y)+\lambda\varphi'_x(x,y)=0, \\ F'_y=f'_y(x,y)+\lambda\varphi'_y(x,y)=0, \\ F'_\lambda=\varphi(x,y)=0. \end{cases}$$

(3)解上面方程组，得可能极值点 (x_0,y_0).

注意本节介绍的拉格朗日乘数法只能求出可能的满足约束条件的极值点，而并不能进一步确认其是否为极值点，但在实际问题中根据问题本身的性质可以确定可能的极值点是否为极值点.

例 5　某工厂生产两种型号的机床，其产量分别为 x 台和 y 台，成本函数(单位为万元)为

$$C(x,y)=x^2+2y^2-xy.$$

若根据市场调查预测，共需这两种机床 8 台，问：应如何安排生产，才能使成本最小?并求最小成本.

解　此问题可以归结为求成本函数

$$C(x,y)=x^2+2y^2-xy$$

在条件 $x+y=8$ 下的最小值.

构造拉格朗日函数

$$F(x,y,\lambda)=x^2+2y^2-xy+\lambda(x+y-8).$$

求 $F(x,y,\lambda)$ 对 x,y,λ 的偏导数，并令其为 0，得联立方程组

$$\begin{cases} F'_x=2x-y+\lambda=0, \\ F'_y=4y-x+\lambda=0, \\ F'_\lambda=x+y-8=0, \end{cases}$$

解得 $x=5$，$y=3$. $(5,3)$ 是唯一可能的极值点，即最值点.

因为实际问题的最小值存在，所以，当两种型号的机床分别生产 5 台和 3 台时，总成本最小，且最小成本为 $C(5,3)=28$（万元）.

例 6 已知某产品的柯布-道格拉斯投入产出函数为

$$f(x,y)=200x^{\frac{1}{4}}y^{\frac{3}{4}},$$

其中 x 为劳动力的投入量，y 为资本的投入量. 设每单位的劳动力投入成本为 250 元，每单位的资本投入成本为 150 元，若生产商的总预算是 50000 元，问劳动力投入及资本投入各为多少时产量最大.

解 此问题可以归结为求投入产出函数

$$f(x,y)=200x^{\frac{1}{4}}y^{\frac{3}{4}}$$

在条件 $250x+150y=50000$ 下的最大值.

构造拉格朗日函数

$$F(x,y,\lambda)=200x^{\frac{1}{4}}y^{\frac{3}{4}}+\lambda(250x+150y-50000).$$

求 $F(x,y,\lambda)$ 对 x,y,λ 的偏导数，并令其为 0，得联立方程组

$$\begin{cases}F'_x=50x^{-\frac{3}{4}}y^{\frac{3}{4}}-250\lambda=0,\\ F'_y=150x^{\frac{1}{4}}y^{-\frac{1}{4}}-150\lambda=0,\\ F'_\lambda=250x+150y-50000=0,\end{cases}$$

解得 $x=50$，$y=250$. $(50,250)$ 是唯一可能的极值点，即最值点.

因为实际问题的最大值存在，所以，当投入 50 单位劳动力及 250 单位资本时，产量最大.

习题 6-5

1. 求下列函数的极值：

(1) $f(x,y)=x^2+y^2-4$；

(2) $f(x,y)=x^3-4x^2+2xy-y^2$；

(3) $f(x,y)=(6x-x^2)(4y-y^2)$.

2. 设某企业生产甲、乙两种产品，销售价分别为 10 千元与 9 千元，生产 x 件甲产品、y 件乙产品的总成本（单位为千元）为 $C(x,y)=100+2x+3y+0.01(3x^2+xy+3y^2)$，问：甲、乙两种产品的产量各为多少时，企业获利最大？并求最大总利润.

3. 设某工厂生产 A、B 两种产品，当 A、B 产量分别为 x 和 y 时，成本函数为

$$C(x,y)=8x^2+6y^2-2xy-40x-42y+180,$$

求 A、B 两种产品的产量各为多少时，总成本最小，并求最小总成本.

4. 设生产某种产品的数量 Q（单位为吨）与所用两种原料 A、B 的数量 x、y 间有关系式 $Q=0.005x^2y$，现准备用 150 万元购原料，已知 A、B 原料的单价分别为 1 万元/吨和 2 万元/吨，问：两种原料各购多少，才能使生产的产品数量最多？

第六节　二重积分的概念与性质

学完二元函数微分学的相关知识，接下来我们学习二元函数积分学——**二重积分**（double integral）. 二重积分与定积分相似，都采用和式的极限定义. 但是由于定积分的积分区域通常只是区间，而二重积分的积分区域则是平面区域，因此积分区域的恰当表示和积分次序的合理选择是保证二重积分能计算并使计算过程简捷的关键.

接下来我们将把一元函数定积分的概念推广到二元函数的二重积分. 从求曲顶柱体的体积这个具体问题出发，先介绍二重积分的概念与性质，再研究在直角坐标系中将二重积分化为二次积分进行计算的方法和技巧.

一、二重积分的概念

1. 曲顶柱体的体积

设函数 $z=f(x,y)$ 在有界闭区域 D 上连续，且 $f(x,y)\geq0$. 过区域 D 边界上每一点，作平行于 z 轴的直线，这些直线构成一个曲面，称此曲面为由边界产生的柱面. 所谓**曲顶柱体**是指以曲面 $z=f(x,y)$ 为顶、以区域 D 为底、以 D 的边界产生的柱面为侧面所围成的立体，如图 6.23 所示.

6.3　曲顶柱体的体积

下面我们仿照求曲边梯形面积的方法来求曲顶柱体的体积.

（1）分割.

把区域 D 任意分割成 n 个小区域
$$\Delta\sigma_1,\Delta\sigma_2,\cdots,\Delta\sigma_n,$$
且仍以 $\Delta\sigma_i$ 表示第 i 个小区域的面积，这样就把曲顶柱体分成 n 个小曲顶柱体. 以 ΔV_i 表示以 $\Delta\sigma_i$ 为底的第 i 个小曲顶柱体的体积，$i=1,2,\cdots,n$，则 $V=\sum_{i=1}^{n}\Delta V_i$.

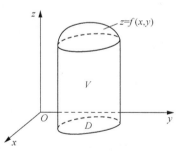
图 6.23

（2）近似.

在每个小区域 $\Delta\sigma_i(i=1,2,\cdots,n)$ 上任取一点 (ξ_i,η_i)，并将以 $f(\xi_i,\eta_i)$ 的值为高、以 $\Delta\sigma_i$ 为底的平顶柱体的体积 $f(\xi_i,\eta_i)\Delta\sigma_i$ 作为 ΔV_i 的近似值（见图 6.24），即
$$\Delta V_i\approx f(\xi_i,\eta_i)\Delta\sigma_i.$$

（3）求和.

把这 n 个平顶柱体的体积相加，就得到所求的曲顶柱体体积 V 的近似值，即
$$V=\sum_{i=1}^{n}\Delta V_i\approx\sum_{i=1}^{n}f(\xi_i,\eta_i)\Delta\sigma_i.$$

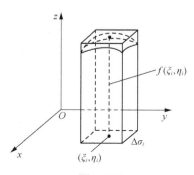
图 6.24

(4)取极限.

区域 D 分得越小，则上式右端的和式就越接近于曲顶柱体的体积 V. 用 d_i 表示小区域 $\Delta\sigma_i$ 上任意两点间的最大距离，称其为该**小区域的直径**，令 $d=\max\{d_1,d_2,\cdots,d_n\}$.

当 $d\to0$ 时，若上述和式的极限存在，则这个极限值就是所求的曲顶柱体的体积 V，即

$$V=\lim_{d\to0}\sum_{i=1}^{n}f(\xi_i,\eta_i)\Delta\sigma_i.$$

2. 二重积分的定义

对于定义在有界闭区域 D 上的二元函数 $f(x,y)$，重复上述 4 个步骤，就得到二重积分的定义.

定义 6.13 设 $z=f(x,y)$ 是定义在有界闭区域 D 上的有界二元函数，将区域 D 任意分割成 n 个小区域 $\Delta\sigma_1,\Delta\sigma_2,\cdots,\Delta\sigma_n$，并仍以 $\Delta\sigma_i$ 表示第 i 个小区域的面积，d_i 为区域 $\Delta\sigma_i$ 的直径，$i=1,2,\cdots,n$，$d=\max\{d_1,d_2,\cdots,d_n\}$，在每个小区域 $\Delta\sigma_i$ 上任取一点 (ξ_i,η_i)，作乘积 $f(\xi_i,\eta_i)\Delta\sigma_i(i=1,2,\cdots,n)$，并求和

$$\sum_{i=1}^{n}f(\xi_i,\eta_i)\Delta\sigma_i,$$

当 $d\to0$ 时，这个和式的极限存在，则称函数 $z=f(x,y)$ 在区域 D 上**可积**，称此极限值为函数 $z=f(x,y)$ 在区域 D 上的**二重积分**，记作 $\iint\limits_{D}f(x,y)\mathrm{d}\sigma$，即

$$\iint\limits_{D}f(x,y)\mathrm{d}\sigma=\lim_{d\to0}\sum_{i=1}^{n}f(\xi_i,\eta_i)\Delta\sigma_i.$$

其中，$f(x,y)$ 称为**被积函数**，"$\iint$" 称为**二重积分符号**，D 称为**积分区域**，$\mathrm{d}\sigma$ 称为**面积元素**，x，y 称为**积分变量**.

3. 二重积分的存在性

定理 6.6 如果二元函数 $z=f(x,y)$ 在有界闭区域 D 上连续，则二重积分 $\iint\limits_{D}f(x,y)\mathrm{d}\sigma$ 存在，即 $f(x,y)$ 在区域 D 上可积.

证明略.

4. 二重积分的几何意义

如果在有界闭区域 D 上二元连续函数 $z=f(x,y)\geqslant0$，则二重积分 $\iint\limits_{D}f(x,y)\mathrm{d}\sigma$ 的值等于以积分区域 D 为底、以连续曲面 $z=f(x,y)$ 为顶的曲顶柱体的体积 V，即 $\iint\limits_{D}f(x,y)\mathrm{d}\sigma=V$.

如果在有界闭区域 D 上二元连续函数 $z=f(x,y)\leqslant0$，则二重积分 $\iint\limits_{D}f(x,y)\mathrm{d}\sigma$ 的值等于以积分区域 D 为底、以连续曲面 $z=f(x,y)$ 为顶的曲顶柱体的体积的相反数 $-V$，即 $\iint\limits_{D}f(x,y)\mathrm{d}\sigma=-V$.

如果在有界闭区域 D 上二元连续函数 $z=f(x,y)$ 既取得正值又取得负值，则二重积分

$\iint\limits_{D} f(x,y)\mathrm{d}\sigma$ 的值等于以积分区域 D 为底、以连续曲面 $z=f(x,y)$ 为顶的曲顶柱体体积的代数和.

二、二重积分的性质

二重积分与一元函数的定积分具有相似的性质，下面涉及的函数均假定在 D 上可积.

性质 1　若在区域 D 上有 $f(x,y)\equiv 1$，S 是 D 的面积，则
$$\iint\limits_{D}\mathrm{d}\sigma = S.$$

性质 2　常数因子可提到二重积分符号外面，即
$$\iint\limits_{D}kf(x,y)\mathrm{d}\sigma = k\iint\limits_{D}f(x,y)\mathrm{d}\sigma (k\text{ 为常数}).$$

性质 3　函数的代数和的积分等于各个函数积分的代数和，即
$$\iint\limits_{D}[f(x,y)\pm g(x,y)]\mathrm{d}\sigma = \iint\limits_{D}f(x,y)\mathrm{d}\sigma \pm \iint\limits_{D}g(x,y)\mathrm{d}\sigma.$$

性质 4(二重积分的积分区域可加性)　若区域 D 被一连续曲线分成 D_1 和 D_2，如图 6.25 所示，则
$$\iint\limits_{D}f(x,y)\mathrm{d}\sigma = \iint\limits_{D_1}f(x,y)\mathrm{d}\sigma + \iint\limits_{D_2}f(x,y)\mathrm{d}\sigma.$$

性质 5(比较性质)　若在区域 D 上，有 $f(x,y)\geqslant 0$，则
$$\iint\limits_{D}f(x,y)\mathrm{d}\sigma \geqslant 0.$$

由此，若在区域 D 上，有 $f(x,y)\leqslant g(x,y)$，则
$$\iint\limits_{D}f(x,y)\mathrm{d}\sigma \leqslant \iint\limits_{D}g(x,y)\mathrm{d}\sigma.$$

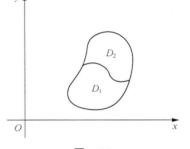

图 6.25

特别地，由于
$$-\mid f(x,y)\mid \leqslant f(x,y)\leqslant \mid f(x,y)\mid,$$
所以
$$\left|\iint\limits_{D}f(x,y)\mathrm{d}\sigma\right| \leqslant \iint\limits_{D}\mid f(x,y)\mid \mathrm{d}\sigma.$$

性质 6(估值定理)　设 M，m 分别是函数 $f(x,y)$ 在有界闭区域 D 上的最大值和最小值，S 是 D 的面积，则
$$m\cdot S \leqslant \iint\limits_{D}f(x,y)\mathrm{d}\sigma \leqslant M\cdot S.$$

性质 7(二重积分中值定理)　设函数 $f(x,y)$ 在有界闭区域 D 上连续，S 是区域 D 的面积，则在 D 上至少存在一点 (ξ,η)，使得
$$\iint\limits_{D}f(x,y)\mathrm{d}\sigma = f(\xi,\eta)\cdot S.$$

二重积分中值定理的几何意义是：在区域 D 上以曲面 $f(x,y)(f(x,y)\geqslant 0)$ 为顶的曲顶柱体的体积，等于区域 D 上以某一点 (ξ,η) 的函数值 $f(\xi,\eta)$ 为高的平顶柱体的体积.

例 1 计算二重积分 $\iint\limits_{D} 2\mathrm{d}\sigma$，设 $D = \{(x,y) \mid |x-2| \leqslant 2, \ |y-4| \leqslant 3\}$.

解 D 是长为 6、宽为 4 的矩形，其面积 $S = 6 \times 4 = 24$，

故

$$\iint\limits_{D} 2\mathrm{d}\sigma = 2S = 48.$$

例 2 比较二重积分 $\iint\limits_{D} \mathrm{e}^{x+y}\mathrm{d}\sigma$ 与 $\iint\limits_{D} \mathrm{e}^{(x+y)^2}\mathrm{d}\sigma$ 的大小，其中 D 由直线 $x=0$、$y=0$ 与 $x+y=1$ 所围成.

解 在积分区域 D 内，由于 $0 \leqslant x+y \leqslant 1$，因此 $(x+y)^2 \leqslant x+y$，从而

$$\mathrm{e}^{(x+y)^2} \leqslant \mathrm{e}^{x+y},$$

故

$$\iint\limits_{D} \mathrm{e}^{x+y}\mathrm{d}\sigma > \iint\limits_{D} \mathrm{e}^{(x+y)^2}\mathrm{d}\sigma.$$

例 3 估计二重积分 $\iint\limits_{D} (1+x^2+y^2)\mathrm{d}\sigma$ 的取值范围，其中 $D = \{(x,y) \mid x^2+y^2 \leqslant 4\}$.

解 在积分区域 D 内，被积函数 $1 \leqslant 1+x^2+y^2 \leqslant 5$，积分区域 D 的面积为 4π，所以

$$1 \times 4\pi \leqslant \iint\limits_{D} (1+x^2+y^2)\mathrm{d}\sigma \leqslant 5 \times 4\pi,$$

即

$$4\pi \leqslant \iint\limits_{D} (1+x^2+y^2)\mathrm{d}\sigma \leqslant 20\pi.$$

习题 6-6

1. 利用二重积分的几何意义，说明下列等式成立，其中 $D = \{(x,y) \mid x^2+y^2 \leqslant R^2\}$：

(1) $\iint\limits_{D} \sqrt{R^2-x^2-y^2}\mathrm{d}\sigma = \dfrac{2}{3}\pi R^3$；

(2) $\iint\limits_{D} y\sqrt{R^2-x^2-y^2}\mathrm{d}\sigma = 0$.

2. 利用二重积分的性质，比较下列二重积分的大小：

(1) $I_1 = \iint\limits_{D} (x+y)^2\mathrm{d}\sigma$ 与 $I_2 = \iint\limits_{D} (x+y)^3\mathrm{d}\sigma$，

其中 D 是由 x 轴、y 轴与直线 $x+y=1$ 所围成的闭区域；

(2) $I_1 = \iint\limits_{D} \mathrm{e}^{xy}\mathrm{d}\sigma$ 与 $I_2 = \iint\limits_{D} \mathrm{e}^{x^2y^2}\mathrm{d}\sigma$，

其中 D 是由 x 轴、y 轴与直线 $x+y=1$ 所围成的闭区域；

(3) $I_1 = \iint\limits_{D} \ln(x+y)\mathrm{d}\sigma$ 与 $I_2 = \iint\limits_{D} [\ln(x+y)]^2\mathrm{d}\sigma$，

其中 $D = \{(x,y) \mid 3 \leqslant x \leqslant 5, 0 \leqslant y \leqslant 1\}$；

$(4) I_1 = \iint\limits_{D} (x+y)^2 \mathrm{d}\sigma$ 与 $I_2 = \iint\limits_{D} (x+y)^3 \mathrm{d}\sigma$,

其中 $D = \{(x,y) \mid (x-2)^2 + (y-1)^2 \leq 2\}$.

第七节　二重积分的计算

虽然二重积分是用和式的极限定义的，但和定积分类似，一般被积函数在积分区域上的二重积分很难用定义计算. 本节介绍在直角坐标系中将二重积分化为二次积分进行计算的方法.

在直角坐标系中我们采用平行于 x 轴和 y 轴的直线分割 D，如图 6.26 所示，于是小区域的面积为

$$\Delta\sigma_i = \Delta x_i \Delta y_i (i=1,2,\cdots,n),$$

所以在直角坐标系中，面积元素 $\mathrm{d}\sigma$ 可写成 $\mathrm{d}x\mathrm{d}y$，从而

$$\iint\limits_{D} f(x,y)\mathrm{d}\sigma = \iint\limits_{D} f(x,y)\mathrm{d}x\mathrm{d}y.$$

若积分区域 D 可以表示为

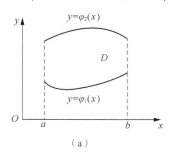

$$D: \begin{cases} a \leq x \leq b, \\ \varphi_1(x) \leq y \leq \varphi_2(x), \end{cases}$$

图 6.26

其中函数 $\varphi_1(x)$，$\varphi_2(x)$ 在 $[a,b]$ 上连续，并且穿过 D 内部与 y 轴平行的直线与区域 D 的边界最多交于两点，则称 D 为 X 型区域(见图 6.27).

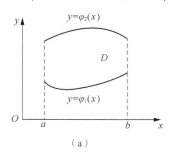

（a）

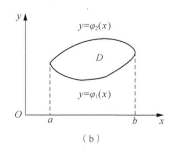

（b）

图 6.27

若积分区域 D 可以表示为

$$D: \begin{cases} c \leq y \leq d, \\ \psi_1(y) \leq x \leq \psi_2(y), \end{cases}$$

其中 $\psi_1(y)$，$\psi_2(y)$ 在 $[c,d]$ 上连续，并且穿过 D 内部与 x 轴的平行直线与区域 D 的边界最多交于两点，则称 D 为 Y 型区域(见图 6.28).

首先讨论积分区域为 X 型区域的二重积分 $\iint\limits_{D} f(x,y)\mathrm{d}x\mathrm{d}y$ 的计算.

由二重积分的几何意义，当 $z=f(x,y) \geq 0$ 时，二重积分 $\iint\limits_{D} f(x,y)\mathrm{d}x\mathrm{d}y$

是区域 D 上的以曲面 $z=f(x,y)$ 为顶的曲顶柱体的体积 V(见图 6.29).

6.4　二重积分的计算

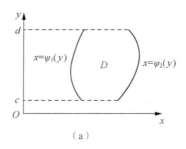
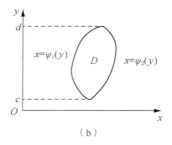

图 6.28

在区间 $[a,b]$ 上任取一点 x，过 x 作平面平行于 yOz 面，则此平面截曲顶柱体所得的截面是一个以区间 $[\varphi_1(x), \varphi_2(x)]$ 为底、以曲线 $z=f(x,y)$（对于固定的 x，z 是 y 的一元函数）为曲边的曲边梯形（图 6.29 中的阴影部分），其面积为

$$A(x) = \int_{\varphi_1(x)}^{\varphi_2(x)} f(x,y)\,\mathrm{d}y.$$

图 6.29

根据已知截面面积的立体体积计算公式，所求曲顶柱体的体积为

$$V = \int_a^b A(x)\,\mathrm{d}x = \int_a^b \left[\int_{\varphi_1(x)}^{\varphi_2(x)} f(x,y)\,\mathrm{d}y \right] \mathrm{d}x,$$

于是有

$$\iint\limits_D f(x,y)\,\mathrm{d}\sigma = \int_a^b \left[\int_{\varphi_1(x)}^{\varphi_2(x)} f(x,y)\,\mathrm{d}y \right] \mathrm{d}x,$$

一般写成

$$\iint\limits_D f(x,y)\,\mathrm{d}\sigma = \int_a^b \mathrm{d}x \int_{\varphi_1(x)}^{\varphi_2(x)} f(x,y)\,\mathrm{d}y,$$

右端的积分称为二次积分.

这样，当积分区域 D 可以表示为 $\begin{cases} a \leqslant x \leqslant b, \\ \varphi_1(x) \leqslant y \leqslant \varphi_2(x) \end{cases}$ 时，有

$$\iint\limits_D f(x,y)\,\mathrm{d}\sigma = \int_a^b \left[\int_{\varphi_1(x)}^{\varphi_2(x)} f(x,y)\,\mathrm{d}y \right] \mathrm{d}x,$$

一般写成

$$\iint\limits_D f(x,y)\,\mathrm{d}\sigma = \int_a^b \mathrm{d}x \int_{\varphi_1(x)}^{\varphi_2(x)} f(x,y)\,\mathrm{d}y,$$

即当积分区域为 X 型区域时，可以将二重积分化为**先对 y 后对 x 的二次积分**（累次积分）.

二次积分 $\int_a^b \mathrm{d}x \int_{\varphi_1(x)}^{\varphi_2(x)} f(x,y)\,\mathrm{d}y$，即：第一次计算积分 $\int_{\varphi_1(x)}^{\varphi_2(x)} f(x,y)\,\mathrm{d}y$，把 x 看成常数，把 $f(x,y)$ 看作 y 的函数，对 y 计算 $\varphi_1(x)$ 到 $\varphi_2(x)$ 的定积分；然后将算得的结果作为第二次积分的被积函数，再对 x 计算其在区间 $[a,b]$ 上的定积分.

同理，当积分区域 D 可以表示为 $\begin{cases} c \leqslant y \leqslant d, \\ \psi_1(y) \leqslant x \leqslant \psi_2(y) \end{cases}$（即 Y 型区域）时，有

$$\iint\limits_{D} f(x,y)\,\mathrm{d}\sigma = \int_{c}^{d}\left[\int_{\psi_1(y)}^{\psi_2(y)} f(x,y)\,\mathrm{d}x\right]\mathrm{d}y,$$

一般写成

$$\iint\limits_{D} f(x,y)\,\mathrm{d}\sigma = \int_{c}^{d}\mathrm{d}y\int_{\psi_1(y)}^{\psi_2(y)} f(x,y)\,\mathrm{d}x.$$

即当积分区域为 Y 型区域时，可以将二重积分化为**先对 x 后对 y 的二次积分（累次积分）**.

二次积分 $\int_{c}^{d}\mathrm{d}y\int_{\psi_1(y)}^{\psi_2(y)} f(x,y)\,\mathrm{d}x$，即：第一次计算积分 $\int_{\psi_1(y)}^{\psi_2(y)} f(x,y)\,\mathrm{d}x$，把 y 看成常数，把 $f(x,y)$ 看作 x 的函数，对 x 计算 $\psi_1(y)$ 到 $\psi_2(y)$ 的定积分；然后将算得的结果作为第二次积分的被积函数，再对 y 计算其在区间 $[c,d]$ 上的定积分.

注意　（1）若穿过 D 内部且与 y 轴（x 轴）平行的直线与区域 D 的边界相交多于两个点，则要将 D 分成多个 X 型区域（Y 型区域）.

（2）若穿过 D 内部且与 y 轴（x 轴）平行的直线与区域 D 的边界相交，但边界方程不同，也要将 D 分成多个 X 型区域（Y 型区域）.

特别地，当积分区域为矩形 D：$\begin{cases} a\leqslant x\leqslant b, \\ c\leqslant y\leqslant d \end{cases}$ 时，有

$$\iint\limits_{D} f(x,y)\,\mathrm{d}\sigma = \int_{a}^{b}\mathrm{d}x\int_{c}^{d} f(x,y)\,\mathrm{d}y,$$

或

$$\iint\limits_{D} f(x,y)\,\mathrm{d}\sigma = \int_{c}^{d}\mathrm{d}y\int_{a}^{b} f(x,y)\,\mathrm{d}x.$$

当积分区域为矩形 D：$\begin{cases} a\leqslant x\leqslant b, \\ c\leqslant y\leqslant d \end{cases}$ 且被积函数 $f(x,y)=g(x)\cdot h(y)$ 时，有

$$\iint\limits_{D} f(x,y)\,\mathrm{d}\sigma = \int_{a}^{b} g(x)\,\mathrm{d}x \cdot \int_{c}^{d} h(y)\,\mathrm{d}y.$$

一般在计算二重积分时，应先画出积分区域 D 的草图，再根据被积函数及积分区域的特点，选择适当的二次积分次序，最后计算二次积分.

例1　将二重积分 $\iint\limits_{D} f(x,y)\,\mathrm{d}\sigma$ 化为直角坐标系下的二次积分（写出两种积分次序）：

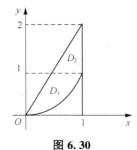

图 6.30

（1）D 由 $y=x^2$，$y=2x$，$x=1$ 围成；

（2）D 由 $y=x^2$，$y=0$，$x+y=2$ 围成.

解　（1）区域 D 如图 6.30 所示.

①若把二重积分化为先对 x 后对 y 的二次积分，则区域 D 为

$$D_1:\begin{cases} 0\leqslant y\leqslant 1, \\ \dfrac{y}{2}\leqslant x\leqslant\sqrt{y}, \end{cases} \qquad D_2:\begin{cases} 1\leqslant y\leqslant 2, \\ \dfrac{y}{2}\leqslant x\leqslant 1, \end{cases}$$

所以

$$\iint\limits_{D} f(x,y)\,\mathrm{d}\sigma = \iint\limits_{D_1} f(x,y)\,\mathrm{d}\sigma + \iint\limits_{D_2} f(x,y)\,\mathrm{d}\sigma = \int_{0}^{1}\mathrm{d}y\int_{\frac{y}{2}}^{\sqrt{y}} f(x,y)\,\mathrm{d}x + \int_{1}^{2}\mathrm{d}y\int_{\frac{y}{2}}^{1} f(x,y)\,\mathrm{d}x.$$

②若把二重积分化为先对 y 后对 x 的二次积分，则区域 D 为

$$D: \begin{cases} 0 \le x \le 1, \\ x^2 \le y \le 2x, \end{cases}$$

所以

$$\iint\limits_{D} f(x,y) \, \mathrm{d}\sigma = \int_0^1 \mathrm{d}x \int_{x^2}^{2x} f(x,y) \, \mathrm{d}y.$$

（2）区域 D 如图 6.31 所示.

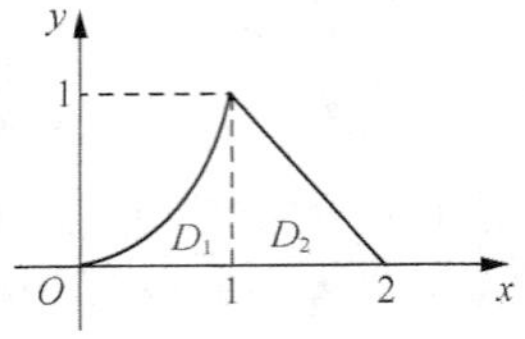

①若把二重积分化为先对 x 后对 y 的二次积分，则区域 D 为

$$D: \begin{cases} 0 \le y \le 1, \\ \sqrt{y} \le x \le 2-y, \end{cases}$$

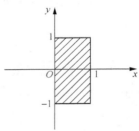

图 6.31

所以

$$\iint\limits_{D} f(x,y) \, \mathrm{d}\sigma = \int_0^1 \mathrm{d}y \int_{\sqrt{y}}^{2-y} f(x,y) \, \mathrm{d}x.$$

②若把二重积分化为先对 y 后对 x 的二次积分，则区域 D 为

$$D_1: \begin{cases} 0 \le x \le 1, \\ 0 \le y \le x^2, \end{cases} \qquad D_2: \begin{cases} 1 \le x \le 2, \\ 0 \le y \le 2-x, \end{cases}$$

所以

$$\iint\limits_{D} f(x,y) \, \mathrm{d}\sigma = \int_0^1 \mathrm{d}x \int_0^{x^2} f(x,y) \, \mathrm{d}y + \int_1^2 \mathrm{d}x \int_0^{2-x} f(x,y) \, \mathrm{d}y.$$

例 2　计算二重积分 $\iint\limits_{D} x^5 y^2 \mathrm{d}x\mathrm{d}y$，其中 $D = \{(x,y) \mid 0 \le x \le 1, -1 \le y \le 1\}$.

解　由于积分区域是矩形区域（见图 6.32），且被积函数 $f(x,y) = x^5 \cdot y^2$，因此

$$\iint\limits_{D} x^5 y^2 \mathrm{d}x\mathrm{d}y = \int_0^1 x^5 \mathrm{d}x \cdot \int_{-1}^1 y^2 \mathrm{d}y = \frac{1}{6} x^6 \bigg|_0^1 \cdot \frac{1}{3} y^3 \bigg|_{-1}^1$$

$$= \frac{1}{6} \times \frac{2}{3} = \frac{1}{9}.$$

例 3　计算二重积分 $\iint\limits_{D} xy \mathrm{d}\sigma$，其中 D 是由直线 $y=1$、$x=2$ 及 $y=x$ 所围成的闭区域.

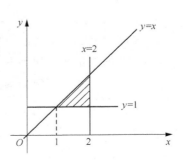

图 6.32

解　区域 D 如图 6.33 所示，可以将它看成一个 X 型区域，即

$$D: \begin{cases} 1 \le x \le 2, \\ 1 \le y \le x, \end{cases}$$

所以

$$\iint\limits_{D} xy \mathrm{d}x\mathrm{d}y = \int_1^2 \mathrm{d}x \int_1^x xy \mathrm{d}y = \int_1^2 x \cdot \frac{1}{2} y^2 \bigg|_1^x \mathrm{d}x$$

$$= \frac{1}{2} \int_1^2 (x^3 - x) \mathrm{d}x = \frac{1}{2} \left(\frac{1}{4} x^4 - \frac{1}{2} x^2 \right) \bigg|_1^2 = \frac{9}{8}.$$

图 6.33

例 4 计算二重积分 $\iint\limits_{D}(x^2-2y)\,\mathrm{d}x\mathrm{d}y$，其中 D 是由直线 $y=x$、$y=\dfrac{x}{2}$、$y=1$ 及 $y=2$ 所围成的闭区域.

解 画出区域 D 的草图（见图 6.34(a)）. 区域 D 为

$$D:\begin{cases}1\leqslant y\leqslant 2,\\ y\leqslant x\leqslant 2y,\end{cases}$$

是 Y 型区域. 二重积分可化为先对 x 后对 y 的二次积分，即

$$\begin{aligned}
\iint\limits_{D}(x^2-2y)\,\mathrm{d}x\mathrm{d}y &= \int_1^2\mathrm{d}y\int_y^{2y}(x^2-2y)\,\mathrm{d}x\\
&= \int_1^2\left(\frac{1}{3}x^3-2yx\right)\bigg|_y^{2y}\,\mathrm{d}y\\
&= \int_1^2\left(\frac{7}{3}y^3-2y^2\right)\mathrm{d}y\\
&= \left(\frac{7}{12}y^4-\frac{2}{3}y^3\right)\bigg|_1^2\\
&= \frac{49}{12}.
\end{aligned}$$

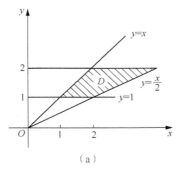 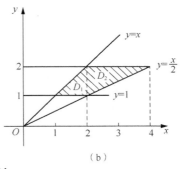

（a） （b）

图 6.34

如果采用先对 y 后对 x 的二次积分，则直线 $x=2$ 将区域 D 分割成两个区域 D_1 和 D_2（见图 6.34(b)），其中

$$D_1:\begin{cases}1\leqslant x\leqslant 2,\\ 1\leqslant y\leqslant x,\end{cases}\qquad D_2:\begin{cases}2\leqslant x\leqslant 4,\\ \dfrac{x}{2}\leqslant y\leqslant 2,\end{cases}$$

都是 X 型区域，即

$$\begin{aligned}
\iint\limits_{D}(x^2-2y)\,\mathrm{d}x\mathrm{d}y &= \iint\limits_{D_1}(x^2-2y)\,\mathrm{d}x\mathrm{d}y + \iint\limits_{D_2}(x^2-2y)\,\mathrm{d}x\mathrm{d}y\\
&= \int_1^2\mathrm{d}x\int_1^x(x^2-2y)\,\mathrm{d}y + \int_2^4\mathrm{d}x\int_{\frac{x}{2}}^2(x^2-2y)\,\mathrm{d}y\\
&= \int_1^2(x^2y-y^2)\bigg|_1^x\,\mathrm{d}x + \int_2^4(x^2y-y^2)\bigg|_{\frac{x}{2}}^2\,\mathrm{d}x
\end{aligned}$$

$$= \int_1^2 (x^3 - 2x^2 + 1)\,\mathrm{d}x + \int_2^4 \left(\frac{9}{4}x^2 - \frac{1}{2}x^3 - 4 \right)\mathrm{d}x$$

$$= \left(\frac{1}{4}x^4 - \frac{2}{3}x^3 + x \right)\Big|_1^2 + \left(\frac{3}{4}x^3 - \frac{1}{8}x^4 - 4x \right)\Big|_2^4$$

$$= \frac{49}{12}.$$

显然，先对 y 后对 x 的二次积分较先对 x 后对 y 的二次积分要复杂.

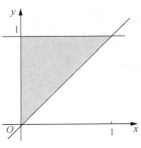

图 6.35

例 5　计算二重积分 $I = \iint\limits_D x^2 \mathrm{e}^{-y^2}\mathrm{d}x\mathrm{d}y$，其中 D 是由直线 $x=0$、$y=1$ 及 $y=x$ 所围成的闭区域（见图 6.35）.

解　如图 6.35 所示，区域 D 既是 X 型区域，也是 Y 型区域.

若把二重积分化为先对 x 后对 y 的二次积分，则区域 D 为

$$D: \begin{cases} 0 \leqslant y \leqslant 1, \\ 0 \leqslant x \leqslant y, \end{cases}$$

从而

$$I = \iint\limits_D x^2 \mathrm{e}^{-y^2}\mathrm{d}x\mathrm{d}y = \int_0^1 \mathrm{d}y \int_0^y x^2 \mathrm{e}^{-y^2}\mathrm{d}x = \int_0^1 \left(\frac{1}{3}x^3 \mathrm{e}^{-y^2} \right)\Big|_0^y \mathrm{d}y$$

$$= \frac{1}{3}\int_0^1 y^3 \mathrm{e}^{-y^2}\mathrm{d}y = -\frac{1}{6}\int_0^1 y^2 \mathrm{d}(\mathrm{e}^{-y^2})$$

$$= -\frac{1}{6}\left[y^2 \mathrm{e}^{-y^2}\Big|_0^1 - \int_0^1 \mathrm{e}^{-y^2}\mathrm{d}(y^2) \right] = \frac{1}{6} - \frac{1}{3\mathrm{e}}.$$

若把二重积分化为先对 y 后对 x 的二次积分，则区域 D 为

$$D: \begin{cases} 0 \leqslant x \leqslant 1, \\ x \leqslant y \leqslant 1, \end{cases}$$

从而

$$I = \iint\limits_D x^2 \mathrm{e}^{-y^2}\mathrm{d}x\mathrm{d}y = \int_0^1 \mathrm{d}x \int_x^1 x^2 \mathrm{e}^{-y^2}\mathrm{d}y.$$

由于函数 e^{-y^2} 的原函数不能用初等函数表示，因此，上面这个二次积分无法进行计算.

例 4、例 5 说明，二重积分的计算不但要考虑积分区域 D 的类型，而且要结合被积函数选择一种保证二重积分能计算并使计算过程简捷的积分次序.

例 6　计算二重积分 $\iint\limits_D xy\mathrm{d}x\mathrm{d}y$，其中 D 是由直线 $y=x-2$ 及抛物线 $y^2=x$ 所围成的闭区域.

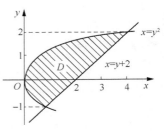

图 6.36

解　画出区域 D 的草图（见图 6.36）.

积分区域

$$D: \begin{cases} -1 \leqslant y \leqslant 2, \\ y^2 \leqslant x \leqslant y+2, \end{cases}$$

是 Y 型区域，二重积分可化为先对 x 后对 y 的二次积分. 即

$$\iint\limits_{D} xy\mathrm{d}x\mathrm{d}y = \int_{-1}^{2}\mathrm{d}y\int_{y^2}^{y+2}xy\mathrm{d}x = \int_{-1}^{2}\left(\frac{1}{2}yx^2\right)\Big|_{y^2}^{y+2}\mathrm{d}y = \int_{-1}^{2}\frac{1}{2}y\left[(y+2)^2 - y^4\right]\mathrm{d}y$$

$$= \int_{-1}^{2}\frac{1}{2}(y^3 + 4y^2 + 4y - y^5)\mathrm{d}y = \frac{45}{8}.$$

例 7 交换二次积分 $\int_{0}^{1}\mathrm{d}x\int_{x^2}^{x}f(x,y)\mathrm{d}y$ 的次序.

解 由所给的二次积分, 可得积分区域 D 为

$$D:\begin{cases}0 \leqslant x \leqslant 1,\\ x^2 \leqslant y \leqslant x,\end{cases}$$

画出区域 D(见图 6.37).

改变积分次序, 即化为先对 x 后对 y 的二次积分. 此时
积分区域 D 为

$$D:\begin{cases}0 \leqslant y \leqslant 1,\\ y \leqslant x \leqslant \sqrt{y},\end{cases}$$

则

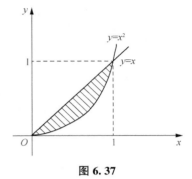

图 6.37

$$\int_{0}^{1}\mathrm{d}x\int_{x^2}^{x}f(x,y)\mathrm{d}y = \int_{0}^{1}\mathrm{d}y\int_{y}^{\sqrt{y}}f(x,y)\mathrm{d}x.$$

习题 6-7

1. 将二重积分 $\iint\limits_{D}f(x,y)\mathrm{d}\sigma$ 表示为直角坐标系下的二次积分(写出两种积分次序):

(1) D 是由 $y=x$ 及 $y=x^2$ 所围成的闭区域;

(2) D 是由 $y=x^2$, $y=0$ 及 $x=2$ 所围成的闭区域;

(3) D 是由 $y=\ln x$, $y=0$ 及 $x=\mathrm{e}$ 所围成的闭区域;

(4) D 是由 $y=x$, $y=0$ 及 $x+y=2$ 所围成的闭区域.

2. 计算下列二重积分:

(1) $\iint\limits_{D}\mathrm{e}^{x+y}\mathrm{d}\sigma$, 其中 $D=\{(x,y)\mid 0\leqslant x\leqslant 1, 0\leqslant y\leqslant 1\}$;

(2) $\iint\limits_{D}(x^2+y^2)\mathrm{d}\sigma$, 其中 $D=\{(x,y)\mid -1\leqslant x\leqslant 1, -1\leqslant y\leqslant 1\}$;

(3) $\iint\limits_{D}(x^3+3x^2y+y^3)\mathrm{d}\sigma$, 其中 $D=\{(x,y)\mid 0\leqslant x\leqslant 1, 0\leqslant y\leqslant 1\}$;

(4) $\iint\limits_{D}x\mathrm{e}^{xy}\mathrm{d}\sigma$, 其中 $D=\{(x,y)\mid 0\leqslant x\leqslant 1, -1\leqslant y\leqslant 0\}$;

(5) $\iint\limits_{D}\sin(x+y)\mathrm{d}\sigma$, 其中 $D=\left\{(x,y)\;\middle|\; 0\leqslant x\leqslant\frac{\pi}{2}, 0\leqslant y\leqslant\frac{\pi}{2}\right\}$;

(6) $\iint\limits_{D}xy\mathrm{d}\sigma$, 其中 D 是由 $y=\sqrt{x}$, $y=x^2$ 所围成的闭区域;

(7) $\iint\limits_{D} \dfrac{x^2}{y^2}\mathrm{d}\sigma$，其中 D 是由 $y=x$，$x=2$ 和 $xy=1$ 所围成的闭区域；

(8) $\iint\limits_{D} \dfrac{\sin x}{x}\mathrm{d}\sigma$，其中 D 是由 $y=0$，$y=x$ 和 $x=1$ 所围成的闭区域.

3. 交换下列二次积分次序：

(1) $\displaystyle\int_0^1 \mathrm{d}y \int_0^y f(x,y)\,\mathrm{d}x$；

(2) $\displaystyle\int_0^1 \mathrm{d}y \int_{-\sqrt{1-y^2}}^{\sqrt{1-y^2}} f(x,y)\,\mathrm{d}x$；

(3) $\displaystyle\int_1^2 \mathrm{d}y \int_{\frac{y}{2}}^y f(x,y)\,\mathrm{d}x$；

(4) $\displaystyle\int_0^1 \mathrm{d}x \int_{x^3}^{x^2} f(x,y)\,\mathrm{d}y$；

(5) $\displaystyle\int_0^e \mathrm{d}x \int_0^{\ln x} f(x,y)\,\mathrm{d}y$；

(6) $\displaystyle\int_0^1 \mathrm{d}x \int_0^x f(x,y)\,\mathrm{d}y + \int_1^2 \mathrm{d}x \int_0^{2-x} f(x,y)\,\mathrm{d}y$.

4. 利用二重积分求由平面 $x+2y+z=1$，$x=0$，$y=0$，$z=0$ 所围成的立体的体积.

 本章小结

6.5 本章小结

空间解析几何	了解 空间直角坐标系的基本概念；
	了解 空间曲面方程；
	了解 常见的二次曲面方程；
	了解 空间曲线方程；
	掌握 空间曲线在坐标面上的投影曲线
二元函数微分学及其应用	理解 二元函数的概念；
	了解 二元函数的极限与连续的概念；
	了解 二元函数偏导数与全微分的概念；
	掌握 二元函数偏导数与全微分求法；
	理解 二元函数极值与条件极值的概念；
	了解 二元函数无条件极值存在的必要条件和充分条件；
	掌握 二元函数无条件极值求法；
	掌握 二元函数条件极值的拉格朗日乘数法；
	会求 偏导数在经济学中的应用问题；
	会求 最值的简单经济学应用问题
二元函数积分学——二重积分	理解 二重积分的定义；
	理解 二重积分的几何意义；
	了解 二重积分的性质；
	掌握 直角坐标系下二重积分计算方法；
	掌握 直角坐标系下交换二重积分的积分次序的方法；
	了解 利用二重积分求立体体积

总复习题六

1. 求二元函数 $z=\ln(y-x)+\sqrt{x^2+y^2-1}+\ln\left(1-\dfrac{x^2}{4}-\dfrac{y^2}{9}\right)$ 的定义域.

2. 求下列函数的偏导数 z'_x, z'_y 及全微分 dz:

(1) $z=(\sin x)^y$;

(2) $z=(x^2y^3)^{x^2+y^2}$;

(3) $z=\displaystyle\int_0^{xy}f(t)\,dt$.

3. 求下列函数的二阶偏导数:

(1) $z=\sin^2(2x+3y)$;

(2) $z=\ln(x+\sqrt{x^2+y^2})$.

4. 求二元函数的极值:

(1) $f(x,y)=e^{2x}(x+y^2+2y)$;

(2) $f(x,y)=xy(a-x-y)$ $(a\neq0)$;

(3) $f(x,y)=(2ax-x^2)(2by-y^2)$ $(a\neq0,b\neq0)$.

5. 假设某企业在两个相互独立的市场上出售同一种产品,两个市场的需求函数分别是
$$P_1=18-2Q_1,\ P_2=12-Q_2,$$
其中 P_1 和 P_2 为售价,Q_1 和 Q_2 为销售量. 总成本函数为
$$C=2(Q_1+Q_2)+5.$$

(1) 如果该企业实行价格差别策略,试确定两个市场上该产品的销售量和价格,使该企业获得最大利润;

(2) 如果该企业实行价格无差别策略,试确定两个市场上该产品的销售量和统一的价格,使该企业总利润最大化,并比较两种策略下的总利润大小.

6. 假设某企业通过电视和报纸投放广告,已知销售收入为
$$R(x,y)=15+14x+32y-8xy-2x^2-10y^2,$$
其中 x(万元)和 y(万元)分别为电视广告费和报纸广告费.

(1) 在广告费用不限的情况下,求最佳广告策略;

(2) 如果广告费用限制为 1.5 万元,求最佳广告策略.

7. 计算二重积分 $\displaystyle\iint_D|\cos(x+y)|\,d\sigma$,其中 D 是由直线 $y=x$,$y=0$ 及 $x=\dfrac{\pi}{2}$ 所围成的区域.

8. 交换下列二次积分次序:

(1) $\displaystyle\int_0^1 dy\int_{\sqrt{y}}^{1+\sqrt{1-y^2}}f(x,y)\,dx$;

(2) $\displaystyle\int_0^1 dy\int_0^{2y}f(x,y)\,dx+\int_1^3 dy\int_0^{3-y}f(x,y)\,dx$.

数学通识：现实中的二元函数微分应用

  世界是多元的. 通常情况下处理实际问题时需要考虑多方面的因素，所以多元函数及其偏导数或者积分组成的方程能够更加准确地描述一些实际现象. 比如，1844 年 9 月英国物理学家罗素在英国科学促进会第 14 次会议上《论波动》的报告中提到的孤立子(soliton)现象，报告中讲述了他于 1834 年 8 月在运河里发现了一个波形不变的水波，该水波在一两英里(1 英里 ≈ 1.609 千米)之外的河道转弯处消失了. 他在实验室里进行了很多实验，也观察到了这样的波——孤立波(solitary wave)，该水波具有浅长的性质.

  在随后的几年中，很多数学家对这种波进行了进一步的研究. 但这些工作仍然没有使那些对孤立波感兴趣的科学家们完全信服. 尤其是罗素等人观察到的孤立波到底存在于什么样的水波方程中? 或者说什么样的水波方程拥有那样的孤立波解? 这一直困扰着人们.

  直到 1895 年科特韦格和他的博士生 de Vries 提出了一个由二元函数及其偏导数组成的方程(简称为 KdV 方程)：

$$\frac{\partial u}{\partial t}+6u\,\frac{\partial u}{\partial x}+\frac{\partial^3 u}{\partial x^3}=0.$$

  他们用该方程的一个孤立波解解释了罗素观察到的水波，从而在理论上证明了孤立波解的存在. 然而，这种波是否稳定，两个波碰撞后是否变形?这些问题长期没有得到解答. 以至于有些人怀疑，既然 KdV 方程是非线性偏微分方程，解的叠加原理不再成立，碰撞后解的形状很可能被破坏. 持这种观点的人认为"这种波不稳定"，因而研究它没有什么物理意义.

  但随着后续的研究，1965 年 Kruskal 和 Zabusky 对 KdV 方程的两个波速不同的孤立波解进行研究. 若这两个孤立波开始分开且波速大的在左边，那么在相互碰撞后，波速大的在右边且保持最初的高度和速度，仅仅发生相位的转移. 这两个孤立波的碰撞是弹性碰撞，波又类似于粒子，因此他们称它为孤立子. 孤立子有时也称为孤立波，它是指一大类由多元函数及其偏导数组成的方程的许多具有特殊性质的解，以及与之相应的物理现象. 用物理的语言来说，这些性质是：(1)能量比较集中于狭小的区域；(2)两个孤立子相互作用时会出现弹性散射现象，即波形和波速能恢复到最初，这准确地揭示了这种孤立波的本质. 以后的二十多年里，孤立子理论更加蓬勃发展，已经渗透到了很多领域，如物理学的许多分支(基本粒子、流体物理、等离子体物理、凝聚态物理、超导物理、激光物理、生物物理等)、经济学、生物学、光学、天文学等，在世界范围内掀起了研究孤立子的热潮.

参考答案

第一章

习题 1-1

1.（1）$\{x \mid x < 2 \text{ 或 } x > 4\}$；（2）$\{x \mid x > 1 \text{ 且 } x \neq 2\}$；（3）$\left\{x \mid -\dfrac{1}{3} \leqslant x \leqslant 3\right\}$；（4）$\{x \mid x \geqslant 0$ 或 $x < -1\}$.

2.（1）定义域为 $(-\infty, +\infty)$，图略；（2）$f(x)$ 是偶函数；（3）$f\left(\dfrac{1}{3}\right) = \dfrac{\sqrt{35}}{3}$，$f(4) = 18$.

3.（1）$y = \sqrt[3]{x^3 - 1}$；（2）$y = \dfrac{1}{3}(1 + e^{x-1})$；（3）$y = \log_2 \dfrac{x}{1-x}$；（4）$y = \ln(x-1) - 2$.

4. $g(x)$ 是偶函数，$h(x)$ 是奇函数.

5. $f[g(x)] = \arccos\sqrt{2x - 1}$，定义域为 $\left\{x \mid \dfrac{1}{2} \leqslant x \leqslant 1\right\}$.

6. $f(t) = 5t + \dfrac{2}{t^2}$，$f(t^2 + 1) = 5(t^2 + 1) + \dfrac{2}{(t^2 + 1)^2}$.

7. $Q = 40000 - 1000P$.

习题 1-2

1.（1）极限不存在；（2）0；（3）极限不存在；（4）0.

2.（1）$\left|\dfrac{(-1)^n}{n+1}\right| = \dfrac{1}{n+1} < \varepsilon$，$\forall \varepsilon > 0$，取 $N = \dfrac{1}{\varepsilon} - 1$；

（2）$\left|\dfrac{1}{2^n}\right| < \varepsilon$，$\forall \varepsilon > 0$，取 $N = -\log_2 \varepsilon$；

（3）$\left|\dfrac{n+1}{4n+1} - \dfrac{1}{4}\right| = \left|\dfrac{3}{16n+4}\right| < \dfrac{3}{4}\varepsilon$，$\forall \varepsilon > 0$，取 $N = \dfrac{1}{4}\left(\dfrac{1}{\varepsilon} - 1\right)$；

（4）$\sqrt{n+1} - \sqrt{n} = \dfrac{1}{\sqrt{n+1} + \sqrt{n}} < \dfrac{1}{2\sqrt{n}} < \dfrac{1}{2\sqrt{\varepsilon}}$，$\forall \varepsilon > 0$，取 $N = \varepsilon$.

习题 1-3

1.（1）$|3x - 6| < 3\varepsilon$，$\forall \varepsilon > 0 \Rightarrow |x - 2| < \varepsilon$，取 $\delta = \varepsilon$；

（2）令 $y = \dfrac{1}{x}$，$\left|\sqrt{y}\sin\dfrac{1}{y}\right| \leqslant \sqrt{y} < \sqrt{\varepsilon}$，$\forall \varepsilon > 0 \Rightarrow |y - 0^+| < \varepsilon$，取 $\delta = \varepsilon$；

经济数学——微积分

$(3)\ \left|\dfrac{x^2-4}{x+2}+4\right|=|x+2|<\varepsilon,\ \forall\varepsilon>0,\ 取\ \delta=\varepsilon;$

$(4)\ 令\ y=\dfrac{1}{x},\ \left|\dfrac{2+y^2}{1-y^2}-2\right|=\left|\dfrac{3y^2}{1-y^2}\right|<6\,(y-0)^2<6\varepsilon^2,\ \forall\varepsilon>0,\ 取\ \delta=\varepsilon.$

2.(1)极限存在；(2)极限不存在.

3. 不是. $x\to0$ 时，$f(x)=x$ 的极限为0，$g(x)=\dfrac{1}{x^2}$ 无极限，显然 $f(x)g(x)$ 无极限. 但

是，$x\to\infty$ 时，$f(x)=\dfrac{1}{x^2}$ 的极限为0，$g(x)=x$ 无极限，$f(x)g(x)$ 的极限为0.

4.(1)$\dfrac{1}{2}$；(2)1；(3)$-\dfrac{1}{2}$；(4)2；(5)$\dfrac{1}{2}$；

(6)0；(7)∞；(8)0；(9)-1；(10)1.

5.(1)2；(2)1.

6. $a=0$，$b=-4$.

7. $a=1$，$b=-2$.

8. $x\to0$，极限不存在；$x\to1$，极限存在.

9.(1)$\dfrac{1}{2}$；(2)$\dfrac{1}{2}$；(3)$\dfrac{2}{3}$；(4)$\dfrac{1}{4}$；(5)1；(6)2.

10.(1)e^2；(2)e^{-2}；(3)e^{-2}；(4)e^3；(5)e^{-2}；(6)e^2；(7)1；(8)e^2.

11.(1)证明略；(2)证明略.

12.(1)无穷小量；(2)无穷小量；(3)无穷大量；(4)无穷小量；(5)振荡无极限，既不是无穷小量，也不是无穷大量；(6)无穷小量.

13.(1)0；(2)0；(3)0；(4)2.

14.(1)等价无穷小；(2)高阶无穷小；(3)同阶无穷小；(4)高阶无穷小.

15.(1)6；(2)$\dfrac{2}{3}$；(3)$\dfrac{3}{2}$；(4)2；(5)e^{-1}；(6)$\dfrac{1}{9}$.

16. 提示：考虑夹逼准则. 证明略.

习题 1-4

1.(1)连续；(2)不连续.

2.(1)-6；(2)2.

3.(1)间断点为 $x=1$，跳跃间断点；(2)间断点为 $x=0$，可去间断点，修改定义 $f(0)=1$ 可使函数在该点连续.

4. 提示：考虑函数 $f(x)=\sin x+x+1$. 证明略.

5. 提示：考虑函数极限的局部有界性以及闭区间上连续函数的有界性. 证明略.

总复习题一

1. 1.

2. 1.

3. $\dfrac{2}{\pi}$.

4. $-\dfrac{3}{2}$.

5. 0.

6. $\dfrac{3\sqrt{3}}{4}$.

7. $f(x)$ 在 $(-\infty,-1)\cup(-1,1)\cup(1,+\infty)$ 上连续，$x=\pm1$ 是第一类跳跃间断点.

8. 提示：考虑辅助函数 $F(x)=f(x)-f\left(x-\dfrac{T}{2}\right)$. 证明略.

第二章

习题 2-1

1. （1）$-2a$；　（2）$4a$.

2. （1）$y'=4x-1$；　（2）$y'=3x^2-1$.

3. $f'(0)=1$.

4. 可导.

5. （1）连续、可导；　（2）连续、可导.

6. $a=4$，$b=5$.

习题 2-2

1. （1）$y'=9x^2-1$；　（2）$y'=4x^3+4x^{-3}$；　（3）$y'=12x+\dfrac{b}{x^2}+\dfrac{1}{2\sqrt{x}}$；

　（4）$y'=-2x\,\mathrm{e}^{-x^2}+\dfrac{1}{x}$；　（5）$y'=2x+b-a$；　（6）$y'=\ln x+1$.

2. 略.

3. （1）0；　（2）$-\dfrac{1}{18}$；　（3）$9\mathrm{e}$.

4. $\dfrac{3\sqrt{3}}{2}+\dfrac{7}{3}$.

5. -3.

6. 略.

习题 2–3

1. 略.

2. 略.

3. -3.

4. $(1)\,y'=\dfrac{6x^2-2xy}{x^2+2y}$;　　$(2)\,y'=\dfrac{ye^x-y\ln y}{x+2y^2-y}$;

　$(3)\,y'=\dfrac{2x-y^2\cos(xy^2)}{2xy\cos(xy^2)}$;　　$(4)\,y'=\dfrac{-\sin(x+y)}{1+\sin(x+y)}$.

5. (1) 切线方程为 $x+y-2=0$，法线方程为 $x-y=0$;

　(2) 切线方程为 $x-2y+1=0$，法线方程为 $2x+y+2=0$.

习题 2–4

1. $\Delta y=0.090903$；$dy=0.09$.

2. 略.

3. $x-4y+5=0$.

总复习题二

1. $(1)\,y'=9x^2+6x$;　　$(2)\,y'=2x-4$.

2. 不连续.

3. 略.

4. $\dfrac{\sqrt2}{8}\pi-\dfrac{\sqrt2}{2}-2$.

5. 0.

6. 略.

7. 切线方程为 $x+2y-4=0$，法线方程为 $2x-y-\dfrac{1}{2}=0$.

8. $\dfrac{1}{e^2}$.

9. $x+y-\dfrac{\pi}{2}=0$.

第三章

习题 3–1

1. (1)满足，$\xi=0.25$;　　(2)满足，$\xi=2$;　　(3)满足，$\xi=0$;

　(4)不满足，在 $x=0$ 处不可导.

2. （1）满足，$\xi = \pm \dfrac{\sqrt{3}}{3}$；　（2）满足，$\xi = \dfrac{1}{\ln 2}$；　（3）不满足，在 $x=1$ 处不可导；

（4）满足，$\xi = \sqrt{\dfrac{4}{\pi} - 1}$.

3. 满足，$\xi = \dfrac{\pi}{4}$.

4. 提示：（1）利用拉格朗日中值定理证明；　（2）利用拉格朗日中值定理证明.

5. 提示：利用拉格朗日中值定理的推论证明.

6. 提示：设 $f(x) = x^n$，对 $f(x)$ 在区间 $[b,a]$ 上使用拉格朗日中值定理便可证明.

习题 3-2

1. （1）$\dfrac{3}{2}$；　（2）1；　（3）2；　（4）2；　（5）$\dfrac{1}{6}$；　（6）1；　（7）0；　（8）0；

（9）$+\infty$；　（10）1；　（11）0；　（12）0；　（13）$\dfrac{1}{2}$；　（14）$\dfrac{1}{e}$；　（15）$2\sqrt{3}$；

（16）e；　（17）1；　（18）1；　（19）e；　（20）e^4.

2. 略.

3. 略.

4. $k = \dfrac{1}{2}$.

5. $k = -1$；$f'(0) = -\dfrac{1}{2}$.

习题 3-3

1. （1）单调增加区间为 $(-1, +\infty)$，单调减少区间为 $(-\infty, -1)$；

（2）单调增加区间为 $(-\infty, 0)$，单调减少区间为 $(0, +\infty)$；

（3）单调增加区间为 $(-\infty, +\infty)$；

（4）单调增加区间为 $(-1, 1)$，单调减少区间为 $(-\infty, -1)$ 和 $(1, +\infty)$.

2. 不正确，反例如 $f(x) = x$，$I = [-1, 1]$.

3. 提示：利用函数的单调性证明.

4. 提示：利用函数的单调性证明.

5. （1）在 $x=0$ 处取得极小值 0，在 $x = \pm 1$ 处取得极大值 1；

（2）在 $x = \dfrac{3}{4}$ 处取得极大值 $\dfrac{5}{4}$；

（3）在 $x = -2$ 处取得极小值 $\dfrac{1}{e^2}$；

(4) 在 $x=1$ 处取得极小值 0，在 $x=e^2$ 处取得极大值 $\dfrac{4}{e^2}$；

(5) 在 $x=0$ 处取得极小值 1，在 $x=\dfrac{\pi}{2}$ 处取得极大值 $\dfrac{\pi}{2}$；

(6) 无极值.

6. $a=2$，极大值为 $f\left(\dfrac{\pi}{3}\right)=\sqrt{3}$.

习题 3-4

1. (1) 最小值为 $y(\pm 1)=4$，最大值为 $y(\pm 2)=13$；

(2) 最小值为 $y(0)=0$，最大值为 $y(2)=\ln 5$；

(3) 最小值为 $y(-\ln 2)=4$，最大值为 $y(1)=4e+e^{-1}$；

(4) 最小值为 $y(-2)=-256$，最大值为 $y(2)=64$.

2. $a=2$，$b=3$.

3. (1) $R(20)=120$，$\bar{R}(20)=6$，$R'(20)=2$，$R(30)=120$，$\bar{R}(30)=4$，$R'(30)=-2$；

(2) $Q=25$.

4. (1) $R(x)=280x-0.4x^2$； (2) $L(x)=-x^2+280x-5000$； (3) 140 台；14600 元；

(4) 224 元.

5. (1) 当 $x=10-2.5t$(吨)时，企业获利最大；

(2) 当每吨税收为 2 万元时，政府税收总额最大，最大为 10 万元.

6. 距 C 点 1.5 km 处.

习题 3-5

1. 在 $(-\infty,0)$ 内下凹，在 $(0,+\infty)$ 内上凹，拐点为 $(0,0)$.

2. (1) 在 $\left(-\infty,\dfrac{1}{3}\right)$ 内上凹，在 $\left(\dfrac{1}{3},+\infty\right)$ 内下凹，拐点为 $\left(\dfrac{1}{3},\dfrac{2}{27}\right)$；

(2) 在 $(-\infty,0)$ 内下凹，在 $(0,+\infty)$ 内上凹，没有拐点；

(3) 在 $(0,1)$ 内下凹，在 $(1,+\infty)$ 内上凹，拐点为 $(1,-7)$；

(4) 在 $(-\infty,+\infty)$ 内上凹，无拐点；

(5) 在 $(-\infty,-\sqrt{3})$ 和 $(0,\sqrt{3})$ 内下凹，在 $(-\sqrt{3},0)$ 和 $(\sqrt{3},+\infty)$ 内上凹，拐点为

$\left(-\sqrt{3},-\dfrac{\sqrt{3}}{2}\right)$，$(0,0)$ 和 $\left(\sqrt{3},\dfrac{\sqrt{3}}{2}\right)$.

(6) 在 $(-\infty,2)$ 内下凹，在 $(2,+\infty)$ 内上凹，拐点为 $(2,2e^{-2})$.

3. 略.

4. $a=-\dfrac{3}{2}$，$b=\dfrac{9}{2}$.

5. $a = -3$, $b = 0$, $c = 1$.

6. $a = 0$, $b = -3$, 极大值点为$(-1,2)$, 极小值点为$(1,-2)$, 拐点为$(0,0)$.

习题 3-6

1. (1) $y = 0$, $x = -1$;　　(2) $y = x$;

　　(3) $y = x+2$, $x = 1$;　　(4) $y = x-1$, $y = -x+1$.

2. 略.

习题 3-7

1. $\eta(p) = -p\ln 4$.

2. $\eta(p) = -\dfrac{p}{4}$, $\eta(3) = -\dfrac{3}{4}$, $\eta(4) = -1$, $\eta(5) = -\dfrac{5}{4}$; $r(p) = 1-\dfrac{p}{4}$, $r(3) = \dfrac{1}{4}$, $r(4)$

$= 0$, $r(5) = -\dfrac{1}{4}$. 经济意义略.

3. (1) $Q'(4) = -8$, 表示 p 从 4 上涨(下跌)1 个单位, Q 相应减少(增加)8 个单位;

　　(2) $\eta(4) = -\dfrac{32}{59}$, 表示 p 从 4 上涨(下跌)1%, Q 相应减少(增加)$\dfrac{32}{59}$%;

　　(3) 增加$\dfrac{27}{59}$%, 减少$\dfrac{11}{13}$%;

　　(4) 当 $p = 5$ 时, 总收益最大.

总复习题三

1. (1) $\dfrac{m}{n}a^{m-n}$;　　(2) $\ln\dfrac{a}{b}$;　　(3) 1;　　(4) $\dfrac{2}{\pi}$;　　(5) $e^{-\frac{1}{3}}$;　　(6) $\dfrac{1}{2}$.

2. $e^{-\frac{2}{\pi}}$.

3. 函数 $f(x)$ 在 $(-\infty,0)$, $(2,+\infty)$ 内单调减少; 在 $(0,2)$ 内单调增加. 在 $x = 0$ 处取极小值 $f(0) = 0$, 在 $x = 2$ 处取极大值 $f(2) = 4e^{-2}$.

4. 在 $(-\infty,1)$ 内上凹, 在 $(1,+\infty)$ 内下凹, 拐点为 $(1,0)$.

5. $\lim\limits_{n\to\infty}\xi = 1$.

6. 提示: 函数在 $(-\infty,-1)$, $(1,+\infty)$ 内单调增加, 在 $(-1,1)$ 内单调减少; 在 $(-\infty,0)$ 内下凹, 在 $(0,+\infty)$ 内上凹; 极大值为 $y(-1) = \dfrac{\pi}{2}-1$, 极小值为 $y(1) = 1-\dfrac{\pi}{2}$; 拐点为 $(0,0)$.

7. 极大值点为 $Q = \dfrac{5}{4}$, 利润函数取得最大值 $L\left(\dfrac{5}{4}\right) = \dfrac{25}{4}$.

8. (1) 当 $Q = \dfrac{d-b}{2(e+a)}$ 时利润最大, $L_{\max} = \dfrac{(d-b)^2}{4(e+a)}-c$;

（2）$\dfrac{P}{P-d}$；

（3）$Q=\dfrac{d}{2e}$．

9. 提示：利用罗尔定理证明．

10. 提示：利用拉格朗日中值定理证明．

第四章

习题 4-1

1. $y=\arctan x+\dfrac{\pi}{4}$．

2. $\mathrm{d}\left[\,F(\sqrt{x}\,)\,\right]=\left[\,F(\sqrt{x}\,)\,\right]'\mathrm{d}x=\dfrac{\mathrm{e}^x}{2\sqrt{x}}\mathrm{d}x$．

3. （1）$-2x^{-\frac{1}{2}}+C$；　（2）e^x-x^3+C；　（3）$\dfrac{4}{5}x^{\frac{5}{2}}+\dfrac{2}{3}x^{\frac{3}{2}}+C$；　（4）$2\sqrt{x}+\dfrac{2}{3}x^{\frac{3}{2}}+C$；

（5）$\dfrac{4}{7}x^{\frac{7}{4}}+C$；　（6）$x-\arctan x+C$；　（7）$x^3-x^2+\ln|x|-3x^{\frac{2}{3}}+C$；　（8）$\dfrac{1}{1+\ln3}(3\mathrm{e})^x+C$；

（9）$-\dfrac{1}{\ln3}\left(\dfrac{1}{3}\right)^x+\dfrac{1}{\ln2}\left(\dfrac{1}{2}\right)^x+C$；

（10）$3\arctan x+2\arcsin x+C$；　（11）$-\cot x-x+C$；　（12）$\tan x+\sec x+C$．

4. $C(x)=x^2+5x+100$．

习题 4-2

1. $-\dfrac{1}{2}(1-x^2)^2+C$．

2. （1）$-\cos(x+5)+C$；　（2）$\dfrac{1}{3}\sin3x+C$；　（3）$\dfrac{1}{3}\sin^3x+C$；　（4）$\sin x-\dfrac{1}{3}\sin^3x+C$；

（5）$\dfrac{1}{16}(x^2+2)^{16}+C$；　（6）$\dfrac{1}{7}(x^2+3x+4)^7+C$；　（7）$-\dfrac{1}{4(x^4-2)^4}+C$；　（8）$-\dfrac{1}{\mathrm{e}^{2\sqrt{x}}}+C$；

（9）$\dfrac{1}{2}\arctan\left(\dfrac{x}{2}\right)+C$；　（10）$\ln(1+\mathrm{e}^x)+C$．

3. （1）$\dfrac{(\sqrt{2x+1}\,)^3}{6}-\dfrac{\sqrt{2x+1}}{2}+C$；　（2）$-\dfrac{3}{4}(2-x)\sqrt[3]{2-x}+C$；

（3）$2\arctan\sqrt{\dfrac{x-1}{2-x}}+C$；　（4）$\arctan^2\sqrt{x}+C$；

（5）$\dfrac{1}{2}\left(\arcsin x+x\sqrt{1-x^2}\,\right)+C$；　（6）$\ln|x+\sqrt{x^2+4}\,|+C$．

4. （1）$(x+1)\ln(x+1)-x+C$; （2）$x\arcsin x+\sqrt{1-x^2}+C$;

（3）$-\dfrac{1}{3}x\cos 3x+\dfrac{1}{9}\sin 3x+C$; （4）$-\dfrac{1}{2}xe^{-2x}-\dfrac{1}{4}e^{-2x}+C$;

（5）$\dfrac{1}{4}x^4\ln x-\dfrac{1}{16}x^4+C$; （6）$x^2\sin x-2x\cos x+2\sin x+C$;

（7）$-\dfrac{1}{x}\ln x-\dfrac{1}{x}+C$; （8）$x\tan x+\ln|\cos x|-\dfrac{x^2}{2}+C$;

（9）$-\dfrac{1}{2}(\sin x+\cos x)e^{-x}+C$; （10）$\dfrac{1}{2}(\sec x\tan x+\ln|\sec x+\tan x|)+C$.

5. $\cos x-\dfrac{2\sin x}{x}+C$.

6. $f(x)=\dfrac{x}{2}(\ln x-1)+C$.

总复习题四

1. （1）$\dfrac{1}{2}x^2+2e^x-\dfrac{3}{x}+C$; （2）$\ln|x^2-3x+8|+C$; （3）$\dfrac{1}{5}(\arcsin x+2\ln|2x+\sqrt{1-x^2}|)+C$;

（4）$-\dfrac{3}{2}\sqrt[3]{\dfrac{x+1}{x-1}}+C$; （5）$x\ln(x+\sqrt{1+x^2})-\sqrt{1+x^2}+C$; （6）$\dfrac{1}{2}x[\sin(\ln x)+\cos(\ln x)]+C$;

（7）$-\dfrac{1}{x}\arctan x-\dfrac{1}{2}\arctan^2 x+\dfrac{1}{2}\ln\dfrac{x^2}{1+x^2}+C$; （8）$(1+x)\arctan\sqrt{x}-\sqrt{x}+C$;

（9）$-\cot x\ln\sin x-\cot x-x+C$; （10）$-\dfrac{x^2e^x}{x+2}+xe^x-e^x+C$.

2. $y=\dfrac{5}{3}x^3$.

3. $\dfrac{2x^2}{1+4x^2}-\dfrac{1}{4}\ln(1+4x^2)+C$.

4. $2\ln|x-1|+x+C$.

5. $4x^3e^{x^2}+C$.

6. $f(x)=\dfrac{\sin^2 2x}{\sqrt{x-\dfrac{1}{4}\sin 4x+1}}$.

7. $\displaystyle\int|x|\,\mathrm{d}x=\dfrac{1}{2}x|x|+C,\ x\in(-\infty,+\infty)$.

8. 略.

9. 略.

10. $xf^{-1}(x)-F[f^{-1}(x)]+C$.

第五章

习题 5-1

1. 略.

2. (1) >;　(2) >;　(3) <;　(4) >;　(5) >;　(6) >.

3. (1) $[e, e^4]$;　(2) $[-32, -1]$;　(3) $[-9, -8]$;　(4) $\left[\dfrac{\pi}{2}, \pi\right]$;

(5) $[0, \ln2]$;　(6) $[-12, 0]$.

习题 5-2

1. (1) $\dfrac{x+4}{x^2+x+1}$;　(2) $\sin\sqrt{x}$;　(3) $\dfrac{2x}{1+x^6}$;　(4) $-\dfrac{\sin x}{\sqrt{1+\cos^2 x}}$.

2. 在 $(-\infty, 1)$ 内单调减少，在 $(1, +\infty)$ 内单调增加.

3. $\dfrac{1}{x}$.

4. (1) 1;　(2) $\dfrac{1}{2}$;　(3) $\dfrac{1}{3}$;　(4) 1.

5. (1) $2(\sqrt{2}-1)$;　(2) $\dfrac{\pi}{3}$;　(3) $1-\dfrac{\pi}{4}$;　(4) 1;　(5) $1+\dfrac{\pi}{4}$;　(6) $\dfrac{272}{15}$.

6. $e+\dfrac{3}{2}$.

7. $M=F(0)=0$, $m=F(4)=-\dfrac{32}{3}$.

习题 5-3

1. (1) $3(e-1)$;　(2) $\dfrac{\pi}{9}$;　(3) $\dfrac{\pi}{8}$;　(4) $e-\sqrt{e}$;　(5) $\ln2$;　(6) $\dfrac{1}{4}\ln^2 3$;

(7) $\dfrac{3}{2}e-1$;　(8) $\dfrac{1}{4}$.

2. (1) $4-2\ln3$;　(2) $\dfrac{5}{3}$;　(3) $-\dfrac{2}{3}$;　(4) $2\left(\sqrt{3}-\dfrac{\pi}{3}\right)$.

3. (1) $\dfrac{\pi}{3}+\dfrac{\sqrt{3}}{2}$;　(2) $\dfrac{2\sqrt{3}}{3}$;　(3) $\dfrac{\pi}{16}$;　(4) $\dfrac{\sqrt{2}}{2}$.

4. 16.

5. 略.

6. (1) 1;　(2) $1-\dfrac{2}{e}$;　(3) $\dfrac{1}{4}(e^2+1)$;　(4) $\dfrac{\sqrt{3}}{12}\pi+\dfrac{1}{2}$.

7. $2e^2$.

习题 5-4

(1)1; (2)发散; (3)π; (4)1; (5)$\dfrac{1}{2}$; (6)1; (7)$\dfrac{\pi^2}{8}$;

(8)$\dfrac{\pi}{3}$; (9)π; (10)$\dfrac{1}{4}$; (11)$\dfrac{\pi}{2}$; (12)$\dfrac{8}{3}$.

习题 5-5

1.(1)$\dfrac{3}{2}-\ln2$; (2)$\dfrac{1}{6}$; (3)$e+e^{-1}-2$; (4)8; (5)$\dfrac{7}{6}$; (6)$\dfrac{16}{3}\sqrt{2}$;

(7)$\dfrac{\pi}{2}-1$; (8)$b-a$.

2.(1)$V_x=\dfrac{5}{14}\pi$, $V_y=\dfrac{2}{5}\pi$; (2)$V_x=\dfrac{15}{2}\pi$, $V_y=\dfrac{124}{5}\pi$;

(3)$V_x=\pi(e-2)$, $V_y=\dfrac{1}{2}\pi(e^2+1)$; (4)$V_x=\dfrac{25}{2}\pi$, $V_y=\dfrac{25}{3}\pi$.

3.(1)$A=1$; (2)$V_x=\dfrac{e^2+1}{2}\pi$.

4.(1)$A=2$; (2)$V_x=\dfrac{46}{15}\pi$.

5.$a=0$, $b=A$.

总复习题五

1.$f(x)=\dfrac{5}{3}x^{\frac{2}{3}}$, $a=-1$.

2.$\dfrac{-2\sin x^2}{y^2}$.

3. 提示：利用零值定理证明.

4.(1)$\dfrac{1}{3}$; (2)$\dfrac{1}{2}$.

5.(1)$8-\dfrac{8}{3}\sqrt{2}$; (2)$\dfrac{\pi}{4}$; (3)$\dfrac{\pi}{2}-1$; (4)$\dfrac{\pi}{8}-\dfrac{1}{4}$; (5)$2-\dfrac{2}{e}$; (6)$e-2$;

(7)$-\dfrac{\pi}{4}$; (8)$\dfrac{e^{\frac{\pi}{2}}+1}{2}$; (9)$\pi-2$; (10)$4(2\ln2-1)$.

6. $\dfrac{1}{4}$.

7.3.

8. $\dfrac{\pi^2}{2}-\dfrac{8}{3}$.

9. $\dfrac{1}{2}(1-\ln2)$.

10. 8.

11. $\dfrac{5}{2}$.

12. 提示：设辅助函数 $F(x)=(a+x)\displaystyle\int_a^x f(t)\,\mathrm{d}t-2\int_a^x tf(t)\,\mathrm{d}t$，并讨论其单调性.

13. $y=\dfrac{1}{4}x+2(\ln2-1)$.

14. 3.

15. $\dfrac{27}{4}$.

16. $160\pi^2$.

17. $a=-\dfrac{5}{3}$，$b=2$，$c=0$.

第六章

习题 6-1

1. 点 $P(1,2,3)$ 到 xOy 面的距离为 3，到 yOz 面的距离为 1，到 xOz 面的距离为 2，到 x 轴的距离为 $\sqrt{13}$，到 y 轴的距离为 $\sqrt{10}$，到 z 轴的距离为 $\sqrt{5}$，到原点的距离为 $\sqrt{14}$.

2. 3.

3. $x^2+y^2+z^2=4$.

4. (1)球心为 $(-1,2,-3)$，半径为 $R=\sqrt{14}$；　(2)球心为 $(0,-2,1)$，半径为 $R=\sqrt5$.

5. (1)$y+5=0$；　(2)$2y+z=0$.

6. (1)椭圆抛物面；　(2)椭球面；　(3)圆锥面；　(4)开口向下的旋转抛物面.

7. (1) 在 xOy 面上的投影曲线方程为 $\begin{cases}x^2+y^2-x-2=0,\\z=0,\end{cases}$ 在 yOz 面上的投影曲线方程为

$\begin{cases}y^2+z^2-3z=0,\\x=0,\end{cases}$ 在 xOz 面上的投影曲线方程为 $\begin{cases}z-x-1=0,\\y=0.\end{cases}$

(2) 在 xOy 面上的投影曲线方程为 $\begin{cases}y-x=0,\\z=0,\end{cases}$ 在 yOz 面上的投影曲线方程为

$\begin{cases}z-2y^2=0,\\x=0,\end{cases}$ 在 xOz 面上的投影曲线方程为 $\begin{cases}z-2x^2=0,\\y=0.\end{cases}$

习题 6-2

1. (1) $\{(x,y) \mid -\infty <x<+\infty,\ y\geq 0\}$;　(2) $\{(x,y) \mid \mid x\mid \leq 1,\ \mid y\mid \geq 1\}$;

(3) $\{(x,y) \mid 2x+3y+4>0\}$;　(4) $\{(x,y)\mid x^2+y^2\neq 1\}$;

(5) $\{(x,y)\mid y\geq x\}$;　(6) $\{(x,y)\mid x^2+y^2\leq 4,\ y>x^2\}$.

2. $f(-1,0)=4\mathrm{e}^{-1}$, $f(0,-1)=2$.

3. $f(x,y)=\dfrac{y}{x^2-2y}$.

4. $f(x,y)=\dfrac{x^2(1-y)}{1+y}$.

5. (1) 3;　(2) 0;　(3) $\dfrac{1}{4}$;　(4) 2.

6. 连续.

习题 6-3

1. (1) $\dfrac{\partial z}{\partial x}=3x^2y-y^3$, $\dfrac{\partial z}{\partial y}=x^3-3xy^2$;

(2) $\dfrac{\partial z}{\partial x}=\dfrac{3x^2}{y}$, $\dfrac{\partial z}{\partial y}=-\dfrac{x^3}{y^2}$;

(3) $\dfrac{\partial z}{\partial x}=y^x\ln y$, $\dfrac{\partial z}{\partial y}=xy^{x-1}$;

(4) $\dfrac{\partial z}{\partial x}=3\ (x-5y)^2$, $\dfrac{\partial z}{\partial y}=-15\ (x-5y)^2$;

(5) $\dfrac{\partial z}{\partial x}=\mathrm{e}^{3x+2y}\cdot[3\sin(x-y)+\cos(x-y)]$, $\dfrac{\partial z}{\partial y}=\mathrm{e}^{3x+2y}\cdot[2\sin(x-y)+\cos(x-y)]$;

(6) $\dfrac{\partial z}{\partial x}=y^2\ (1+xy)^{y-1}$, $\dfrac{\partial z}{\partial y}=(1+xy)^y\left[\ln(1+xy)+\dfrac{xy}{1+xy}\right]$.

2. (1) $\dfrac{\partial z}{\partial x}\Big|_{\substack{x=1\\y=-1}}=\dfrac{1}{2}$, $\dfrac{\partial z}{\partial y}\Big|_{\substack{x=1\\y=-1}}=\dfrac{1}{2}$;　(2) $\dfrac{\partial z}{\partial x}\Big|_{\substack{x=1\\y=0}}=1$, $\dfrac{\partial z}{\partial y}\Big|_{\substack{x=1\\y=0}}=1$.

3. (1) $\dfrac{\partial^2 z}{\partial x^2}=12x^2-2y^2$, $\dfrac{\partial^2 z}{\partial x\partial y}=\dfrac{\partial^2 z}{\partial y\partial x}=-4xy$, $\dfrac{\partial^2 z}{\partial y^2}=12y^2-2x^2$;

(2) $\dfrac{\partial^2 z}{\partial x^2}=-\dfrac{1}{(x+2y)^2}$, $\dfrac{\partial^2 z}{\partial x\partial y}=\dfrac{\partial^2 z}{\partial y\partial x}=-\dfrac{2}{(x+2y)^2}$, $\dfrac{\partial^2 z}{\partial y^2}=-\dfrac{4}{(x+2y)^2}$;

(3) $\dfrac{\partial^2 z}{\partial x^2}=2\cos(x+y)-x\sin(x+y)$, $\dfrac{\partial^2 z}{\partial x\partial y}=\dfrac{\partial^2 z}{\partial y\partial x}=\cos(x+y)-x\sin(x+y)$, $\dfrac{\partial^2 z}{\partial y^2}=-x\sin(x+y)$;

(4) $\dfrac{\partial^2 z}{\partial x^2}=-\dfrac{y}{x^2}$, $\dfrac{\partial^2 z}{\partial x\partial y}=\dfrac{\partial^2 z}{\partial y\partial x}=\dfrac{1}{x}$, $\dfrac{\partial^2 z}{\partial y^2}=\dfrac{1}{y}$;

(5) $\dfrac{\partial^2 z}{\partial x^2}=y(y-1)x^{y-2}$, $\dfrac{\partial^2 z}{\partial x \partial y}=\dfrac{\partial^2 z}{\partial y \partial x}=x^{y-1}(1+y\ln x)$, $\dfrac{\partial^2 z}{\partial y^2}=x^y\ln^2 x$;

(6) $\dfrac{\partial^2 z}{\partial x^2}=\dfrac{2xy}{(x^2+y^2)^2}$, $\dfrac{\partial^2 z}{\partial x \partial y}=\dfrac{\partial^2 z}{\partial y \partial x}=\dfrac{y^2-x^2}{(x^2+y^2)^2}$, $\dfrac{\partial^2 z}{\partial y^2}=\dfrac{-2xy}{x^2+y^2}$.

4. 略.

5. (1) $\dfrac{\partial C}{\partial x}=3x^2\ln(y+10)$, $\dfrac{\partial C}{\partial y}=\dfrac{x^3}{10+y}$;　　(2) $\dfrac{\partial C}{\partial x}=5x^4-2y$, $\dfrac{\partial C}{\partial y}=10y-2x$.

6. $\dfrac{\partial Q_1}{\partial P_1}=-2$, $\dfrac{\partial Q_1}{\partial P_2}=-1$, $\dfrac{\partial Q_2}{\partial P_1}=-1$, $\dfrac{\partial Q_2}{\partial P_2}=-2$, 互补商品.

7. $E_{11}=-\alpha$, $E_{12}=-\beta$.

习题 6-4

1. (1) $\mathrm{d}z=2x\mathrm{d}x-2\mathrm{d}y$;　　(2) $\mathrm{d}z=\mathrm{e}^{\frac{x}{y}}\cdot\dfrac{1}{y}\mathrm{d}x+\mathrm{e}^{\frac{x}{y}}\cdot\left(-\dfrac{x}{y^2}\right)\mathrm{d}y$;

(3) $\mathrm{d}z=\dfrac{y}{1+x^2y^2}\mathrm{d}x+\dfrac{x}{1+x^2y^2}\mathrm{d}y$;　　(4) $\mathrm{d}z=\dfrac{6x}{3x^2-2y}\mathrm{d}x-\dfrac{2}{3x^2-2y}\mathrm{d}y$;

(5) $\mathrm{d}z=[\sin(x-2y)+x\cos(x-2y)]\mathrm{d}x-2x\cos(x-2y)\mathrm{d}y$;　　(6) $\mathrm{d}z=yx^{y-1}\mathrm{d}x+x^y\ln x\mathrm{d}y$.

2. $\mathrm{d}z\Big|_{\substack{x=1\\y=2}}=\dfrac{4}{15}\mathrm{d}x+\dfrac{4}{5}\mathrm{d}y$.

习题 6-5

1. (1) 极小值为 $f(0,0)=-4$;　　(2) 极大值为 $f(0,0)=0$;　　(3) 极大值为 $f(3,2)=36$.

2. 当甲产品生产 120 件、乙产品生产 80 件时，所得总利润最大，最大总利润为 620 千元.

3. 当 A 产品生产 3 个单位、B 产品生产 4 个单位时，所得总成本最小，最小总成本为 36.

4. 当所用两种原料 A、B 的数量 x、y 分别为 100 吨和 25 吨时，才能使生产的产品数量最多.

习题 6-6

1. (1) 略;　　(2) 略.

2. (1) $I_1>I_2$;　　(2) $I_1>I_2$;　　(3) $I_1<I_2$;　　(4) $I_1<I_2$.

习题 6-7

1. (1) $\displaystyle\iint\limits_{D}f(x,y)\mathrm{d}\sigma=\int_0^1\mathrm{d}x\int_{x^2}^x f(x,y)\mathrm{d}y=\int_0^1\mathrm{d}y\int_y^{\sqrt{y}}f(x,y)\mathrm{d}x$;

$(2)\iint\limits_{D}f(x,y)\,\mathrm{d}\sigma=\int_{0}^{2}\mathrm{d}x\int_{0}^{x^{2}}f(x,y)\,\mathrm{d}y=\int_{0}^{4}\mathrm{d}y\int_{\sqrt{y}}^{2}f(x,y)\,\mathrm{d}x;$

$(3)\iint\limits_{D}f(x,y)\,\mathrm{d}\sigma=\int_{1}^{e}\mathrm{d}x\int_{0}^{\ln x}f(x,y)\,\mathrm{d}y=\int_{0}^{1}\mathrm{d}y\int_{e^{y}}^{e}f(x,y)\,\mathrm{d}x;$

$(4)\iint\limits_{D}f(x,y)\,\mathrm{d}\sigma=\int_{0}^{1}\mathrm{d}x\int_{0}^{x}f(x,y)\,\mathrm{d}y+\int_{1}^{2}\mathrm{d}x\int_{0}^{2-x}f(x,y)\,\mathrm{d}y=\int_{0}^{1}\mathrm{d}y\int_{y}^{2-y}f(x,y)\,\mathrm{d}x.$

2. $(1)\,(e-1)^{2};\quad(2)\dfrac{8}{3};\quad(3)1;\quad(4)e^{-1};\quad(5)2;\quad(6)\dfrac{1}{12};$

$(7)\dfrac{9}{4};\quad(8)1-\cos1.$

3. $(1)\int_{0}^{1}\mathrm{d}x\int_{x}^{1}f(x,y)\,\mathrm{d}y;\quad(2)\int_{-1}^{1}\mathrm{d}x\int_{0}^{\sqrt{1-x^{2}}}f(x,y)\,\mathrm{d}y;$

$(3)\int_{\frac{1}{2}}^{1}\mathrm{d}x\int_{1}^{2x}f(x,y)\,\mathrm{d}y+\int_{1}^{2}\mathrm{d}x\int_{x}^{2}f(x,y)\,\mathrm{d}y;\quad(4)\int_{0}^{1}\mathrm{d}y\int_{\sqrt{y}}^{\sqrt[3]{y}}f(x,y)\,\mathrm{d}x;$

$(5)\int_{0}^{1}\mathrm{d}y\int_{e^{y}}^{e}f(x,y)\,\mathrm{d}x;\quad(6)\int_{0}^{1}\mathrm{d}y\int_{y}^{2-y}f(x,y)\,\mathrm{d}x.$

4. $\dfrac{1}{12}.$

总复习题六

1. $\left\{(x,y)\ \middle|\ y>x,\ x^{2}+y^{2}\geqslant1,\dfrac{x^{2}}{4}+\dfrac{y^{2}}{9}<1\right\}.$

2. $(1)\dfrac{\partial z}{\partial x}=y\,(\sin x)^{y-1}\cos x,\quad\dfrac{\partial z}{\partial y}=(\sin x)^{y}\ln(\sin x),$

$\mathrm{d}z=y\,(\sin x)^{y-1}\cos x\mathrm{d}x+(\sin x)^{y}\ln(\sin x)\,\mathrm{d}y;$

$(2)\dfrac{\partial z}{\partial x}=(x^{2}y^{3})^{x^{2}+y^{2}}\left[2x\ln(x^{2}y^{3})+(x^{2}+y^{2})\dfrac{2}{x}\right],$

$\dfrac{\partial z}{\partial y}=(x^{2}y^{3})^{x^{2}+y^{2}}\left[2y\ln(x^{2}y^{3})+(x^{2}+y^{2})\dfrac{3}{y}\right],$

$\mathrm{d}z=(x^{2}y^{3})^{x^{2}+y^{2}}\left\{\left[x\ln(x^{2}y^{3})+(x^{2}+y^{2})\dfrac{2}{x}\right]\mathrm{d}x+\left[2y\ln(x^{2}y^{3})+(x^{2}+y^{2})\dfrac{3}{y}\right]\mathrm{d}y\right\};$

$(3)\dfrac{\partial z}{\partial x}=yf(xy),\quad\dfrac{\partial z}{\partial y}=xf(xy),\quad\mathrm{d}z=yf(xy)\,\mathrm{d}x+xf(xy)\,\mathrm{d}y.$

3. $(1)\dfrac{\partial^{2}z}{\partial x^{2}}=8\cos(4x+6y),\quad\dfrac{\partial^{2}z}{\partial x\partial y}=\dfrac{\partial^{2}z}{\partial y\partial x}=12\cos(4x+6y),\quad\dfrac{\partial^{2}z}{\partial y^{2}}=18\cos(4x+6y);$

$(2)\dfrac{\partial^{2}z}{\partial x^{2}}=-\dfrac{x}{\sqrt{(x^{2}+y^{2})^{3}}},\quad\dfrac{\partial^{2}z}{\partial x\partial y}=\dfrac{\partial^{2}z}{\partial y\partial x}=-\dfrac{y}{\sqrt{(x^{2}+y^{2})^{3}}},$

$\dfrac{\partial^{2}z}{\partial y^{2}}=\dfrac{1}{x\sqrt{x^{2}+y^{2}}+x^{2}+y^{2}}-\dfrac{y^{2}(x+2\sqrt{x^{2}+y^{2}})}{(x+\sqrt{x^{2}+y^{2}})^{2}\sqrt{(x^{2}+y^{2})^{3}}}.$

4. (1) 极小值为 $f\left(\dfrac{1}{2}, -1\right) = -\dfrac{e}{2}$;

(2) 当 $a>0$ 时, 极大值为 $f\left(\dfrac{a}{3}, \dfrac{a}{3}\right) = \dfrac{a^3}{27}$, 当 $a<0$ 时, 极小值为 $f\left(\dfrac{a}{3}, \dfrac{a}{3}\right) = \dfrac{a^3}{27}$;

(3) 极大值为 $f(a,b) = a^2 b^2$.

5. (1) 当 $Q_1 = 4$, $Q_2 = 5$, $P_1 = 10$, $P_2 = 7$ 时有最大利润 $L = 52$;

(2) 当 $Q_1 = 5$, $Q_2 = 4$, $P_1 = P_2 = 8$ 时有最大利润 $L = 49$, 且实行价格差别策略时总利润更大.

6. (1) 当用 0.75 万元在电台上投放广告, 用 1.25 万元在报纸上投放广告时, 有最大利润;

(2) 当 1.5 万元广告费全部用于在报纸上投放广告时, 有最大利润.

7. $\dfrac{\pi}{2} - 1$.

8. (1) $\displaystyle\int_0^1 \mathrm{d}x \int_0^{x^2} f(x,y)\,\mathrm{d}y + \int_1^2 \mathrm{d}x \int_0^{\sqrt{2x-x^2}} f(x,y)\,\mathrm{d}y$;

(2) $\displaystyle\int_0^2 \mathrm{d}x \int_{\frac{x}{2}}^{3-x} f(x,y)\,\mathrm{d}y$.